- ■ 文化としての縄文土器型式研究法
   考古学における文化／考古学における文化研究法／縄文土器型式研究の諸相／文化としての縄文土器型式研究の先にあるもの
- ■ 縄文土器型式をめぐる諸問題
   機能用途と装飾形態
     文様帯と機能用途、生業／文様帯と粘土帯
   文様帯と土器編年
     文様帯と押型文土器／文様帯と鱗状短沈線文土器／文様帯と阿高式土器
   組成と構造
     精製土器と粗製土器／縄文後期無文粗製土器の登場／縄文土器と弥生土器
- ■ 縄文土器型式は何を示すか
   石器から見た縄文土器型式と文化／縄文土器型式は人間集団を示すか／「縄文式」土器は成り立つか／日本列島の歴史における縄文土器型式研究／まとめ／研究課題

文化としての縄文土器型式

Tamotsu Kawasaki 川崎 保 著

雄山閣

■ 文化としての縄文土器型式：目次 ■

第Ⅰ章　文化としての縄文土器型式研究法

1. 考古学における文化 …………………………………………………… 2
　⑴ 文化とは集団としての人間の行動様式 ………………………… 2
　⑵ 文化要素の集合体としての文化 ………………………………… 3
　⑶ 文化要素研究の基軸としての土器型式研究 …………………… 4
2. 考古学における文化研究法 …………………………………………… 4
　⑴ 文献史学との方法論的相違 ……………………………………… 4
　⑵ 組み合わせ（セット）による時間的変化の把握 ……………… 7
　⑶ 量的な把握を補う組み合わせの事例 …………………………… 9
　⑷ 文化要素としての考古資料の組み合わせによる文化研究 …… 10
　⑸ 文化研究の基軸としての土器型式 ……………………………… 12
　⑹ 歴史・文化を理解するためのモデルとしての土器型式 ……… 15
3. 縄文土器型式研究の諸相 ……………………………………………… 17
　⑴ 機能用途と装飾形態 ……………………………………………… 17
　⑵ 文様帯と土器編年 ………………………………………………… 17
　⑶ 組成と構造 ………………………………………………………… 18
4. 文化としての縄文土器型式研究の先にあるもの …………………… 21

第Ⅱ章　縄文土器型式をめぐる諸問題

第1節　機能用途と装飾形態 ……………………………………………… 24
1. 文様帯（装飾形態）と機能用途、生業 ……………………………… 24
　⑴ はじめに …………………………………………………………… 24
　⑵ 縄文土器の機能用途への接近 …………………………………… 25
　⑶ 縄文土器とは何か ………………………………………………… 27
　⑷ 縄文土器の文様帯研究 …………………………………………… 31

(5) 縄文土器の機能用途と口縁部の装飾形態・文様帯 …………… 35
　　　(6) まとめ ……………………………………………………………… 37
　2．文様帯と粘土帯（製作技法）………………………………………… 40
　　　(1) はじめに …………………………………………………………… 40
　　　(2) 文様帯とは ………………………………………………………… 41
　　　(3) 文様帯と粘土帯 …………………………………………………… 45
　　　(4) 山内「文様帯」と小林「文様帯」の関係 ……………………… 48
　　　(5) 粘土帯、文様帯によって縄文土器を概観する ………………… 50
　　　(6) 基礎単位としての粘土帯 ………………………………………… 52
　　　(7) まとめ―文様帯、文様 …………………………………………… 54

第2節　文様帯と土器編年 ………………………………………………… 57
　1．文様帯（K文様帯）と押型文土器 …………………………………… 57
　　　(1) K文様帯と他の属性との関係 …………………………………… 57
　　　(2) 押型文土器 ………………………………………………………… 57
　　　(3) 押型文土器の属性 ………………………………………………… 58
　　　(4) 山の神遺跡押型文土器の編年 …………………………………… 65
　　　(5) まとめ―今後の押型文土器の編年研究の課題 ………………… 70
　2．文様帯（Y文様帯）と鱗状短沈線文土器 …………………………… 71
　　　(1) 地域編年と広域編年の基準としてのY文様帯 ………………… 71
　　　(2) 鱗状短沈線文土器の研究史 ……………………………………… 72
　　　(3) 鱗状短沈線文土器の編年上の位置 ……………………………… 75
　　　(4) 鱗状短沈線文土器の変遷と隣接地域型式との比較 …………… 94
　　　(5) 「郷土式土器」が成立するには―今後の研究の方向性 ……… 100
　3．文様帯（Y文様帯）と阿高式土器 …………………………………… 102
　　　(1) はじめに …………………………………………………………… 102
　　　(2) 阿高式系土器とそれをめぐる問題 ……………………………… 103
　　　(3) 阿高式系土器の編年研究の方向性 ……………………………… 107
　　　(4) 阿高式系土器の編年案 …………………………………………… 109
　　　(5) まとめ ……………………………………………………………… 121

第3節　組成と構造 ……………………………………………… 125

1. 精製土器と粗製土器—南福寺式有文赤彩精製土器を中心として …… 125
　(1) はじめに ………………………………………………… 125
　(2) 南福寺式有文赤彩精製土器の研究史 ………………… 127
　(3) 従来の南福寺式の編年および系統性と箆削文の位置づけ …… 128
　(4) 器形と文様の実際 ……………………………………… 129
　(5) 土器型式内での位置づけ ……………………………… 131
　(6) まとめ …………………………………………………… 134
2. 縄文後期無文粗製土器の登場 ……………………………… 135
　(1) はじめに ………………………………………………… 135
　(2) 縄文土器型式内の有文・無文と精製・粗製 ………… 136
　(3) 無文粗製土器出現の意味 ……………………………… 144
　(4) クリ文化の没落とドングリアク抜き文化の広がり …… 146
3. 縄文土器と弥生土器 ………………………………………… 152
　(1) はじめに ………………………………………………… 152
　(2) 縄文後晩期以前の文化や生業 ………………………… 153
　(3) 西日本の縄文後晩期文化と生業 ……………………… 162
　(4) 朝鮮半島、中国東北部の新石器文化と土器 ………… 169
　(5) 東北アジアの土器無文化現象 ………………………… 173
　(6) 縄文後晩期土器とその文化 …………………………… 176
　(7) 縄文土器の終焉と弥生土器 …………………………… 179

第Ⅲ章　まとめ—縄文土器型式は何を示すか

1. 石器から見た縄文土器型式と文化 ………………………… 184
2. 縄文土器型式は人間集団を示すか ………………………… 187
3. 「縄文式」土器は成り立つか ……………………………… 196

4．日本列島の歴史における縄文土器型式研究……………………198
5．まとめ……………………………………………………………201
6．研究課題…………………………………………………………203

引用参考文献…………………………………………………………205
あとがき………………………………………………………………215

第Ⅰ章
文化としての縄文土器型式研究法

1．考古学における文化

(1) 文化とは集団としての人間の行動様式

　考古学における文化の意味は、一般社会（世間）で使われている文化という言葉の意味とは少し違うことを最初に確認しておきたい。

　「文化は西から」とか「田舎には文化がない」と言うようにも使われることがある。「長野県の文化をますます振興しなくてはいけません」などと言う使い方もする。一般社会では「文化」はあったりなかったり、優れていたり劣っていたりするようにとらえられがちである。もちろん学術や考古学で言う文化の意味や使われ方はこれとは少し異なる。学術的には文化とは人間の集団としての行動様式のことである。

　動物の種としての人類の先天的な行動様式、とくに生理現象に基づくものは「本能」であり、個人特有の人間の行動パターンは「癖」とか「個性」とか呼ばれる。これがなんらかの集団、民族であったり部族であったり、あるいは職能集団といった人間の集まりに見られる行動様式こそが「文化」である。また本能ととくに区別すべきは、人間の文化が、生まれながらに保有しているものではなく、後天的に得られるということである。

　つまり、本来は人間が集団として存在しているところには、必ずなんらかの文化が存在するのであって、「どこそこには文化はない」と言う言葉が成り立つためには、そこは無人の地あるいは人間が集団で存在していない地しかありえない。だから、前述の「田舎には文化がない」と言うのは、間違っているというより不正確であり、補う必要がある。「田舎には、（たとえば田舎以外の都市化された住民が思っているような）文化（行動様式）がない」と言うことにしかすぎない。ただ、現在に生きている人間は往々にして、ある特定の行動様式だけを「文化」とみなしていることには留意すべきである。私たちは多くの行動様式に従って、今日生活しているが、その大半は意識されない。

　人間集団の行動様式ということになれば、文化は本来生きているものである。この生きている文化を対象としているのが、文化人類学や民俗学ということになるのであろう。

一方、考古学は、「過去の」人類の痕跡（≒遺跡や遺物）を研究する学問であるので、「過去の人類の集団としての行動様式」が対象となってくる。

この場合の過去とはいつからか、文字資料が現れる前などと言う人は、さすがにいないにしても、江戸時代なのか、あるいは明治時代か、戦後は考古学の対象なのかというと迷う人もいるだろう。

結論から言えば、直近の過去、つまり大地に痕跡が残された瞬間から考古学の対象なのである。しかし、中国の文学者魯迅は、いみじくも中国の文学研究について「古いところを研究するには、資料が少なすぎるきらいがあるし、新しいところを研究するには、今度は資料が多すぎる。」と述べている（魯迅1977）。魯迅は中国の文学研究について述べているが、歴史研究一般にもある程度当てはまる。

直近の過去は、痕跡が多すぎて私たちが文化、行動様式というパターンを見出すのが難しいというだけである。本書で取り扱う縄文時代は魯迅の弁を借りれば、資料が少なすぎる時代の部類に入る。より新しい時代に比べると資料がぐっと（とくに同時代の文献史料は皆無に等しい）少ないので、私たちの諸先学がまさに職人技的に考古学の方法論を駆使して、研究方法を編み出し、学問的成果を生み出してきたのである。だから、本書ではそこまで探究できないが、将来直近の過去における人類の行動様式をも考古学的に分析する方法が、学術的に確立されていけば、より新しい時代の考古学的研究は飛躍的に進歩する可能性があると筆者は考える。筆者は決して縄文時代や弥生時代の研究などが考古学の王道だとも言うつもりもない。いわゆる中近世や近現代の考古資料から人間の行動様式をいかに抽出できるかによって、考古学の新たな局面すら見えてくるだろう。

しかし、そうはいっても過去の人類とくに本書であつかう縄文時代（近年の理化学的年代測定法によれば1万5千年～2千数百年前）にはとにかくほとんど文字資料が望めない。考古学的な方法論と資料が手掛かりとなる。そこで具体論に入る前に、考古学的な文化研究とは何かを少し考えてみたい。

(2) 文化要素の集合体としての文化

では考古学によって文化を研究するということはどういうことなのか。一言

で言えば、考古学で把握できる文化要素の集合体として文化をとらえ、個々の文化要素を研究し、さらにそれらを「集合体」として研究することにつきる。後述するように、文化要素を組み合わせて研究する方法自体は、別に目新しいことではなく、編年研究などには非常に大きな成果をあげている。本書のテーマではないが、素材別、土器なら土器だけ、石器なら石器だけというような方向に陥りがちである。こうした個別の文化要素をさらに総合的な文化研究に昇華させるべきである。

(3) 文化要素研究の基軸としての土器型式研究

縄文文化の研究を行うにあたって、文化要素の集合体としての縄文文化を研究することこそ究極的な筆者の目標である。しかし、縄文文化という枠組みは、縄文土器型式の集合体として設定されたものである。よって、好むと好まざるとにかかわらず、縄文文化研究は、はたしてその枠組み自体が成り立つかを問うことも含めて、縄文土器型式の研究をすすめることが必要である。この縄文土器型式の研究は個別的な土器型式研究だけでなく、土器型式群として（つまり縄文「式」土器というカテゴリーが設定できるのか、できるとすればどういう問題があるのかなど）の研究や土器型式が文化要素としていかなる意味をもつかを考えたい。

2．考古学における文化研究法

(1) 文献史学との方法論的相違

文化とは何かという素朴な疑問は、それこそ筆者も考古学研究を志した頃から漠然ともっていたものである。生理的な本能とは違うが、集団（集団のレベルはそれこそ現実にはさまざまである。家族、地域、部族、民族）としての人間を目に見えない形で呪縛しているものである。世間で言っている「文化」と学術の世界で言っている「文化」が少しずれていることには、気がついた。

しかし、実際ではいったい過去の文化をどうやってとらえる、つまり調べていけばよいのだろうか。文献史料がある時代はそれでも同時代のもの、つまりその時代の人間が当時の人間の行動様式を記録していれば、これらを基軸とし

て、他の補助的な資料たとえば遺跡から出土する考古資料で、これらの文献史料が正しいとか間違っているとかを検討するのかとも考えていた。

　普通、文献史料以外の非文字資料のたとえば、社会史や政治史以外の分野（美術や考古資料）を文化史とくくることが多い。高等学校の教科書などでは、江戸時代の文化史というと徳川政権の政治史や江戸時代の社会経済以外のものを「文化」とくくって、ここで例えば葛飾北斎だとか司馬江漢の絵画や造形などが扱われる。

　大学で、「文化史」を学んでみると必ずしもそうではない（石田 1990）ことがわかってきた。石田一良は文献、民俗、考古などあらゆる人間が残した「史料」による歴史の構築こそ、「文化史」であるという。つまり、文化史の一分野として文献史学、考古学、民俗学などがあるとする。なるほど至言である。以下本書ではとくに断らない限り、政治史や社会経済史に含まれない文化史ということでなく、文化史とは（文化とは人間固有のものであるから当然であるが）人類の集団としての行動様式の歴史であるとして考えてみたい。つまり今日文化史を再定義すれば、それは、今や文献史料のみが史料になるわけでない。絵画、考古、民俗なども十分史料になりうる素材である（本書では一般世間の用語の使い方に準じて、文献「史」料、考古「資」料というように表記するが、本来的に言えば、資料とはオリジナルの source、data の意味で、史料は historical source、つまり歴史的資料のことである。文字資料も考古資料も歴史的あるいは学術的な意味付けがなされて史料になる）。

　文献史料のみから「歴史」が構築されるという認識が一般化しつつあるから、「文化史」研究と「歴史」研究は大差なくなりつつあると筆者は考える。文献からのみのよって構築された歴史ではなく、過去の様々な資料によって構築されたものを、今日「歴史」と呼ぶべきとも思う。

　しかし、そうはいっても文献史料がたくさん残っている時代とそうでない時代では、多少「文化史」（歴史）の捉え方は異なってくる。つまり、日本列島では、奈良時代以降はともかく、古墳時代やいわんや縄文時代や旧石器時代には人間の行動様式をうかがえるような文献の記録の類は期待できないわけであり、文献史料抜きで過去の文化を研究するしかない。

　というと何か文献史料がない時代は学問的に不幸のようであるが、そうでは

ない。一つは文献史料というものが、ある人間の主観に基づいて記録されたものであるから、正しいとか間違っているとか以前に、公平無私の客観的な記録というものはそもそもこの世の中には存在しない。文献史料が豊富な時代は時代で、さまざまな資料を比較研究して歴史的事実を解明し、文化史研究から言えば、文化の様相に迫っていく必要がある。

その点、考古資料（遺跡）は捏造の問題や解釈の問題は別であるし、特殊なケースもあるので絶対ではないが、それ自体は、過去の人類の痕跡であるから、ある意味個人特殊な人為的な偏向を経ていない、当時の文化の様相を（結果として）記録している資料であると言える。

この・結・果・と・し・てという言葉が非常に大事であると筆者は考える。残そうとして残した記録の類は、残そうとした主体の意図（人為）が入り込む余地がある。筆者は老荘の徒のように「人為」がいけないと言っているわけではない。いわゆる私たち現代の考古学者が遺跡で直面する「人為」は、前項で触れたような人間の個性や癖といった集団の行動様式を研究する文化研究にそぐわないというだけである。人間の個性や癖といったものこそを研究するという学問であれば、むしろそれこそが望ましいと言える。

では、集団の行動様式なのか個性・癖なのかあるいは偶然なのか、それを見分けるにはどうしたらよいのか。

一つには量的要素が文化の規定に必要であることを、チャイルドは共伴関係において例にあげて示している（チャイルドは具体的に何回共伴すれば量的に保証されるかを示してはいない。チャイルド 1994）。たしかに、この複数回を具体的に何度以上であれば量的な保証があると示すことは難しいが、大量に消費廃棄されるという行為は、当時の人間の普遍的な行動様式の反映であると考えてよいだろう。たった一つの例というのは、偶然なのか、パターンをなすものなのかわからない。しかし、この量的な保証は、新しい時代であれば、多くの出土量が期待されるが、古い時代であればあるほど、またもともと希少で残りにくいものが対象であれば、出土する量は期待できないものもある。

では、どうするか。新たな発見を待つというのが、一つの対応かもしれない。しかし、そういう訳にもいかない。量的な保証を減らしつつも、偶然かどうか見分ける手段を筆者は「組み合わせ」（セット）であると考える（もちろん組み

合わせとして存在していればの話であるが）。考古学における組み合わせは、非常に大きな力を発揮してきた。

（2）組み合わせ（セット）による時間的変化の把握

まず、組み合わせが威力を発揮することがはっきりしたのが、相対年代（編年）ではないか。古典的な考古学の研究法紹介には必ず載っている（モンテリウス 1984、エガース 1981、チャイルド 1994）。筆者があげたものはすべて邦訳がなされているものである。考古学の世界では、よく知られていることであるから、今さら述べるとくどい気もするが、確認のため簡単に触れておく。

考古学者は遺跡で出土した土器をみて、「たとえば今から約5000年前の縄文時代の土器」であると述べることがあるが、「縄文時代」というものは考古学的な時期区分に基づいているので、考古学的な遺物（この場合は土器）の特徴を知っていれば、縄文時代の土器であるということは比較的難しくはない。一方、約5000年前というのは、純考古学的な方法論だけは導きだすことはできない。文献史料や理化学的な年代測定法の成果と照合し、割り出していくしかない。

つまり、相対年代とは、文献史料などに基づく暦年代や理化学的な方法に基づく測定年代とは異なり、一義的に今から何年前ということはわからない年代である。考古資料の新旧関係の積み重ね（主に地層累重の法則と型式学的な変化）によって構築する年代決定方法である。編年は縄文土器にとって非常に大事なポイントであるので、別途詳述するが、組み合わせを用いた研究による威力についてここでも簡単に触れておきたい。

組み合わせが相対年代をはじめとして考古学研究において非常に力を発揮するが、事物を組み合わせによって研究することは、考古学だけに力を発揮するわけではない。現実の犯罪捜査や探偵学でも明らかである（平賀 1997）。例えば一枚の人物写真からだけでも、その人が幼児か老人かは、その人の容姿（這い這いしているかとか白髪であるとか）で判別することは容易であるが、30歳なのか40歳なのかは意外と難しい。しかし、何歳かはわからなくとも経年変化で同じ人物の場合、この写真とこの写真どちらが古いかは、変化の比較でわかることがある。以上が考古学における型式学的変化に相当する。地層累重の法則は、撮影した写真が几帳面にいつも年代順にアルバムに編集されていれば、古いア

ルバムに入っている写真は、古く、新しいアルバムに入っている写真は新しいのであるということに相当する。

　しかし、これらは先ほども述べたように、資料の量が保証されている場合は、よいのだが、考古資料の場合往々にして資料の量が必ずしも多くなく、少ない例で考えなくてはいけない場合がある。それも地層の層位に関する情報が断片的であることも多い。

　この時、組み合わせが大きな力を発揮する。人物が複数人一緒に写っている写真を思い浮かべて欲しい。もう白髪頭でだいぶふけているAと脂ぎって多少髪の毛が後退しているB、まだ若くにきび面のCの三人が一枚の写真に写っている。それぞれの風貌からAは60から70歳、Bは40歳前後、Cは20歳代だろうか。Aは2000年に亡っているので、この写真は2000年より前だということがわかるが、果たしてAが68歳の時なのか72歳の時なのかは、個別の経年変化だけでは判別が難しい。1990年から2000年の間だろうか。これとて確証はない。1989年かもしれない。これは考古資料も一緒である。1598年製作の陶器と1602年製作の陶器（同じ器種）が必ずしも劇的に異なるわけではない。

　ところが一緒に写っている場所があるD社という同じ職場でいっしょに働いている様子であることがわかると一気に時間が絞ることができる。Bは1996年にD社をやめて、E社に転職している。Aは1994年に入社している。というとこの写真は1994年から1996年の間に撮影された写真であると。いわゆるアリバイ（現場不在証明）などがこうした一枚の写真からわかることがある。

　つまり、個別の経年変化のような変化は、生物に限らず考古資料も多くは徐々に変化することが多い。単純な型式学的な変化であると仮に変化の方向性がわかっても、時間幅にはかなり幅があることが多い。

　ところが、年代の限定された地層あるいは土層に埋もれて後世の攪乱などが及んでいない時（地層の年代が仮にわからなくても、この地層に後世のものが入っていない可能性が高いという事実が大事である）、先ほどの写真の人物の話を考古資料に置き換えてみると、須恵器壺形土器Aと土師器甕形土器B、内面黒色処理土師器の鉢形土器CがD号竪穴住居跡からまとまって出土した。D号住居跡の上には、××年に噴火したことが知られている洪水砂Eがきれいに覆っている。洪水砂にはラミナが見られ、攪乱やいったん堆積したものを人為的に

整地したものではない。

　D号住居跡は××年より前で、だいたい土器からでも平安時代のものか、縄文時代のものかは判別できる。須恵器や土師器が出土しているのだから、古墳時代以前ではない。このくらいのことは個々の土器の型式学的な特徴でわかることが多い。しかし、組み合わせからこのD号住居跡が9世紀前半ぐらいかという年代幅がようやく絞り込めることになる。

　今まで地層累重の法則（普通に地層が堆積する場合は下位が古く、上位が新しい）と型式学的な変遷（とくに痕跡器官、ある器物の時間的な変遷が想定された時に、実用的意味があった部位が痕跡器官化した場合、痕跡器官がある方が新しい器物であると推定する方法など）で考古資料の新旧を組み立てていたのが、この組み合わせによって、劇的に年代の幅を狭めることができることがある。

(3)　量的な把握を補う組み合わせの事例

　よく一般社会では「数学では1たす1は2だが、××（たとえば会社など）では1たす1は3にも4にもなる」などと言う。数学的にはナンセンスかもしれないが、考古学における組み合わせを用いた研究法の威力を実感している筆者にとっては、言い得て妙の言葉である。あまり良いたとえではないが、1たす1ではなく、1たす1たす1となるとぐっと精度が増すようである。組み合わせは当然一つではなりたたないから問題外としても二つでは弱い。三つとなると飛躍的に威力を発揮する（無論四つ以上ならもっとよい）。

　つまり、一つの種類の分布の量的な集成を三つ以上のセットでもし語れれば、それぞれの数は一つで行う場合よりもずっと少なくても、文化的あるいは政治的な領域などを語る場合、より説得力があると筆者は考える。つまり、量的に少ないといって嘆いてもはじまらない。それを補って余りあるのが、組み合わせを見出して、研究することではないだろうか。

　一つの種類についてかなりあやしい（出土状態がよくわからないようなものなど）例を1000集める労力があったら、出土状況がしっかりしたもの30例を分析し、これとセットになるものを見つけ出して、これらをそれぞれ30ずつしっかり分析した方がずっとよい。一種類のあやしいものを含んだ類例1000個の集成より4種類のものからなる30セット（つまり個数にすれば30×4＝120個である）

の方が、考古学的には価値がある。これはもちろん考古資料の場合、出土層位や出土状況がわからないものは、それがわかるものに比べて資料価値が下がるという点もあるが、それ以上にセットで確認されることの意義が重要であるからだと筆者は考える。今日、情報が溢れすぎていて、厖大な量の類例を収録した集成もある。しかし、量が多ければよいと単純に喜べない。

考古学における相対年代（編年）については、本書のテーマである縄文土器型式において欠かせないテーマであるが、これ自体は、文化（人間の行動様式）を直接意図したものではない（もちろん無関係ではないが）。ここで、考古資料の組み合わせが文化研究にどのような威力を発揮するのか。

(4) 文化要素としての考古資料の組み合わせによる文化研究

考古資料の組み合わせと文化の関わりは、考古学研究者は、弥生土器の様式論や旧石器研究のインダストリーやアッセンブリッジの研究などを思い浮かべていただければよいかもしれない。さまざまな考古遺物の組み合わせから人間集団の行動様式、弥生土器の様式論は弥生文化（稲作文化）の様相であったり、旧石器文化は、狩猟文化の地域的特質であったりする。組み合わせの差が、時間差なのか地域差やあるいは生業などの差などかが問題となる。縄文土器の厚手式と薄手式の問題や旧石器のムステリアン論争（鳥居 1924、旧石器文化談話会 2000）などに見られるように、古くて新しい問題である。

考古資料の組み合わせの研究はもちろん弥生時代や旧石器時代以外のすべての時代に有効であることは言うまでもない。考古学は、ヨーロッパの学術に基礎があるので、発展段階説に基づいている。人間が人間たる所以は、人間が自然の制限を克服することができるだけでなく、その克服していく過程こそが、人間の文化の発展を示すものである。それも延々と徐々にではなく、階段のように発展していくとする。

考古資料の組み合わせによる研究が、単に時期の新旧関係を解明するだけの方法ではなく、文化という人間集団の行動様式の発展を導きだせるかもしれないのである。とくに生産技術にかかわるものが重視された。経済手段が人間の社会や文化といった行動様式を決定するという見方は、唯物史観だけの見方ではなく、近代ヨーロッパでは一般的にそういう考え方があった（林 1953）。お

そらく、考古学もそうした潮流から例外ではなく、狩猟や農耕など生産手段にかかわる利器が追究され、これらの組み合わせによって、文化が設定されていくことになったようだ。

本来、考古資料の組み合わせによって、相対年代の精度は増し、文化研究も進んでいくはずであった。日本では前者は非常に進んでいるが、後者はどうなっているのだろうか。結論から言うと、相対年代（編年）研究に比較すると文化研究は難しく、なかなか思うようにはいかない。それはなぜか。それを語る前に、文化とは文化要素の集合体であることについて少し触れておきたい。

筆者にそのことを認識させてくれたのは、中国の考古学者故童恩正である（のちに渡米）。童の論文「我国辺地半月形文化伝播帯試論」（童 1987）を大学院に入った頃の外書講読で翻訳した。論文の主旨は、中国の歴史や文化というと黄河流域の中原を中心に考え、せいぜい長江流域が視野に入るぐらいである。そして中国の平原部をとりまく地帯は古くから夷狄が住んでいる地帯として、重要視されてこなかった。しかし、中原の文化も重要だが、雲南省からチベット、モンゴルそして中国東北部にいたる地域は、生態環境が似ているだけでなく、ここはここで同じ文化要素を共有する、独自の歴史的発展を遂げた地帯「辺地半月形文化伝播帯」であるとし、主に旧石器時代末から青銅器時代のさまざまな考古資料から論じている。

童はこの文化について述べる前に、考古学における文化について定義している。文化とは人間の行動様式のことである。文化を研究する学問にとって、文化とは文化要素の集合体である。文化人類学では生きている人間の文化とその要素を研究するが、考古学は過去における人類の文化の研究が対象となる。考古学における文化とその要素とは、人間がこの地上に残した痕跡である。だから遺跡、建造物や住居跡といった遺構、土器や石器といった遺物、花粉や化石といった自然遺物やさらには足跡のようなものまで、これらが人間の行動様式を分析する手がかりになるのであれば、考古学にとっては文化要素足りうるのであると（邦訳は童 1994がある）。

考古学は、本来は古物趣味的なものから発達し（芹沢 1976）、遺物中心の学問と思われていた。同様なことを森浩一は、浜田耕作と水野清一の考古学の定義を比較することによって指摘する（森 1991）。森によれば、浜田は『通論考

古学』において考古学の研究対象としての資料に遺物と遺跡があるとし、遺物は可動のもの、遺跡は動かしにくいものと大別したが、動かすのが難しいとしても、それは労力と経済の問題であって、すべては遺物に包括できるとした。一方、水野清一も遺物は可動的なもの、遺跡は不可動的なものとしつつも、「遺物も、遺跡のなかにおいて、はじめてほんとうの意味がわかるという点よりすれば、それは遺跡の一部でしかないわけである。考古学の対象は遺跡の一語につきる。」とする。

　それが、今や遺跡中心の学問という認識は広く一般化しつつあり、さらには人工物以外のものも人間の過去における文化の研究のてがかりになるのであれば、考古学の研究対象になるのである。そして、このことは近年の環境考古学などの理化学的な手法の発達によってますますはっきりしてきており、筆者もその成果には教えられるところが大きい。

　さて、辺地半月形文化伝播帯というものが成り立つかどうか以上に、そうした総合的な視野をもってこそ、大きな力を発揮する。このことを童論文から教えられたような気がする。考古学における「文化」をどのように考えていけばよいかということで衝撃を与えられたのである。土器型式の研究といってなんとなく高尚なことをやっているように自負していても、所詮文化要素の一つであるし、どうして数ある文化要素の中で、土器型式研究だけをやらなくてはならないのか。少なくとも土器型式研究が他の要素とどのような関係にあるのか。果たして卓越した文化要素なのか。土器型式の個別研究以上に土器型式研究が文化史の中でどういう位置を占めているのか、あるいは将来的にどのようにリンクさせていくべきかを、筆者は本書で自問自答しながら、論を進めていきたい。

(5)　文化研究の基軸としての土器型式

　ただ、土器型式が文化を研究する上で、他の文化要素より卓越しているか否かは別にして、土器とくに型式学研究それ自体は、決して悪いことではない。たとえば弥生時代や古墳時代の土器型式や様式の空間的範囲は、十分な検討も行わずにこれらを政治的領域（クニ、国、郡など）と結びつけることはどうかと思うが、どうもある程度関係してそうだということがわかってきてはいる。こ

れは日本考古学の場合、結果としてわかってきたのであって、土器が生産手段に近いから、あるいは社会や文化を反映しているに違いないというテーゼが信じられていたから研究が進んできたのではないと思われる。あるいは、そう信じていた研究者もいるのだろうが、そうした短絡を嫌い、懐疑的に地道に研究してきた人の方が圧倒的に多いだろう。

また、そもそも縄文文化という定義の理論的な裏づけに日本列島の縄文土器型式の時間的系統性あるいは空間的な相互の関連性がある。よって、文化研究とくに縄文文化に関しては土器型式研究を避けて通れない。

ただ、一般論として、縄文土器に限らず日常生活に使う焼物としての土器は石器や金属器に比べて、壊れやすく、大量に消費され、日常生活に密着しているという特徴がある。そういう特性がある土器が組み合わせで出土するということは何を示しているのか。弥生時代以前の土器、つまり縄文土器には普遍的には弥生時代以降のような組み合わせが見られない。このことから、筆者は逆に弥生土器の様式には人為的な規制が反映していると考えている（川崎 2008）。もし弥生社会も縄文社会のような人為的な規制が少ない状況であれば、生産手段や富の蓄積の差だけで、弥生土器の様式と縄文土器の型式の実態がこれほど違うことはないだろう（生産手段や富の蓄積により「社会の様相」が変わって、「結果として」土器様式と土器型式の様相が違ってきたのではないか。ほとんど同じことを言っているようであるが、この点を留意して筆者は以下考えていきたい）。

さて、還元炎焼成の焼物（いわゆる「土器」）である須恵器出現以前は、みな酸化炎焼成の焼物だけであり、モデルを作りやすいかもしれない。土器だけの文化研究は、方法論上、決してありえないわけでもないし、これを推し進めることも必要だろう。

筆者も大学の卒業論文では「土器」だけを扱った。主に土器だけから文化の枠組みを構築して縄文文化を語ろうとした。これは本書の一テーマであって間違いではない。しかし、今となっては、文化を研究するのであれば、決して土器だけでは完結しないと考える。少なくとも筆者にとっては究極の目標ではない。それはなぜか。

それは、文化は土器、とくにその型式学的研究だけでは語れないからである。縄文土器型式研究という方法論が、人間集団の行動様式の追究という目的に完

全に合致していないのである（少なくともそういう疑念を筆者は否定できない）。むしろ、なんらかの関係はあるにしても、少なくとも土器型式という概念は検討なくして人間集団と一致する概念とは言えない（結果として一致するかもしれないが、やはりどのように一致しているか、関連するかを私たちは今少し考える必要がありはしないか）。

　これは各論で触れることになるが、そもそも今の私たちが立脚している縄文土器の型式学研究は、山内清男らが大成したという。山内は縄文土器型式をレンガの芋目地（芋継ぎとも。レンガなどの縦の継ぎ目が連続する様）あるいは障子の格子のような構造と考えていた（少なくとも、そのようなモデルを提示した）。

　さらに、時間幅と空間的領域をほぼ一定にして、もちろん時間幅はさまざまな工夫をして、なんとか共通の枠組み（縄文時代の5期のちに6期区分、草創期、早期、前期、中期、後期、晩期）を構築しおよそ一定になるようにした（各期10型式程度という目安を示した）。とはいうものの型式の示す時間幅が一定という前提はさすがに強く主張できなかった。むしろ空間的領域は最初から一定とした。関東とか東北といった地理区分を設定して、そこに縄文土器型式を充填していく方法をとった。こうした工夫は、あるいは、編年表を見やすくするための便法であったかもしれない。しかし、縄文時代における地域は固定的なものであるというイメージが定着したように思われる。

　たしかに、文字資料がない文化や社会を叙述するための方法としては、縄文土器の編年は、今も非常に便利である。たとえば群馬県で加曽利E式の住居が出たと聞けば、ああ関東地方だから縄文時代中期後半だというような一種の座標軸になっている。

　ところが、このことが、多くの日本の縄文文化を研究する考古学者と、中国やロシアの新石器時代を研究する考古学者と、文化や編年に対する考え方が異なる原因になったと筆者は考える。

　縄文土器型式の空間的領域というものが、実際は不変ではないのに固定的なものとして扱うような傾向がある。たとえば、ある特定地域で（たとえば関東地方や東北地方）縦並びを作ったのはよいが、広域に分布する型式と狭い範囲にしか分布しない型式があった時に、前述の芋地目の編年表をあくまで維持しようとして、広い地域にまたがって分布する型式については、たとえば中央高

地の加曽利B式とか、関東地方の加曽利B式と区分して、細かい地域差を見出して、それぞれ独自の型式名を与えるというような手続きが繰り返されることになる。

　ただし、このやり方は、型式を多く生み出すことが可能で、実際そうなってしまった。中央高地などという地理的な地域の設定がどこまで縄文時代に有効であったかはわからない中で、実際の研究は進められてきたのだから、千曲川流域とか八ヶ岳西南麓とか、松本盆地などというようにさらに地域を細分し、それに応じた土器型式の属性を抽出してこれがそれなりの土器型式の空間的な分布域と時間幅が設定できれば、土器型式として成り立つという趣旨の研究も多い。

　無数の土器型式が乱立することになった。似通った土器型式とまったく異なる土器型式という関係は、名前からではわからない。

　そこでこれを整理したのが小林達雄の縄文土器様式である。小林は、碁盤の目のような芋目地の編年表ではなく、レンガで言えばフランドル積み（レンガ建物などの正面からみると長い部分と短い部分が交錯するように見える）のような編年表を構築した。小林の編年表にはこうして細分化された土器型式を一定程度束ねて理解しやすくするという利点がある。もちろん土器型式群である土器様式の範囲をどのように決めるかという方法論が、土器型式のようなわかりやすい目安がないので、実際に普及するかどうかは別だが。

(6) 歴史・文化を理解するためのモデルとしての土器型式

　筆者はどのように考えているのか（どういう姿勢で取り組んでいるのか）と問われると、縄文土器型式も様式もこれは歴史的事実ではなく、文化や歴史を考えるためのモデルと考えていると答えたい。筆者はあくまで縄文時代の文化の研究を志しているのであり、それを解明するための有効なモデルあるいは道具として活用したいのである。これは、土器型式だけではない、時代区分もあくまでこれは歴史的事実というよりも歴史を考えるモデルである。

　例えば、石器時代のような概念が『記紀』になくても、『記紀』には歴史書としての価値はある。利器や生産手段の材質が人間の文化や社会の発展の目安になるという考え方のモデルがあり、そこから石器時代や青銅器時代という概

念が生まれた。そして、それらの概念が人間の歴史や文化を考える上で、ある程度有効であった。つまり、歴史や文化を考える上で有効であるから用いているのである。決してこれが絶対的真理だとは筆者は思ってはいない。

　そうであったとしても、今なぜ縄文土器型式なのであろうか。本書だけでなく、筆者は究極的には土器以外のちょうど童恩正が行ったようにさまざまな文化要素から列島の文化史を東アジアの中で再構築することを目標としている。しかし、それは言うは易く、行うはなかなか難しいことである。縄文文化については、筆者の管見ではなぜか多くは英文で、おそらく日本人以外を主な読者とするためなのかもしれないが、すでにこうした試みがなされている（Imamura 1996, Habu 2004, Kobayashi and Kaner 2005）。また、小林達雄らによる『総覧　縄文土器』（小林編 2008）もこうした意図を含んでいると筆者は解する。筆者も努力目標として、文化史として日本列島の歴史を構築できたらとも思う。

　しかし、それはあくまで究極的な目標であって、その手前でさまざまな筆者が進むべき研究の方向性を確認する試みも同時に行ってみたい。それが本書である。

　縄文土器型式が縄文文化を語る上でなぜ基軸になっているのか、また縄文文化史を語る上で、これからも基軸にしていってよいのか。また縄文文化史の中でどのように他の文化要素とつながっていきそうなのか。それらを筆者のささやかな縄文土器型式研究から発展させていく試みでもある。

　さて、縄文土器の装飾形態が複雑でこれらを主に時間軸と地域差の観点からクロスチェックできる。ここで分析の実際であるが、編年研究に関する論文、研究は非常に多い。そして、縄文土器型式の属性は具体的には非常に多岐にわたっている。縄文原体をはじめとする施文具や工具の特徴や手法、土器の形態、装飾、はては胎土に含まれる混和材までにいたる。奥が深く、とても網羅することはできないが、本書でも筆者なりの試みを第Ⅱ章2節で示した。しかし、問題はこうした属性分析は非常に多岐にわたり、今後も分析方法や観点が広がれば、より細かくなっていくのであろうが、より基本的な枠組みは構築できないのか。

　本書では、第Ⅱ章（縄文土器をめぐる諸問題）の各論を、(1)機能用途と装飾形態、(2)文様帯と土器編年、(3)組成と構造、といった今後縄文土器型式研究の

非常に基礎的な部分にかかわる問題ごとにまとめている。ここでは、以下諸問題の具体的な内容を紹介したい。

3. 縄文土器型式研究の諸相

(1) 機能用途と装飾形態

　数ある縄文土器型式の属性の中で、空間的に広域の土器編年を見る場合、あるいは縄文時代を時間的に長く土器編年を見る場合に「文様帯」という概念が重要な役割を果たしている。これは縄文土器が一種の回転体であるので、文様や区画自体は縦方向に展開することもあるが、基本的には横に展開せざるを得ないという立体的な構造に原因がある。

　しかし、同じ回転体である弥生土器には文様帯はないことはないが、あまり発達していない。それはなぜか。縄文土器だけにきわめて発達した文様帯というものが、いったいどういう縄文土器の装飾・形態の中で位置づけられるかをまず考えてみた。

　それは、縄文文化が育んできた生産手段や行動様式と深いかかわりがあり（第Ⅱ章第1節1）、また土器の製作技法とも密接な関係にあること（第Ⅱ章第1節2）を概観する。

(2) 文様帯と土器編年

　第Ⅱ章1節で概観した文様帯こそは縄文土器型式研究の一つの基軸であり、基本的に草創期・早期に萌芽が見られるが、一般に早期後半に確立し、以後晩期まで絶えることはない。前述したように、単に縄文文化の趣味的な問題ではなく、機能用途や土器製作技法つまり縄文文化の根幹と結びついているためである。文様帯成立直前段階の縄文時代早期押型文土器の様相（第Ⅱ章第2節1）と成立後の文様帯の変遷をきわめて追いやすい縄文時代中期後半の様相をケーススタディー（第Ⅱ章第2節2）として扱う。

(3) 組成と構造

a. 土器型式分類の弱点

　型式学的な変化を追うことは決して縄文土器型式研究にだけ見られるわけではない。これはあらゆる考古資料に見られる問題といってよい。一方で文様帯は他の時代にないわけではないが、縄文土器にきわめて発達した要素である。よって第Ⅱ章1節、2節では文様帯の問題を扱った。しかし、文様帯という研究のモデルによって、縄文土器の諸型式の文化的な関連性があることが、ほぼ日本列島全体を網羅する形での見通しがついたことで、弥生土器で行っているような様式論的な理解はあまり進んでいないかもしれない。これについても、縄文土器型式における組成が、縄文文化の中でいったい何を示しているのかを、仮説的なものも含めて述べたい。

　縄文土器型式は、一定の時間幅と空間を示す土器の形態・装飾などの属性を抽出できれば、設定できる。よって、非常に微妙な違いや特徴をとらえることによって無数の土器型式を設定することも可能である。考古学に詳しくない人から見れば、同じような土器型式も区別されることがある。これは、ある意味やむをえない。こうした細かい分類は、繁雑であるということから非難されることもあるが、歴史・文化などの学術研究においては意味があり、その分析に有効性があれば、今後とも研究し続けられていくだろう。

　しかし、ただ繁雑でわかりくにいモデルよりも、よりわかりやすいモデルによって歴史・文化的現象が理解できれば、なおよい。

　土器型式の細分化は型式学的研究の進展上やむをえないが、一方で、中分類や大分類が設定されれば、土器型式どうしの親疎や系統が理解しやすい。

　おそらくこうした目的もあって、土器群、〜系土器などという型式をいくつかまとめたような試みや逆に型式名をある一定の時期の段階のもので打ち止めとし、それより細かい分類は○類土器とか××類型などと呼称しようとする試みもある。

　筆者は、土器型式はものごとを理解するための手段と考えるので、こうした試みにそれぞれ長短があって、完璧ではなくても、決して不毛なものではないと思う。そもそも土器型式という分類の単位には、よく比較される生物学の

「種」に比べて、分類上大きな難問を抱えている。

　生物の種は、基本的に交配して、子孫ができるものが種である。しかし、土器型式という分類は、おそらく集団としての人間が作った土器の属性を抽出した概念であるから、種の問題よりもずっと複雑である。種のような万人が理解できるような基準がない。型式を決定する「絶対的な」基準がない。文様帯や器形など重要な属性であるとは思うが、これとて、絶対的ではない。

　ただ、文様帯の概念や内容については別途第Ⅱ章2節で論じるが、比較的わかりやすい属性であり、土器型式の設定に非常に大きな役割を果たしている。それは、有無が明確な属性であることにもよる。これは縄文や押型文土器という地文が多い少ないという漸移的な変化が土器型式の属性であったとすると、型式の区分が難しい。器形も同様である。ある程度幾何学的な定義をすればよいが、壺と甕といった基本的な器種ですら、漸移的に変化していて、区分するのが難しいこともある。

　良かれ悪しかれ黒白はっきりしやすい属性や特徴が型式学の設定には多用されてきたのだが、ここでは組成という概念をも、縄文土器型式研究により積極的に取り込んではどうかと筆者は提言する。とくに文化や生業にかかわる点について示唆する点が大きいと思われる。

　後述するように縄文土器型式群全体は弥生土器の諸様式に比べてあまりに多様で、縄文土器型式群全体を網羅あるいは同じ土俵で論じることはできない（少なくとも容易ではない）。しかし、縄文土器型式群としての縄文土器全体を網羅するか否かにかかわらず、組成の概念を用いることによって、縄文土器型式群どうしの関係（時間的、系統的、空間的）を理解しやすくできる。

　「精製土器と粗製土器」（第Ⅱ章第3節1）では、縄文土器の一部に粗製化がなぜ発生したか、さらには、「縄文後期無文粗製土器の登場」（第Ⅱ章第3節2）では、粗製化の先には、縄文土器の根本的な特徴である回転縄文はもとより文様帯などによる文様がない土器が出現したのであるが、これが何を意味しているのか。さらには「縄文土器と弥生土器」（第Ⅱ章第3節3）では、植物食に大きく依存する狩猟・漁撈・採集民である縄文人の文化が、水田稲作に高い価値観をもつ農耕民が主体となる弥生人の文化へどうかわっていったのかを土器型式の組成や内容から当時の文化や生業について、仮説を含めて論じたい。

b. 組成とは

　個別の議論は各論で触れるとして、「組成」という概念についてここで、簡単に考えておく。セット（組み合わせ）と組成は似た考え方であるが、セットは単にあるなしでわかりやすい、一方組成は量的な多寡も視野に入っている。純粋に分類の便利さだけを考えれば、縄文土器型式ももしセットで考えられれば、ある意味すっきりするのだが、縄文土器型式には大別としての深鉢が大半を占め、浅鉢、鉢、注口土器といった異なる器種（用途や機能の相違）・器形（単なる形の相違）は、量的に少なく、かつ縄文時代を通じてずっと安定して存在するわけではない。

　こうした縄文土器型式の実態があるので、今までも弥生土器研究で行われてきたようなセットや組成論（とくに機能文化を前提としたような）をそのまま縄文土器型式研究に応用しようともなかなか、うまくいかなかったようにも思える。

　「縄文時代の文化」と言葉の上ではひとことで述べることも多いが、その内容は、地域や時期によってさまざまなバリエーションがある。これらの相違、とくに土器の形態・装飾に安易な発展段階説的な解釈をあてはめてはいけない。例えば、土器型式の組成が単純であるから古く、複雑であるから新しい、あるいは、A地域の土器型式の組成は単純だから遅れていて、B地域は複雑だから進んでいるというような解釈である。今までセット、組成論を編年とくに時間的細分に応用しようとするとこうした陥穽に落ちいりやすい。

　しかし、一方で縄文原体と沈線文の比率といったような地文の多寡や混和材などの縄文土器型式分析の多くが量的なものに左右されやすい中で、文様帯を除けば、やはりセットや組成論はわかりやすい分析方法である。

　よって、第Ⅱ章第3節（組成と構造）で、今まで編年の細分の指標に主に用いられてくることが多かった縄文土器の組成について、器種の問題（浅鉢と深鉢など）という問題だけでなく粗製化や無文土器の出現さらには粗製化した土器が土器型式の大多数を占めるようになるといった主に土器型式の様相を考える。

4．文化としての縄文土器型式研究の先にあるもの

a．石器から見た縄文土器型式

　冒頭でも述べたように文化は、本来さまざまな文化要素から追究すべきものであると筆者は考える。本書はそのこと自体が目的ではないのであるが、土器型式と他の文化要素としてここでは石器をとりあげた。石器を例に取り上げたが、土器型式と他の文化要素をどうやって文化研究という共同作業の中で扱っていけばよいのか。

b．縄文土器型式は人間集団を示すか

　一方で、縄文土器型式がいかなる人間集団の反映であるのか、あるいはどのように人間集団（家族、部族…）とかかわるかという問題がある。土器型式はやはり文化研究における一つの文化要素であるから、これを基軸にして進めるべきではあるが、総合的な見地をもって人間集団にアプローチすべきであると考える。これは土器型式研究の問題というより、縄文時代の人間集団を考古学的にどのように表現すべきかという問題でもある。縄文文化の中の地域文化について考えてみたい。

c．「縄文式」土器は成り立つか

　個別の縄文土器型式あるいは類似した土器型式群が成り立ったとして、さらに日本列島の縄文土器型式群の総体が果たして一つのまとまりとしてみなすことができるのであろうか。日本列島の周辺と比較した上で成り立つのだろうか。仮にそうだとした時に、これらの背景にはいったい何があるのか。

d．日本列島の歴史研究における縄文土器型式研究

　近年、「日本文化」の基層としての縄文文化などという捉え方の中で、縄文文化が注目をあびることが多い。縄文時代以後、日本列島の住民がまるごと入れ替わったりしたようなことは、今のところ考えにくいので、縄文文化（そういう総体があるとして）が、現代の「日本文化」の起源の一つではある。しか

し、縄文文化という総体を保証しているのは、縄文土器型式を一つのグループとして考えると日本列島の石器時代のある段階が理解しやすいというモデル（縄文式）の上に成り立っている（無論縄文時代以来の文化的伝統が今に続いているものもある）のである。個別的な文化要素の研究は進みつつあるが、総体的な文化研究はまだまだ進展の余地は大きい。日本列島の歴史研究において縄文土器型式研究が果たした役割と今後果たすべき役割について、提起したい。

第Ⅱ章
縄文土器型式をめぐる諸問題

第1節　機能用途と装飾形態

1．文様帯（装飾形態）と機能用途、生業

(1)　はじめに

　縄文土器とはいったい何か、もちろん所詮現代に生きる私たちの便宜的な分類にすぎないのであるが、後述するようにその特徴や属性が細かく説明されることはあっても、根本的に土器自体どういった定義によって縄文土器とされるのかについては、筆者にとってあまり明確ではなかった。

　後述するが、縄文土器とは縄文時代（日本列島の狩猟採集段階の時代）に使用された土器の総称であるという説がある。たしかに土器も文化の一要素であるからある意味合理的な説明であると思える。一方縄文土器を使っていた時代が縄文時代であり、その文化が縄文文化という説明もよく見られる。一般にはこちらの方がわかりやすいかもしれない。しかし、この場合は縄文土器の特徴の説明ではなく、縄文土器とは何かという定義が必要である。これが意外と簡単そうで実は難しい問題である。

　研究史上「縄文（あるいは縄紋）式土器[1]」なる言葉を「弥生時代以前にと

（1）「縄文」と「縄紋」の用語は学史的にも「縄紋」が古い。また、山内清男は何らかの意匠を示しているもののみを「文様」とし、原体を回転押捺したような、単なる繰り返しのようなものは、文様とはしていないことから「縄紋」と呼び「文様」の構成要素として区別し使用していたらしい（大村 1994）。単なる呼称の問題ではなく、土器型式研究上の用語の問題でもあるが、現実には、単なる繰り返しのようなものも文様とすることもある（たとえば市松模様など）。意匠であるかどうかを峻別するのは意外と難しい。また「文」は文字、文章の意味にとられるおそれがあり、日本語として「縄紋」が適しているとする考え（佐原 1987）もあるが、現在「縄文」と書いて「縄の文字」と考える人もほとんどいないし、漢語本来の使い方からすれば「模様、いろどり、かざる」の意味がある。「黥面文身」の文のように文字以外の意味、この場合は「入れ墨」の意である。紋章や家紋になぜ糸偏がつくかと言えば、糸偏がないと文章、家文のように違った意味にとられる可能性があるためだろう。いずれにせよ、本書では引用部分以外はとくに断らない限り「縄文」で統一する。

ぎれることのない系統性と列島内各地で地域色をもちつつ相関性を有していた土器」としていたのは山内清男である。現在言うところの縄文時代の研究は、生業論や文化論が進捗する以上に、土器型式とその編年研究が非常に整備されたのだが、これは山内らの大きな業績である。その山内が縄文土器型式研究の中で重視した概念として「文様帯」がある。文様帯自体は、縄文土器以外にも見られる要素であるが、日本考古学の型式学的研究でこれだけ論究されているのは、縄文土器型式だけである。つまり、縄文土器とは何かという問題を解く一つのカギこそが文様帯ではないか。

　とくに現在まで、山内の「縄文式土器」(山内は縄文と縄紋、縄文式土器と縄文土器を区別したとも言われるが、以下とくに断らない限り縄文土器＝縄文式土器とする) の定義や理論を超えるものは見当たらない。筆者は必ずしも目新しい縄文土器の定義を提示するのが目的ではないが、山内が定義した縄文土器の定義の重要な要素が文様帯であることを再確認する。さらに、文様帯は単なる型式学的な装飾形態の特徴というだけでなく、縄文文化の文化要素が反映した器物としての縄文土器であること、とくに生業が反映した用途機能との関係を結びつけうる概念であることを示し、縄文土器全体の装飾形態的特徴、さらには縄文土器とは何かということを考えてみたい。

(2) 縄文土器の機能用途への接近

　縄文土器の機能用途について、山内自身も有孔鍔付土器太鼓説の中で多少触れ、縄文土器の用途について、容器であり、煮炊きに用いられたとしている。「種別が百に達するかと思われる程である。用途は著しい分化をも持ったであろう。日用の土器の他に、儀式用、来客用の種類が加わったと理解してもよい。」と指摘する (山内 1964)。

　しかし、山内は、縄文土器の機能用途についてはそれほど多くを語っていない。山内以外の研究者も有孔鍔付土器、注口土器、吊手土器といった特殊な器形の縄文土器については、貯蔵具、供献用具、照明具などといった説を唱えている (藤森・武藤 1963、武藤 1970)。

　肝心の縄文土器の大半を占める深鉢形土器について、桐原健は「ハレ」と「ケ」(貯蔵と煮沸) の差が中期の深鉢形土器に見られるが、煮沸が貯蔵に卓越

するという（桐原 1977・1983）。

　坪井清足が強調するように「きわめて豊富に見える縄文土器の器形の変化も、つまるところは深鉢のバリエーションであって、弥生時代の壺・甕・高坏が貯蔵、煮沸、供献と機能によって全く異なった器形が使われ、つねにそれがセットとして存在したのとは趣をことにしている。」（坪井 1962）。深鉢形土器のバリエーションは機能以外の要因に負うものが大きいことも否定できないし、縄文土器の詳細な使い分けなどはなかなか解明するのは難しいのが現状である。

　ただ、煮沸以外の機能が当然縄文土器にもあることは、十分考えられる。しかし、深鉢形土器の大半は煮沸用である。つまり、多少他の用途にも使われたのかもしれないという程度であって、有文土器といえどもほとんどが煮沸に用いられたと考えられる（松沢 1958、藤森 1966）。容器や貯蔵を除けば煮沸が縄文土器の主要な用途であったと筆者も考える。

　しかし、煮沸といってもさまざまな様相や目的が考えられることは、すでに多くの先学が指摘されていることで、武藤雄六の「キャリパー形の櫛形文の土器が蒸器」であるという説（武藤 1978）などがある。武藤説などは興味深く、縄文土器に多い、キャリパー形の土器の用途の一つの説明であるが、キャリパー形土器は、縄文土器の深鉢形土器の一部であって、それ以外のさまざまな形の最大公約数的な用途は単に煮沸であるとしか説明できないのであろうか。

　こうした中、筆者は縄文土器の「吊る機能と据える機能」を考察した三上徹也論文が示唆する部分が大であると考える。氏の論文「土器利用炉の分類とその意義」（三上 1995）は、主に土器利用炉の分類とその意義について述べている。あるいは氏が意図されたことではないかもしれないが、縄文土器に普遍的な装飾と用途の関係を結びつけており、この論文が、縄文土器全体の最大公約数的な用途を少し絞り込む手掛かりになると筆者は考える。

　ここで、氏の論文の概要を紹介したい。縄文時代の炉（氏はあえて「囲炉裏」と呼んでいる）、とくに土器利用炉の分析を通じて、縄文時代の炉が土器を吊るして用いた場合と据えて用いた場合があることを想定している。

　その主な根拠としてまず炉の形態と土器の形態に関係があることを示し、とくに「石囲埋甕炉」（埋甕の周りに石を配列して炉としたもの。石と土器の間に空間がある）と「埋甕石囲炉」（埋甕の周りに石を密着させて配列した炉、石と土器の間

に空間がない）とを対比し、前者の石囲埋甕炉は炉と土器との間に空間があるのだから、煮炊きのための薪などを置くことは可能であるが、後者の埋甕石囲炉はこうした薪などを置くスペースがない。よって後者の炉を土器で煮沸するために用いるとすれば、「炉の中にはオキ火を入れて、土器を上から吊るして煮沸する方法」をとっていたとする。

　こうした土器を「吊る」という使用法は、①土器文様に見られる吊るし紐の機能（新道式の重三角形文と呼ばれる口縁部文様が吊るし紐を表したとする）、②煮沸実験によるオキ火使用の有効性（小林正史の実験によると外面のススは大きな炎を、スス消失部はオキによる加熱を示すという説）（小林 1992）、③土器の器形分化からの想定（勝坂式末期の土器が底部屈折部以下にススが付着し、一般的な煮沸用土器であり大型把手は重い器と中身を支えるため）といった諸点から推測する。

　さらに長野県や山梨県の小地域ごとに吊るす地域と据える地域に分かれるとする。また、民族例を根拠にした宮崎玲子の北方の置く文化と南方の吊るす文化説（宮崎 1988）を紹介する。

　もちろん三上説は引き続き検証や個別的研究を行う必要があろうが、筆者は氏の研究の中に「縄文土器」の最大公約数的な用途を明らかにするヒントがあるとにらんでいる。またこの縄文土器の最大公約数的な用途を明らかにすることこそ、縄文土器とは何かということを解明することにつながるのではないだろうか。少なくとも縄文土器の装飾形態には何らかの機能用途が反映しているかもしれないという三上説のスタンスは傾聴に値する。

(3)　縄文土器とは何か

　つまり、三上論文について筆者はとくに縄文土器全体に共通する装飾形態上の特徴の存在を見出せば、縄文土器とは何かという意味を理解することの一助になると考える。このことを論じる前に、縄文土器とは一般にどのように定義されているかを概観したい。

　いわゆる縄文土器を集成した図録類（たとえば『縄文土器大成』や『縄文土器大観』など）を一瞥すればわかるように、縄文土器の文様や装飾が本当に千差万別であることにあらためて驚かされる。果たしてこれらを総括するような概念が本当に成り立つのだろうか。一般の辞書や考古学の事典はどのように記して

いるのだろうか。

『広辞苑』（第四版）（新村ほか編 1991）
　縄文式土器　縄文時代の土器。表面に縄文のあるものが多いことから名づける。手づくりで概して厚手。ほとんどが煮炊き用。のちには他の用途のものも次第に出現。時代差・地域差が大きい。

『世界考古学辞典』（八幡 1979）
　日本の新石器時代土器の総称である。かつて貝塚土器とか石器時代土器と呼ばれたものとほぼ同義である。縄文を帯びることを特徴とする。ただし、東日本では終始これをもつが、西日本の同時代土器には必ずしも一般的でなく、東日本よりかなり遅れて現われ、しかもきわめて形式的である。したがって縄文の有無だけを条件としないという含みで、同時代土器を縄文式土器と称し、たんに縄文土器とよぶことを避けるのである。（後略）

『縄文時代研究辞典』（勅使河原 1994）
　縄文時代に製作・使用された土器の総称。その名称は1877年（明10）に東京都大森貝塚を発掘したE・S・モースが、貝塚遺跡出土に代表される縄目文様をもつ土器を総称して「cord marked pottery」と呼んだのに対して、1886年白井光太郎が「縄文土器」と訳したことに由来。（中略）
　縄文土器は野天で焼かれた素焼の土器で、焼成温度は約700〜900℃である。文様は縄文土器と呼ばれるものの、すべてに縄目文様が施されているわけではなく、押型文・貝殻文・竹管文・隆起線文・沈線文など、様々な文様を組み合わせて、世界の先史土器の中でも類をみない、きわめて特徴的な土器として知られている。（中略）
　縄文土器は日本列島のほぼ全域に分布し、年代ごと地域ごとに、器形をはじめ文様や製作技法など様々な特徴をもっており、それらの共通する特徴から多くの型式に区分されている。（後略）

　以上辞書を見ると、エドワード・モースが大森貝塚で発見した縄の目のつい

た土器、cord marked pottery と命名し、これを索紋あるいは縄紋と訳したことにはじまり、現在一般には縄文と呼ばれるようになったという経緯が、一般的な辞書などでもかなり普及している。

　さらに、この縄の文様が縄文原体を回転して押捺することによってつけられた文様であることを明らかにし、弥生時代以前の先史時代の日本列島に存在している土器群のことを「縄文式土器」としたのは、山内清男である。モースは縄目のついている土器を cord marked pottery と呼びはしたが、日本列島の石器時代の土器全般を包括した名称として呼んだわけではなかった。

　筆者は、この点についてもっと強調されてよいと思われる。たとえば、縄文土器の説明としては一番詳しい記述がなされている『縄文時代研究事典』（引用はかなり省略したが）ですら、「縄文土器」とは何かという、形態や装飾といった外面的な特徴や個別の説明が行われるだけであって、包括的な特徴は「野天で焼かれた素焼きの土器」で「すべてに縄目文様が施されているわけではなく、押型文・貝殻文・竹管文・隆起線文・沈線文など、様々な文様を組み合わせて」いると述べるにすぎない。

　筆者の認識としては、「縄文土器」の定義は意外とあいまいなのである。現代考古学研究の考え方の枠組みに対して異なる視点を提供している岡本孝之は、縄文土器とは縄文がついた土器群（氏の提唱する「大森文化」）に限定すべきであって、九州などの縄文のない土器は曽畑・阿高文化あるいは三万田文化などの土器として把握すべきという（岡本 1990）。筆者の考えとは必ずしも一致しない部分も多いが、傾聴に値する考え方ではあろう。

　高校の教科書の縄文土器に関する記述は、弥生土器と比較して「このことの（縄文時代の：筆者注）土器はさまざまな形や文様をもち、低温で焼かれた厚手の黒褐色のもので、縄文土器とよばれている」という説明（井上ほか 1988）は、装飾の少ない後晩期に西日本の薄手の縄文土器や装飾が多く縄文施文がある東日本の弥生土器を理解しにくいものとしている。それ故に岡本説のような考え方が出てくる余地があるのだろう（岡本は弥生式土器も東日本と西日本などで同様なものとは見ないなどの視点があり、興味深いが本論の主旨とは離れるので割愛する）。

　縄文土器自体の定義も必ずしもわかりやすいものではないが、弥生土器との対比によって縄文土器自体が見えてくるのであろうか。いわゆる稲作導入期の

縄文時代晩期か弥生時代前期（早期？）の土器かという非常に細かい議論はともかく、全体どうしの比較はどうなっているのか。

　研究史的に森本六爾・小林行雄以来、弥生土器の形式は機能ごと、煮沸は甕形土器、貯蔵は壺形土器、供餐（供献）は高杯形土器にわかれるとされる（森本 1934・小林 1935）。もちろんこれは弥生土器の様式論と呼ばれるものの説明原理の一つであって、縄文土器を含めた解釈ではない。しかし、同様の筆法で縄文土器を説明しようとすれば、縄文土器の形式は、煮沸は深鉢形土器を主体とし、一部に煮沸以外の用途である壺形土器、注口土器、吊手土器などの形式がある、とでもできようか。

　しかし、弥生土器の様式論をそのまま縄文土器の研究に応用しようとしても、生産手段が異なるためなのか、なかなかうまくいかない。そもそも弥生土器の「様式」と縄文土器の「型式」は似ているが異なる概念である（戸田 1986）。

　先ほどの縄文時代末と弥生時代の初めといったようなミクロ的な部分ではあるいは、縄文土器を様式論的にとらえて分析し、モデルを提示することはそれなりに理解しやすければ意味があることであろうが、縄文土器全体を弥生土器の様式論では現実うまく理解できないのであるから、そこは、装飾形態と機能用途を結びつけて考えるという弥生土器様式論の利点を生かすためにも、ただ単純に当てはめようとするのでなく、少し縄文土器全体を網羅する特質について考えた上で話を進めていかなくてはならないようだ。

　無論、以上のような装飾形態という観点をとりあえず抜きにして、「日本列島における食料採集段階の、岩宿時代につづく二番目の文化・時代が縄紋文化・縄紋時代、食料生産段階の最初が弥生文化・弥生時代、そして縄紋文化の土器が縄紋土器、弥生文化の土器が弥生土器」（佐原 1987）という立場もある。これはこれで説得力があるし、今日これに反対する人は少ないだろう。佐原説は、時代や文化が生産手段によって規定されるという唯物史観的な立場から来ているものと思われるが、それならばなおさらのこと土器の装飾形態は生産手段といった人間生活の根幹を反映しているはずである。少なくとも反映していなければ、もしかしたら縄文土器という枠組みは現代日本人の「固有日本」というものが古来よりあってほしいといったことの無意識の反映にすぎないということはないのだろうか。やはり、縄文土器というものを装飾形態それも単に

個別の説明ではなく、生産手段を反映した機能用途と結びつけて考え、日本列島の文化的な様相がどうであったのか調べることを、型式の細分や並行関係の研究とともに私たち考古学者は考えていかなくてはならないだろう。

(4) 縄文土器の文様帯研究

つまり縄文土器という概念全体を、個別の説明ではなくて、形態や装飾から、定義できないだろうか。逆にきわめて素朴な質問として、縄文がつかない土器型式も縄文土器に今日含めているのだろうか（どういう根拠をもって縄文がついていない土器型式も縄文土器というグループに入れるのだろうか）。

この点について、戦前から戦後にかけて縄文土器研究の第一人者であった山内清男はどのように考えたのであろうか。山内は当然「縄文のついていない縄文土器」「縄文のある弥生土器」なる存在にすぐ気づいたはずである（ある土器型式の一器形に縄文がない土器があるというのではなく、岡本のいう「大森文化」の中心地？である関東地方にも中期阿玉台式のように縄文が施されない土器が存在する）。

西脇対名夫によると、山内は縄文土器の範囲、その全体像を明らかにしたのであるが、それは日本列島の先史土器の全体を年代的に整理し、さらに弥生時代以前の土器にとぎれることのない系統性を認めて「縄紋式」と名づけたのであり、この「縄紋式土器」の範疇と系統を保証するものが「紋様帯」（本論では文様帯と同義として扱う）であるという（西脇 1994）。

文様帯について山内は「日本の縄紋式には早期の後半から後、紋様の連続が見られる。紋様帯Ⅰ、Ⅱ、Ⅲが順次生じた。」（山内 1979）とし、文様帯Ⅰ帯とⅡ帯（以下Ⅰ文様帯、Ⅱ文様帯とする）の連続性や、この基本的文様帯から副文様帯がさらに分化することを主張している（山内 1964）。この連続性があるとすれば、文様帯こそが日本の縄文式の大きな特徴に違いない[2]。

時間的な問題だけでなく、空間的な問題を考えた時に、縄文土器自体の定義、つまり弥生土器との対比ではなく、同時代の同様な社会・文化の土器との区別があって、初めて縄文土器の定義がしっかりしたものになろう。私たちは現在の政治上の区分から日本であるとか、韓国・朝鮮・中国・ロシアなどといった

---

(2) 西脇はさらに口縁部の文様帯（Ⅰ帯）の系統性だけでなく、その下位に重なって出現するⅡ・Ⅲ帯を縄文土器の特徴として注目する（西脇 2008）。

領域で思考することが無意識の前提となっているが、これが新石器時代などの過去における土器などの文化的領域と一致するかどうかは、わからないことは言うまでもない。境界だけの問題でなく、近代国家のような範囲の広い空間的なまとまりが文化的領域あったのか、さらにこれがはたして政治的な性格をもっていたのかを含めて検討せずに、近代国家の領域をもとに、新石器時代などの文化的な領域を語ってはならないだろう。

　Ⅰ文様帯及びⅡ文様帯は、変化しながら日本列島の先史時代の土器型式に存在し続けているとすれば、逆に言えばⅠ文様帯及びⅡ文様帯を有している土器型式こそ「縄文式土器」（あるいは縄紋式土器）とすることができよう。とくに今のところ文様帯以外にいわゆる縄文土器型式が時代ないし地域を越えて関連している一群であるとすべき装飾・形態の特徴はない。つまり、文様帯こそが縄文土器を一つのまとまりであると保証している特徴であり、この時代および地域を越えて縄文土器型式群が一つのまとまりとして関連していることを示している。こうした土器型式の相互関連性、山内清男のいう「縄文式」（山内1979）あるいは大塚達朗のいう「縄文式縦横連鎖構造」（大塚1992）こそが、今のところ縄文土器のみならず縄文文化が一つのまとまりであることを示す一つの指標ともなっている[3]。

　日本列島以外で縄文土器と文様帯レベルで関連性が見られる土器群は今のところ明らかになっていない。朝鮮半島の隆起線文土器や櫛目文土器と九州の轟B式と曽畑式のような非常に似通っている土器型式はあるが、いわゆる縄文土器の中では例外的な存在である。一般に轟B式や曽畑式を朝鮮半島からの影響を認めつつも、縄文土器の範疇に普通入れる（水ノ江1988、中村1993）が、筆者は轟B式や曽畑式を縄文土器の範疇に入れてよいかは微妙な問題であると考える。

　文様帯のことを念頭に置いた上でいわゆる縄文土器を概観してみると、多くは口縁部と胴部に横位展開する文様帯に二大別されていることにあらためて気づかされる。縄文土器の基本的構造であり、今さら当たり前のことなのかもしれないが、文様帯の永続性と土器型式研究上重要視されてきたこともよくわか

（3）　ただ大塚は、「縄文式土器」の実態を筆者のように素朴な一系統的連続であるとは考えていない（大塚2000）。

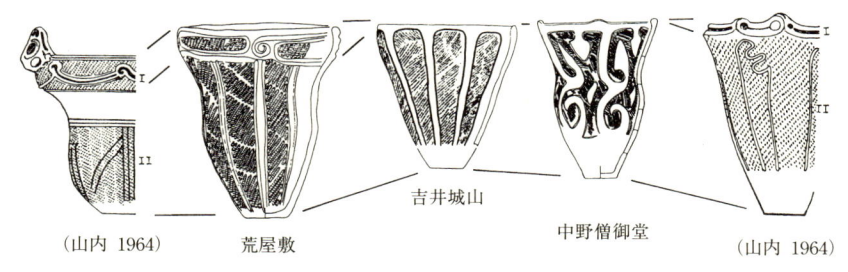

(山内 1964)　荒屋敷　吉井城山　中野僧御堂　(山内 1964)

第1図　加曽利E式から堀之内式への文様体の変遷

る。

　しかし、縄文時代以外の土器を見てみると、その後の弥生時代にも文様帯は多少見られるようであるが、基本的に縄文土器のような系統性をもったものが、時代を通じてさらに地域を越えて普遍的に存在することはない。やはり、縄文時代、文化の特徴なのか。

　さらに縄文土器においてこの文様帯がいかに重要な要素であったかを示す事例として、関東地方の縄文時代中期後葉の土器型式である加曽利E式終末に文様帯がいったん消滅したように見えるが、また復活したことをあげたい。加曽利E式を4段階に細分した場合、E1～E3式は口縁部にしっかりとしたI文様帯が見られる。ところがE4式の段階に口縁部に文様帯はなくなり、E1～E3式ではII文様帯であった部分のみが残る。後続する称名寺式も口縁部に文様帯ははっきりしないが、称名寺式に後続する堀之内式には口縁部にI文様帯が復活する（第1図）。

　口縁部文様帯は不変不動のものではないが、かといって消滅したように見えても復活するところをみると、むしろ縄文土器あるいは言い換えれば縄文文化においては、非常に欠かせない要素であったことがわかる。

　これはなにも関東地方だけの現象ではない。九州の縄文時代早期の塞ノ神式土器は、口縁部にはっきりとした文様帯をもつが、アカホヤ火山灰降下以降の縄文時代前期の轟B式や曽畑式はこうした口縁部に文様帯をはっきりと作り出さない。中期後葉の並木式さらに阿高式になってまた口縁部に文様帯が明確に形成される（川崎1991、本章第2節2-(1)参照）。こうした現象は縄文土器の中を探せばまだあるだろう。ただし、口縁部文様帯の消滅と復活はあくまで縄文

中尾田　　　　　阿　高　　　　　　阿　高　　　　南福寺

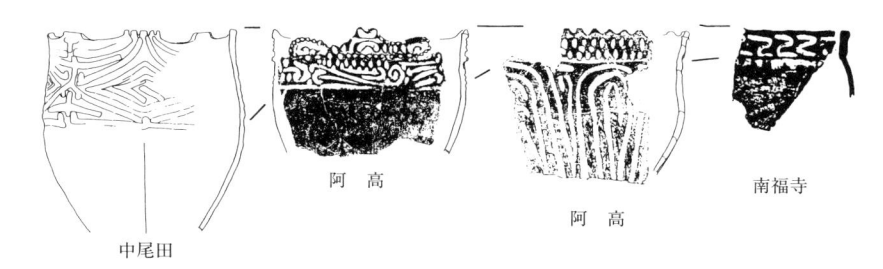

第2図　阿高式から南福寺式への文様帯の変遷

土器の中で例外的な事象である。関東地方の加曽利E式から堀之内式におよそ並行する阿高式から南福寺式を比較してみるとわかるように、基本的に文様とくに意匠や施文部位などは変化しても口縁部に文様帯をもつという特徴は維持され続けている（第2図）。

　すでに触れた西脇の研究によると、山内の文様帯系統論を綿密に検討すると、それが松本彦七郎にはじまり、縄文土器研究の基礎になったことが明らかであり、さらに「文様帯は山内が考えたような静的にきちっと安定したものではなく、下の文様帯が上にあがって消えていくという現象をたえずくりかえしている。」と考えられるという（西脇 1994）。西脇説でうまく説明できる現象もある（西脇 1990）。

　西脇とは別の観点で、文様帯の中で、I文様帯の系統性とくに一系統であること、文様帯系統論の「生命線」であることは中島庄一や鈴木徳雄が指摘している。加曽利E式から称名寺式、堀之内式への変遷時も継続していることを主張する（中島 1981、鈴木 1991）。

　縄文土器の主体的器形は深鉢形土器であり、継続する文様帯をもつことを特徴とするのである。いずれにせよ、口縁部文様帯は日本文化の中で欠かせないものというわけではないが、縄文文化の中では、たえず必要とされるのである。いったん消滅したように見えて復活することすらある。この意義はたしかに特筆されるべきだろう。消滅して消滅しっぱなしではない。ではいったいそれはなぜなのか。

(5) 縄文土器の機能用途と口縁部の装飾形態・文様帯

　ここで、筆者が気になるのは、文様帯が一系統で安定して存在していたと考えれば、当然であるが、西脇の言うように文様帯が動的なものであったとしても、なぜ基本的に縄文土器の主体を占める深鉢形土器は、Ⅰ文様帯とⅡ文様帯といった構造、とくにⅠ文様帯（口縁部文様帯[4]）が縄文時代を通じて、北は北海道から南は沖縄まで維持されたのであろうか。

　とくにⅠ文様帯とⅡ文様帯の区画は単に装飾的に突帯や浮線で区画されるだけではなく、口縁部と頸部あるいは胴部の器形上の変化点と合致していることが多い。これは単に縄文土器装飾の伝統といった問題というだけではすまないように思われる。筆者はこの特徴の背景には、なにか用途機能の要請（それも縄文文化全体に見られる）があるのではないかと推測する。

　縄文土器の深鉢形土器の主要な用途は煮沸（煮炊き）具と推定されていることはすでに述べたが、煮沸具自体当然のことながら、後世の弥生土器や土師器にも甕形土器がある。弥生土器や続縄文土器にも文様帯は継続すると山内は指摘するが、弥生時代前期の西日本のたとえば遠賀川式などの甕形土器には、文様帯はない。同じ煮沸具といっても弥生時代の甕形土器は一般に口縁が外反し、その端部に刻み目などが施されることはあるが、文様帯で口縁部や胴部を区画するということはない。

　ここで、縄文土器の煮炊きについてより具体的な状況を想定している三上論文に戻ってみると、そもそも縄文土器の煮炊きのために火を激しく燃やすものではなく、たとえば「オキ」のようなものでじっくり煮炊きするものであると想定されている。とくに口縁部で大きく屈曲して大きな装飾を有する勝坂式土

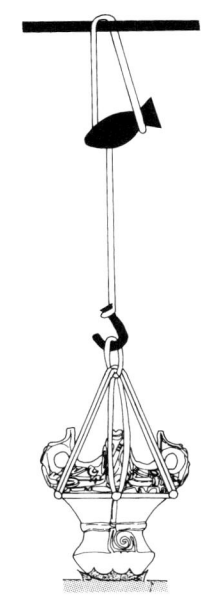

第3図　土器の据え方

（4）　文様帯のⅠ、Ⅱは施文部位とは無関係に土器の上から順番に番号を付けたもので、一方口縁部文様帯、頸部文様帯と言えば、土器の器形に即した形で、文様帯を呼称するのであるから、厳密に言えば、同義ではない。

器の時期の石囲炉は小さいから、これらの土器は「吊る」ためにあったのではないかというが、とくに火は「オキ」のような小さい火であるから、縄でも燃えることはなかったと推定されている（第3図）。

　三上は中期の土器を石囲炉の大きさと口縁部の装飾から吊る機能や据える機能を対比させる（据える土器の方が先でその後吊る土器が生まれたとする）。ではなぜ紐もしくは縄で吊るという発想が生まれたのか。

　これは一つの解釈にしか過ぎないが、据える土器の中にも多くは縄や紐で固定するものが多かったのではないかと思われる。本来安定性を考えないで、煮炊きによる煮沸の効果だけを考えれば、底部はなるべく小さいか、あるいはとがっていれば、その分だけそこに下から火が当たるので効率はよい。底部が大きければ安定はする。もちろん、中世の内耳鍋のように自在鉤で鍋を吊して、竈ではなく囲炉裏でも下から直接火を当てることができれば、必ずしも丸底にこだわる必要はない。内耳鍋の多くは平底である。しかし縄文土器の深鉢形土器を炉に据えるとなると平底であれば、それも底が大きければ大きいほど、肝心な部分に火が十分に当たらないわけであるから、効率は悪い（渡辺 2008）。

　そもそも縄文土器は草創期や早期はほとんどが丸底か尖底であって、安定性より煮沸の効率を優先したが、前期以降多くが平底になり煮沸のための熱を加える効率だけではなく、安定性も求めた。これはどちらか一方が絶対という問題ではなく、基本的に床に炉を造ってそこに土器を設置して煮炊きするというやり方であったため、のちの竈のような煮炊きの効率もよく、安定性も高いというふうにはできないジレンマがあった。

　ただ、縄文土器は平坦な炉で煮炊きするという中で、安定性が高い土器はもとよりあまり安定性が高くない土器も、長時間じっくり煮炊きすることが想定されている（三宅 1976）。

　そうしてみると、縄文土器の把手とされるものがほとんど横方向に穿孔されている理由も納得がいく。縄文土器の把手は縦方向に吊って土器を上下するための目的ではなく、横方向に支えるのが本来の目的であったのではないか（そもそもほとんどの縄文土器は、非常に重く、縄文土器の把手だけで吊ったりすることは、ほとんど物理的にできない）。

　以上のことをまとめてみると「縄文土器はじっくり・長時間の煮炊きの必要

性」⇔「据えるあるいは吊るなどして固定する」⇔「口縁部で屈曲したり、固定するための装飾が発達」⇔「たえず口縁部とその下を区画する意識・文化が発達」したという関係が縄文土器（とくに深鉢形土器）に成り立っていたのではないか。

では、そもそもオキなどで縄文土器は長時間煮炊きする必要があったのか。これこそが、縄文土器とは何かという本質にアプローチできる部分である。つまり、長時間弱火で煮沸させておくのは、ドングリなどのアクがある食用の植物質をアク抜きする必要があるからではないか。ただ、単に加熱するだけでは、土器は必要ない。直接焼くことはもとより、石を加熱して水を沸騰させる方法や土に埋めて蒸し焼きにすることなどが民俗例からも知られている。藤森栄一、武藤雄六以来、渡辺誠や宮下健司が強調するようにドングリなどのアク抜きは土器で煮沸して時間をかけるほかないのである（藤森・武藤 1963、宮下 1970、渡辺 1984）。

つまりじっくり煮炊きする必要があるので、縄文土器特有の形がある。同じ炉で煮炊きしていた弥生土器の甕形土器が、植物に関しては、主にコメやマメなどの穀物を煮沸の対象としたためか、平底という部分では共通しているが、口縁部に固定させるような装飾はまったく見当たらない。縄文土器に比べて焦げている比率が高いようである。少なくとも多くの文様がついているような縄文土器の深鉢形土器には、べったりとコゲがついていることはめったにない。同じ煮沸用の土器のはずなのに、きわめて対照的である。

よって、「ドングリなどのアク抜き」という項目を「縄文土器はじっくり・長時間の煮炊きの必要性」の前に置くことはそれほど飛躍してはいないだろう。

(6) まとめ

以上、今一度整理してみると
　① ドングリなどの縄文時代の主要食物はアク抜きが必要。
　② アク抜きはオキなどで長時間加熱する必要。
　③ 熱効率を良くするためには、底が小さい方が良い。
　④ 熱効率を追求すると不安定になる。
　⑤ 紐や縄で口縁部を固定する。

⑥　口縁部とそれ以下で区別するということが縄文土器の器形や装飾に反映する。

⑦　帯がⅠとⅡといった構成を基本的にもつ（口縁部文様帯がいつもある）。

⑧　日本列島内で地域や時期を越えて同じような構成をもつ背景となる。

　無論、③の条件は、ア、煮沸用の用具が軽量化されて住居の中で天井から吊るすようにできる。イ、竈が導入され、これも土器の底を空中に浮かせることができる。ウ、コンロのように下方から直接熱を加えることができる。以上のような工夫があれば、必ずしもなりたたない。

　しかし、ア、縄文土器の深鉢形土器の多くは軽量でもない。きわめて重厚長大頑丈に作られている。イ、竈は縄文時代早期の撚糸文土器や押型文土器に伴う炉穴（連結土坑・ファイアーピットなどとも）が竈的な役割を果たした可能性も指摘されている（山田ほか 1994、弥栄ほか 1997）が、地山を掘り込んで造るものであったために、古墳時代以降の竈のように容易に造ることができず、おそらく特殊な目的（燻製？）などのために用いられたとも言われ、普遍化することはなかった。ウ、コンロ的なものは、竈が朝鮮半島から伝わってきた時に、小型の移動式の竈が日本列島にも出現したが、これも竪穴住居に粘土や石で構築された造りつけの竈が普及するとほとんどみかけなくなる（木下 2002）。アの内耳鍋同様、焙烙などの平底で、炒ったり、焙じたりするのに向いている土器は、中世に普遍化するので、だいぶ時代が下らないと、コンロ（あるいは七輪）のような平底の器を効率よく熱する加熱設備は日本列島では普遍化しなかった（国立歴史民俗博物館 1997）。

　こうしてみると、縄文時代の生業が縄文土器の器形装飾に反映していることが先学の研究成果とも矛盾せずいちおう説明できる。

　さらに想像をたくましくすれば、

①　紐や縄で固定する方法は早期末（押型文土器）以降に確立した。

②　しかし、それ以前の尖底土器も紐や縄で固定した可能性もある。（尖底土器の先端しか埋まっていないと思われる例が多い）（押型文土器や撚糸文土器も口縁部を強調したり、屈曲させたりするものが多い）。

③　縄文時代の屋内炉はオキのような弱火中心で、焚き火などの強火が必要な場合は屋外炉などで行われた。

④ 弥生時代以降の煮炊きは縄文土器に比べて、その対象が植物の場合は、アク抜きが必要でないコメやマメなどの穀物に変化したので、強火でも良く、土器の装飾形態にも異なった影響が出た（縄文土器は長時間、家の中心で煮炊きするために固定され、絶えず家人の視線にさらされるが、弥生土器や土師器の甕形土器はデンプンがアルファー化すればよいので、煮炊きの時間自体はずっと短時間になって、土器が煮炊きに置かれていた時間はずっと短くなったものと思われる）。

⑤ 前項④に関係するが縄文時代後期以降に土器の精粗の差がはっきりしてくるが、とくに粗製の無文土器は従来の有文土器とは異なる煮沸の仕方に用いられたのかもしれない。はたして弥生土器や土師器の甕形土器のようにまっ黒なススがついている例が多いのか少ないのか、などといった用途や機能に差があるかどうか追究すべき課題である。ちなみに無文土器は当然のことながら一般に文様帯自体がなく、口縁部の作出も明確ではない。

といったことも考えられる。

　筆者の観察した範囲では、土器に固定した紐の痕跡のようなものが見いだせていないが、仮にオキ火が縄文土器の煮炊きの主体であることや紐や縄で固定していることが実証されたとしても、以下の点も同時に考えていかねばならないだろう。

① 本列島周辺地域の縄文文化同様の狩猟採集段階の土器の装飾形態やその構造はどうか。またそれらがどのように機能用途さらには生業などと関連しているか。

② 縄文土器でも文様帯をもたない土器をどのように理解するか。

③ 縄文土器の範疇（縄文土器の本質）にこれ以外の要素がないのか。

　縄文土器の範疇については、縄文土器とは何かということであり、この問題は縄文土器の型式の構造を理解することなしには、用途・機能からだけでは説明できないかもしれないので、他の文化要素とともに総合的に考えていく必要がある[5]。

　いずれにせよ、本論で紹介した諸研究のさらなる進展が望まれるとともに、炭化物の付着状況（たとえば小林 1978）や土器の使用痕の検討なども注目すべ

2．文様帯と粘土帯（製作技法）

(1) はじめに

　松本彦七郎が1919年に縄文土器の型式学的研究を行う時に文様帯概念を用い（今村　1983）、山内清男が縄文（式）土器（縄文土器は第Ⅱ章第1節1で触れたように、元来は縄文が施文された土器の意味であり、縄文式土器こそは日本列島における弥生文化以前の石器時代土器が一つの体系になっているという意味で、縄文が施されない土器型式も含めて縄文式土器というカテゴリーを示している。しかし、本論では以下とくに断らない限り、縄文式土器の省略として縄文土器を用いる）の編年研究において、文様帯研究を進めた。山内は縄文土器研究の「筋金」として文様帯系統論を唱え、文様帯分析を重視したことは研究史上よく知られている。

　現在も多くの研究者も文様帯の分析を土器型式研究の基軸としている（今村　1983、鈴木　1991、西脇　1995など）。山内の文様帯による土器型式研究が優れている証左であるかもしれない。たしかに多くの土器型式研究上の問題が文様帯によってうまく説明できるし、これに関する具体例（第Ⅱ章第2節で筆者の実践例をいくつか紹介する）も多い。

　しかし、なぜ「文様帯」という概念が土器型式研究（編年研究も含む）の基軸たりうるか、またその背景に何があるのだろうか。第Ⅱ章第1節1では文様帯には機能用途さらには生業との関係がある程度反映している可能性を指摘したが、ここでは、文様帯は土器の製作技法とも深く関係していることを示したい。また、製作技法ともかかわっているために編年研究にも非常に有効な概念になっていることを説明できればと思う。

（5）　渡辺誠によれば、加曽利E式などのように口縁部直下に沈線などで横に区画するのは、アク抜きをする時にアクが縄文土器の熱せられた胴部に垂れて割れるのを防ぐためでもあるという（沈線などの区画の部分で液体は切れる）。これも縄文土器の形態がアク抜きと深く関連するという趣旨で、本論も似た発想である。機能用途やさらには生業を視野に入れたような議論が深まることが望まれる。

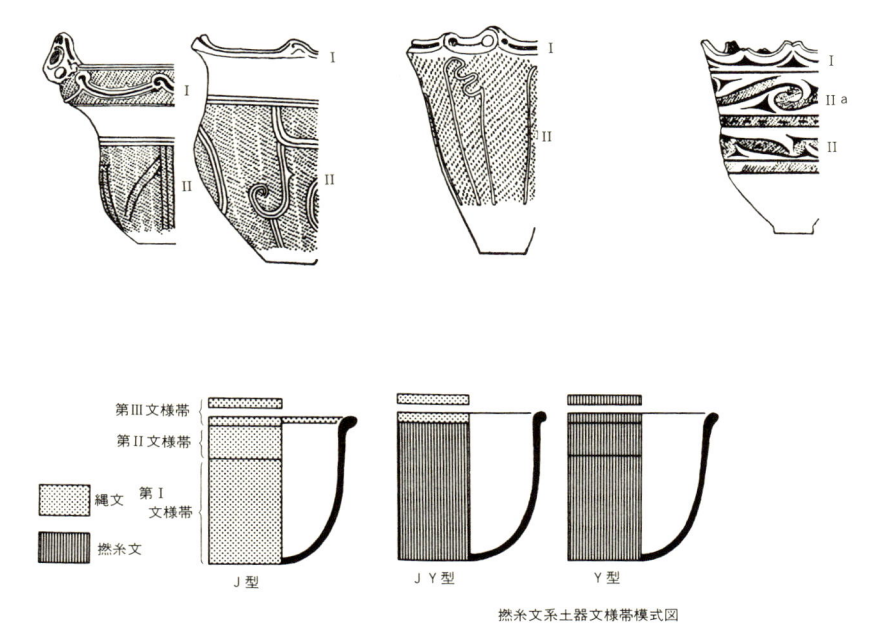

第4図　山内清男「文様帯」（上段）と小林達雄「文様帯」（下段）

(2) 文様帯とは

　松本彦七郎自身は「文様帯」に似た概念は示しつつも、用語として定義して用いているわけではない（今村 1983）ので、本論では定義としては山内清男の提唱した「文様帯」概念が、縄文土器研究においてはじめて提示された概念であるとする。よって山内の文様帯概念についてまず概観する。

　山内は「文様帯」の項において以下のように説明している。「土器に見られる文様は多くは横帯をなしている。この横帯を繞って全体一単位の文様が見られることもないわけではないが、多くは同じ単位または近似の単位が繰返されている。時に縦線、斜線或いは縦の孤線等で区切られ、枠の中に収まったようになっている。（略）土器の口縁、頸部、体部のうち上下に別の文様帯が加えられることがある。（略）口縁および外面の文様帯には代々相継ぐ部分が認められ、系統的連続が見られる」（山内 1964）（第4図）。

　実際の縄文土器については、「文様帯系統論」の項で、「草創期の前半には細

隆線、爪型（ママ：筆者註）文、或いは縄を押捺した諸種の文様がある。これは古文様帯として、ここでは触れないこととする。しかし後半においては回転縄文があるが、文様というべきものをもたない。早期のはじめの押型文にも文様はない。（略）次に早期に文様が生じ、その文様はその後長く幾多の変遷を重ね、弥生式、続縄文式にまで続いている。」と説明する（山内 1964）。

　ここで、文様帯だけでなく、山内が縄文土器の文様を具体的にどのように考えていたかもわかる。端的に言えば、何らかのものを具象したものが文様であり、それが横に一定の幅の中にはいる、つまり「枠に収まった」形で、上下を口縁の端部、沈線、隆帯などで区画されたものを文様帯と呼称しているのである。つまり、縄文原体を回転押捺しただけのものや、押型文のような単純な繰り返しは、文様とは認めていない。すると縄文や押型文だけであると文様帯にはなりえない。

　山内の定義にあてはめると草創期後半の多縄文土器群から早期の撚糸文土器、押型文土器には文様帯もないことになってしまう。山内はそれで草創期前半のものをわざわざ古文様帯と呼称している。文様帯はいったん断絶していることになる。

　たしかに撚糸文土器や押型文土器には文様帯はないという山内の考え方は一つの見識ではある。しかし、狭義の文様帯はそうであるかもしれないが、山内も認めているように草創期の口縁部付近に隆起線文や爪形文が施される部分は、明確な区画はないが、文様帯に類するものには違いない。また撚糸文土器や押型文土器を観察すると部分的には単調な繰り返しのように見えるが、実は回転押捺の方向を器形などに合わせて施していて、ただ単に単純な地文ではないことがうかがえる。

　草創期後半から早期にかけての土器編年が山内の文様帯ではうまく説明できないのに対し、小林達雄は縄文や撚糸文の施文部位から撚糸文土器群の「文様帯」を設定し、当該期の土器編年をうまく描きだした。

　ここで小林達雄の言う文様帯概念を見てみたい。小林による撚糸文系土器の「第一様式Y型」（撚糸文のみ施文型：筆者註）は「文様帯はJ型（縄文のみ施文型：筆者註）と同様三つに区分される。第Ⅰ文様帯は、撚糸文を唯一の文様とし、条の走向は、口辺に直交している。第Ⅱ文様帯は、横に走る撚糸文が、第Ⅲ文

様帯は縦に走る撚糸文が施される」という（小林 1966）（第 4 図。図は概念図で、文中の第一様式の説明ではない）。

　小林は縄文や撚糸文を文様と見なす点が、山内と異なる。文様帯の意味も異なっていて、原体の種類、土器の器形、原体の走向などを基準にして文様帯は設定されている（以下これを小林「文様帯」とする）。

　この小林の文様観については、賛否の分かれるところかもしれない。縄文は整形のための器面調整の一種にしかすぎないとする説（小林 1954）もあるし、一方で装飾的な効果が大きいとする説（佐原 1956）もある。

　山内は土器面の文様配置の規則性を抽象化し、土器の系統的変化を解明するための概念としていたとし、それ以外の文様帯概念は土器研究には役に立たないとする考え（今村 1983）もある。しかし、現実に撚糸文土器や後述する押型文土器の型式研究において一定の成果をあげているのであるから、縄文土器の系統性の問題とは別に小林のいうような「文様帯」概念も認めるべきであると私は考える。あるいは小林が山内の文様帯概念との違いを明示せず、かつ紛らわしい呼称の仕方（文様帯のⅠ・Ⅱ…という数字を山内は口縁から、小林は底部から付けている）などは問題があったかもしれない。しかし、小林が提示している「文様帯」も縄文土器型式研究の中で有効な一つの考え方ではある。山内の「文様帯」概念と違うからと言ってむやみに否定せず、両者の違いを認めたうえで、漠然と文様帯とせず、本論では、以下山内「文様帯」を略してY文様帯、小林「文様帯」を同様にK文様帯と呼称を区別し、両者が一体どういう関係にあるかを検討する[6]。

　その対比を行う前に、小林のK文様帯研究には山内の研究とは異なり、縄文土器の形態の基礎的な単位である粘土帯の存在についてはっきりとした認識があることを指摘しておきたい。このことが小林「文様帯」の一つの基礎をな

（6）　ちなみに八幡一郎は文様帯を以下のように定義している。「幅広く構成された文様の帯状区画を文様帯という。文様帯は器物に単独にまたは重複して水平に施されるのが常ではあるが、稀に他の文様構成の一部として垂直あるいは斜めに配されることもある。文様帯には、2本以上の直線・点線・波線などを一組としたものや、2線間に縄文・条痕・点文・斜線・格子目その他の構成文様を入れたものなど、種々のバラエテがある。」（八幡 1962）。山内「文様帯」と似ているが、異なる文様帯概念があったと言えよう。

しているると筆者は考えている。山内自身も縄文土器が粘土紐の輪積みによって製作されていることは指摘しているが、いったん土器に成形された後の粘土紐の状態については、とくに言及していない。

　小林は「土器破片において、縦の幅（口辺に直交する割れ口の長さ）をA、横の幅（口辺に並行する割れ口の長さ）をBとすると、Aの数値を中心にまとまりを示すグループを認めるのである。それらのグループのうち、Aのとる数値の最小値ａでまとまるグループがある。そして、ほかは2ａ、3ａというように整数倍値のグループになる。これはちょうど土器をａあるいは2ａの幅で輪切りにしたようなこわれかたが潜在することを示すものである。では何故に、そのような現象をとるのであろうか。後述のごとく、破片の観察によると、口辺に平行する割れ口のなかには、割れ目というよりはむしろ接着部分から剥落した形状をとどめるものがある。したがってａは成形時の粘土幅に一致するのである。」（小林 1966）というように、土器の破片の割れ口観察と長さの関係性に着目した点から始まったらしい。

　小林の指摘するような観察は弥生土器などにも見られることで、擬口縁などと紹介される（佐原 1973）。

　小林はさらにａグループだけでなく、2ａ、3ａグループが存在するとしている。実際に撚糸文系土器群の口縁部文様帯は粘土帯の成形方法で分類する。

　小林自身粘土帯自体の詳細な説明はないが、粘土紐が成形時にも完全には上下の粘土紐と均質化するわけではなく、また成形の結果、紐というよりは細長く平たい帯状のものに変化するので「粘土帯」と呼んだと私は推測する[7]（第5図）。

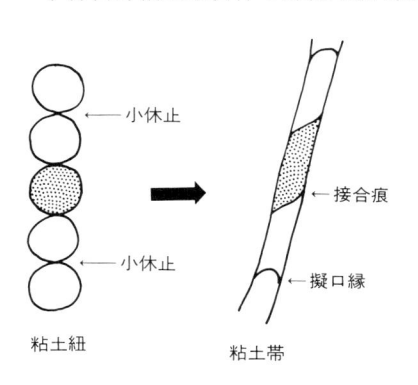

第5図　粘土紐と粘土帯

　残念ながら小林「文様帯」一般について、つまり口縁部以外の頸部や体部の文様帯について粘土帯との関係の説明がない。しかし、小林が粘土帯の存

───
（7）　擬口縁と接合痕の関係については、山田猛の教示による。

在を土器研究の上で、重視していたとは言えそうである。小林以外にも縄文土器の粘土帯の問題に着目する研究者はおり、可児通宏の後期初頭称名寺式土器（可児 1971）、三宅徹也の早期中葉の貝殻沈線文土器（三宅 1976）などの分析には、粘土帯と器形の関係に触れているが、K文様帯との関係までは触れていない。

(3) 文様帯と粘土帯

粘土帯と器形を論じるということは、製作技術的観点から土器の型式学的特徴を見ようとすることである。残念ながら、小林らは文様帯と粘土帯、さらには器形との関係について詳細に述べてはいない。

これに対し、山田猛は、近畿地方早期前半の押型文土器の編年研究を行う中で、器形・文様帯・粘土帯の関係を積極的に論じている。山田は「（早期前半の押型文土器）編年案を検証するために、型式の主要な構成要素ごとの変化の流れを、生産技術的観点に立脚して検討」するという（山田 1988）。以下、山田の分析方法を概観する。

山田は大鼻式、大川式、神宮寺式などという近畿地方早期前半の押型文土器型式の編年を行う上で、器形・文様帯・文様・製作技法の4要素を基本としている。中でも文様帯については「横位施文の口縁部、体・底部には縦位施文の文様帯が」基本的に早期前半の押型文土器にはあるとし、Ⅰ期（大鼻式）のいくつかの土器やⅡ期（大川式の古い部分）・Ⅲ期（大川式の新しい部分）の多くの

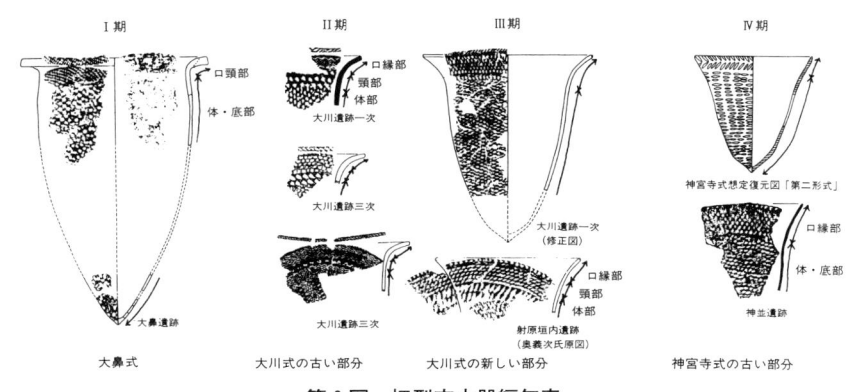

第6図　押型文土器編年表

土器は頸部文様帯をもつようになるという。山田のいう「文様帯」は部位をもとに、口縁部文様帯、頸部文様帯、体部文様帯などと命名していて、小林「文様帯」の示す内容とほぼ同じである（第6図）。

山田は、さらにこうした文様帯の変遷や器形は粘土紐巻き上げ時の小休止（粘土紐の継ぎ目いわゆる「接合痕」と擬口縁を残した「小休止」を山田は区別する。第5図参照）などの器形、調整などといった製作技法的観点から十分説明できるという。

無論、山田は別に製作技法的観点だけで編年しているわけではない。型式の「規定的要素」は文様帯であると指摘している。その理由の一つは、弥生土器や土師器にはほとんどみられないが、縄文土器は文様帯を有することが多く、縄文土器の一大特徴といってもよい。また縄文土器は機能による器種分化がはっきりしないので、弥生土器や土師器のような器種の組み合わせによる編年研究は難しいことが多い。よって、縄文土器型式研究の中で、文様帯の属性の中で占める位置は大きい（川崎 1995、本書第Ⅱ章第1節1参照）。しかし、一方で、縄文土器の製作技法的な観点は、編年研究において有効なのだろうか。また、縄文土器型式研究の基軸たる文様帯とどのように関連しているのだろうか。山田の研究はこの点について示唆するところが大きい。

山田の研究を補助線としてこの問題に接近してみたい。土器型式の編年研究にはさまざまな土器の属性や特徴が分析に用いられるのであるが、おおまかに二つのグループに分けることができる。一つは文様帯のように有る無しがはっきりしている属性（以下デジタル的属性）。もう一つは原体や施文具などの施文される量といった漸移的に変化する属性（以下アナログ的属性）の二種類がある[8]。

ここで、デジタル的属性情報が、たとえば文様帯の構成といったレベルであると、実際の調査では、かなり大きな破片でないとわからないことがあるため、アナログ的属性情報が全体の構成がわからないような破片からでも得られるの

（8） ディジタル（digital）とは「ある量またはデータを、有限桁の数字列（例えば二進数）として表現すること」であり、アナログ（analog）とは「ある量またはデータを、連続的に変化しうる物理量（電圧・電流など）で表示すること」（『広辞苑』第四版）。

と違って、非常に得にくい。よって、日常の調査段階においては、土器のアナログ的属性に関する情報は非常に重要である。

　ただ、アナログ的属性で型式を設定する場合、例えばA種文がx％、B種文はy％の時α型式であるというやり方で設定したような場合、実はなかなか難しい問題をはらんでいる。A種文のxが仮に60％だったとして、その基準より数％低いもの（59や58％のもの）をどのようにとらえるかである。α型式にするか、それに準じる類α型式にするかなど一種のグレーゾーンのようになりがちである。

　型式の設定にあらゆる属性を利用することは、筆者が提唱する文化研究としての考古学の本義からいっても（第Ⅰ章参照）非常に望ましい。たとえば、文様や施文具以外にも土器胎土の混和材としての繊維の有無なども空間的、時間的な指標に使えるのならば、土器型式の属性として成り立つ。しかし、これが、土器型式のより基軸的な属性にできるかというと難しい。関東地方の黒浜式と長野県などに多く分布する有尾式との関係を考えてみればよいと思う。前者は非常に繊維が多く入っているが、有尾式は黒浜式より非常に少ないことが知られる（贄田ほか 1998）。黒浜式と有尾式を実際の現場で区別する場合、繊維の量というのは視覚的な目安として非常に有効であるのだが、調査報告書などでいざ言語化しようとする場合には、その差を表現することが難しい。アナログ的属性を数字化して表現することによって、ある程度デジタル的属性に近づけることを私たちは行っているのではある。もちろん、繊維が含まれる程度というような量的な属性の研究が無意味であると言っているのではない。型式の設定にはアナログ的属性だけではなく、デジタル的属性（文様帯の作出や消失といった事象や原体や施文具の種類自体の変化など）の設定が必要なのである。

　アナログ的属性を数字化したものが（数字にしたこと自体が一種のデジタル化であるが）、一見、デジタル的属性に比べて「科学的」であるかのような錯覚を得やすいが、あくまで絶え間ない少しずつの変化のなかでは、人間は変化自体を把握できない。変化をデジタル化すること、たとえば歴史というものが日常の少しずつの変化の中で生じているものとしても、その流れの中で変化を象徴するイベントを探し出して歴史の変化点とみなすこと、つまり歴史が発展しているかどうかは別にして階段状に時間を区切る（時代・時期）ことによって歴

史の変化を私たちは認識する。土器型式の設定もこうした歴史学における歴史的事件の認識と似通ったものであり、微妙な量的な変化だけでは歴史や土器型式は把握できないと私は考える。

⑷　山内「文様帯」と小林「文様帯」の関係

あらためて、文様帯といったデジタル的属性の重要性を確認したところで、縄文土器全体をY文様帯やK文様帯によって概観する。

早期撚糸文土器や押型文土器の研究には、K文様帯概念が有効であり、Y文様帯とは示す内容が異なるが、土器型式設定に不可欠なデジタル的属性と考えられる。ただ、今村が指摘するように山内は「文様帯」を縄文土器という土器群の系統性を示すための指標として設定しているが、小林や山田のいう「文様帯」がその後の前期や中期の土器にどのように連続するかの説明はない。また両者は無関係の独立した概念というよりは、似た概念であると思われるので、両者の関係を実際の土器を通じて、比較検討したい。

よって、Y文様帯とK文様帯とを縄文時代早期後半（それ以前には山内は「文様帯」の存在を認めないため）から中期までの土器を題材にして両者を比較する。

早期後半の貝殻沈線文土器がそうであるように、さらに条痕文土器（野島式や鵜ヶ島台式など）には口縁部に文様帯（Ⅰ文様帯）が存在する。基本的にこのⅠ文様帯は隆帯や浮線であったり沈線化したりするなどの変化はあるが、前期

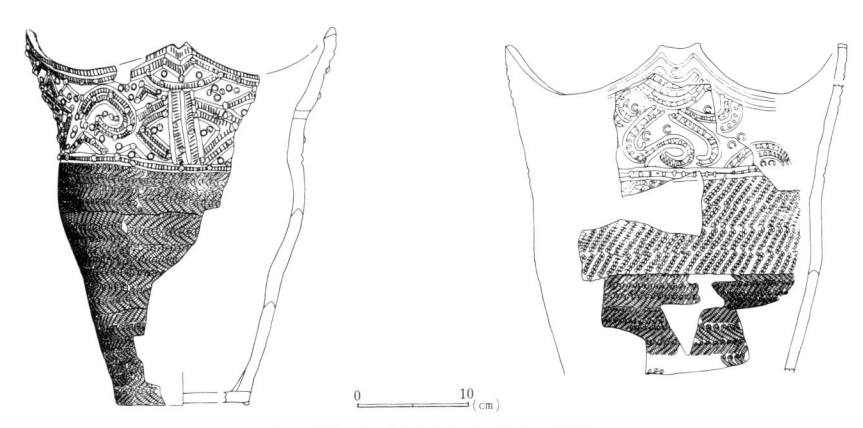

第7図　粘土帯と縄文横帯の関係

の土器に維持されている。

　この時期の土器に関して興味深いのは、黒坂禎二によると、前期の縄文横帯（縄文原体の横位回転押捺・施文部分）が粘土帯とほぼ一致しているという（黒坂1984）。粘土帯の境界に合わせて縄文原体を回転押捺しているのであって、粘土帯の継ぎ目を隠すように縄文原体を横位回転押捺・施文していない（第7図）。黒坂はK文様帯についてとくに言及していないが、黒坂のいう縄文横帯も粘土帯（当然のことながら、器形にも規制される）に基づいた施文単位であるから、両者はきわめて類似する概念である。

　黒坂は両概念の関係については、とくに言及はない。また、K文様帯は粘土帯に対して縦位に施文する部分も含むが、私なりに整理すれば、縄文横帯は粘土帯に対応した施文単位であり、K文様帯の一要素ということになる。具体的に前期の縄文施文部分をどのように呼称するかは別にして、K文様帯に対応するものが前期中葉の土器に存在する。

　前期後葉についても同様に見てみると、縄文施文部分は見られるが、縄文横帯が明確に見られるわけではない。しかし、器面全体が横区画に区分された配置になっていて、器形と粘土帯接合痕は対応しており（川崎1995）、K文様帯が諸磯b式やc式に存在する（第8図）。諸磯c式には縄文施文部分がないが、器形と粘土帯の対応はその後の中期以降の土器にも見られる。

　Y文様帯が存在する時期に、K文様帯がどのような形であるのかを見てみれば、Y文様帯とK文様帯の比較がしやすい。Y文様帯は沈線や隆帯でなんらかの意匠に基づいた文様が区画されるものである。一方K文様帯は粘土帯を最小単位とする文様（これはなんらかの意匠を描いていなくてもよい）の横区画の施文部分であるから、Y文様帯が粘土帯と対応していれば、Y文様帯は基

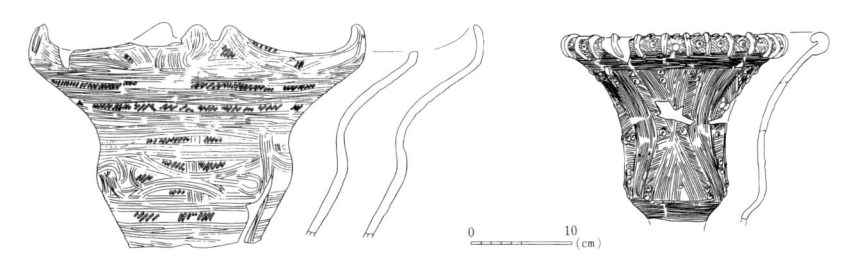

第8図　諸磯b式とc式

本的にK文様帯でもあることになろう。山内は器形や粘土帯と文様帯との関係を言及していないだけで、否定してはいない。

しかし、一方でK文様帯は、必ずしも沈線や隆帯で区画されなくても文様帯として認識するわけだから、当然のことながらK文様帯であったとしてもY文様帯ではないことになる。簡単にまとめてみれば、

　　粘土帯⊇小林「文様帯」⊃山内「文様帯」

と言えようか。粘土帯、K文様帯、Y文様帯の関係がおぼろげながら見えてきた。粘土帯と器形の関係は資料的僥倖に恵まれないとなかなかわかりにくいことが多い。しかし、器形と粘土帯が対応する例は、筆者の調査例だけでもいくつも知られており（川崎ほか 1999）、本論ではすべての類例にあげた土器型式の粘土帯を観察したわけではなく、筆者の管見に基づくことになるが、縄文土器全体（といっても関東や中部地方の土器型式中心であるが）を以下概観してみる。

(5) 粘土帯、文様帯によって縄文土器を概観する

a. 草創期末から早期前半（多縄文土器・撚糸文土器・押型文土器）

粘土紐を輪積み法で、一段ないし数段積み上げるごとに施文する（小休止）。擬口縁に縄文、撚糸文や押型文が施文されることすらある。粘土帯とK文様帯の関係は非常に密接である（第9図-1　早期立野式）。施文部分が沈線や隆帯で区画されることはなく、山内はこの時期に「文様帯」を認めない。

b. 早期後半から前期中葉（沈線文土器・条痕文系土器・羽状縄文土器）

粘土紐を輪積み法で積み上げていくが、胴部下半（縄文施文部分）では粘土帯とK文様帯は、およそ一対一の関係を示すことが見られる（縄文横帯）。しかし、胴部上半のY文様帯は粘土帯の整数倍で、K文様帯の要件を満たしている場合が多い。胴部上半あるいは口縁部の文様帯は沈線や隆帯で区画されるので、これはY文様帯でもある。

体部（胴部下半）の施文部はY文様帯に該当しないが、K文様帯の多段構成になっていることがある（第9図-2　早期鵜ヶ島台式、3　前期有尾式、第7図　前期関山式）。

第1節　機能用途と装飾形態　51

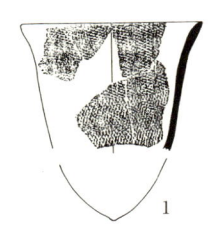

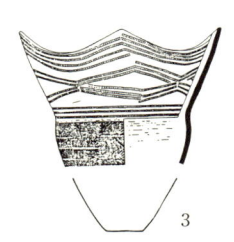

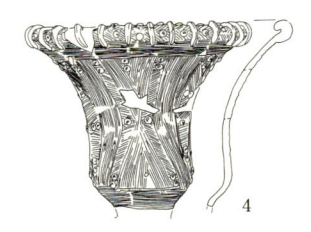

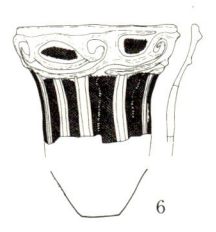

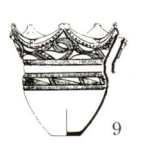

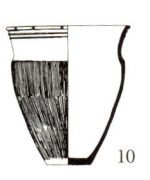

第9図　長野県内出土縄文時代早期～晩期の土器

1　早期前葉立野式（三ツ木遺跡）　　2　早期後葉鵜ケ島台式（村東山手遺跡）
3　前期中葉有尾式（有尾遺跡）　　　4　前期後葉諸磯c式（中原遺跡群）
5　中期中葉新道式（大石遺跡）　　　6　中期後葉加曽利E式（四日市遺跡）
7　後期初頭称名寺式（大安寺遺跡）　8　後期前葉堀之内I式（宮遺跡）
9　晩期初頭（佐野遺跡）　　　　　　10　晩期後葉氷I式（氷遺跡）

2（鶴田ほか 1999）、4（川崎ほか 1999）これ以外はすべて（長野県史 1988）を加筆した。
縮尺不同

山内はこうした胴部下半について、「副文様帯」が形成されているととらえているので、文様帯そのものではないが、その前段階的なものであるとは認めていたのだろう。

c. 前期後葉から中期後葉（諸磯式～加曽利E3式）

前期後葉からは、口縁部だけではく胴部が文様帯となっていく（第9図-4 諸磯c式）。口縁部や胴部上半はY文様帯、下半はK文様帯といった構成はほとんどなくなっていき、中期になると、全面が文様帯で占められる（第9図-5 新道(あらみち)式、6 加曽利E式）。山内は胴部文様帯にⅡ文様帯が成立するとみる。ちなみに文様帯は粘土帯の整数倍になっている（この意味については後述する）。

d. 中期末から後期初頭（加曽利E4式～称名寺式）

口縁部文様帯（Y文様帯Ⅰ）が消失する。東北南部から関東地方に顕著に見られる（第9図-7 称名寺式）。とくにⅠ文様帯は生業と深く結びついた機能用途を反映している可能性があり、今まで連綿と続いてきただけにその意味は小さくないはずである（第Ⅱ章第1節）。さらに、西日本の中津式や福田K2式もY文様帯Ⅰの区画は明確ではないことを合わせて考えると、あるいはこの時期東西の土器型式が似てくる背景には、日本列島規模の文化的な問題がある。

e. 後期前葉以降（堀之内Ⅰ式～）

口縁部にY文様帯がもどり、中期の文様帯構成に戻っている。胴部も縄文が充填されるようなK文様帯ではなく、Y文様帯になっている。文様帯が増えることは認められてもなくなることはない。中央高地で言えば、縄文土器の最後 氷(こおり)Ⅰ式まで、口縁部文様帯は存続する。いわゆる弥生土器の遠賀川式に口縁部の文様帯は見当たらない。弥生土器の中に、とくに壺形土器に文様帯が見られることもあるので、必ずしも縄文土器だけの専有的特徴ではないが、激減する。

(6) 基礎単位としての粘土帯

以上のように概観してみて、K文様帯はもとよりY文様帯も粘土帯が基礎

単位となっているとみなして良さそうである。少なくとも粘土帯や器形を無視した文様帯の存在は認められない（すでに述べたように筆者の管見の範囲なので、そうでない類例もあるかもしれないが、日本列島の大勢であろう）。

文様帯の基礎単位が粘土帯であるとすれば、実は縄文土器型式の変化の様相も理解しやすい。例えば加曽利Ｅ２式からＥ３式への変化において頸部無文部が突然消失し、Ｅ３式からＥ４式への変化においては、口縁部文様帯が突然消失したように見える。文様帯に関しては痕跡器官がそうであるように、徐々になくなっていくような段階が認められない。文様帯は変化が大きく、劇的である。

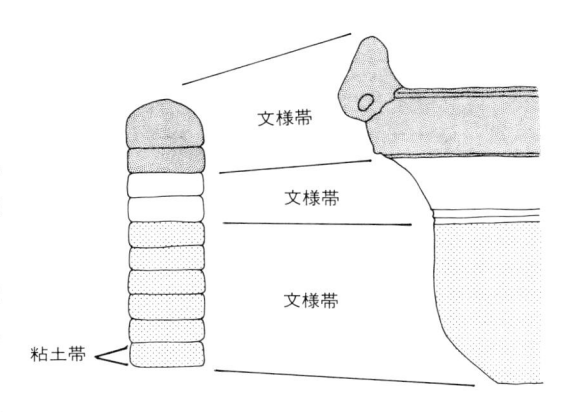

第10図　粘土帯と文様帯の関係模式図

これこそ、文様帯の基礎単位が粘土帯であり、粘土帯の整数倍で文様帯の幅が規定されているために、粘土帯の幅以下の変化が土器に反映されることはほとんどない。Ｋ文様帯は粘土帯と一対一で対応していることもあるが、Ｙ文様帯は一対一対応であることはほとんどなく２ないし３単位あるいはそれ以上であるので、変化が劇的に見えるのであろう。

つまり、仮に縄文土器が無地のカンバスであったならば、無数の中間的な段階があってよさそうなものである。しかし、実際の縄文土器型式の変遷はそうはならないことは、縄文土器型式研究者の多くが体験的に知っているのではないか。その理由こそが文様帯の基礎単位が粘土帯であり、とくにＹ文様帯の場合その整数倍が基礎単位になっているためではないか。私は縄文土器を粘土帯レベルから見た時に、ちょうどオモチャの「達磨落とし」のような構造になっていると考える。粘土帯が最小単位であるので、変化は最低でも粘土帯幅で発生する。

ただ、予察的に言えば、縄文土器の口縁部文様帯（Ｙ文様帯Ⅰ）は他のそれ

以下の文様帯より強調されているように見える。おそらく達磨落としのてっぺんが達磨でそれ以下の円盤より大きく強調されていたかのようにである（第10図）。

　粘土帯が縄文土器の基礎単位であったとすれば、究極的に何を反映しているのか。これは、縄文人の指を基準とした一種の物差しが反映していると私は考える。山内は粘土帯や粘土紐との関係については何も述べていないが、縄文原体の幅がおよそ指の幅の倍数になることを指摘する（山内 1979）。つまり、前述の黒坂が言うように粘土帯と縄文原体の横走の施文幅（およそ縄文原体の長さに一致するはずである）が対応してということは、粘土帯は指の幅とおよそ対応しているのである。考えてみれば非常に合理的な発想ではないか。

　このほかにも黒岩隆が指摘するように縄文土器は、同一型式の中で、入れ子状になっていることがあるという（黒岩 1989）。これも、粘土帯が文様帯の基礎単位になっていれば比較的容易に入れ子状つまり比例関係の大きさの土器を作りやすい。

（7）　まとめ─文様帯、文様

　文様帯とくに口縁部の文様帯が特別な意味をもっていることは山内がとくに強調したかった点ではなかったか。これこそが縄文土器の系統性を保証するものであるのだから。たしかに前述（第Ⅱ章第1節1）したように山内の文様帯系統論に基づく縄文式の範囲の土器が「縄文土器」であるという定義しか、実は我々が何気なく日常用いている「縄文土器」の範疇と系統を保証していない。そして、それは機能用途や生業とも深くかかわっていると私は考える。さらにここでは、Y文様帯はK文様帯や粘土帯という概念を補助線としてみて、あらためて土器の製作技術と密接なかかわりがあり、その根本に縄文人の数や単位の「文化」があるのかもしれない。これは今後の課題である。

　日本考古学において、近年はすぐれた用語辞典も存在しているが、文様や文様帯についてどのように実際の研究で使われているかについても言及する必要がないだろうか。ある人が使い始めた用語がその意味とは少し異なる使われ方をすることは、好ましくはないが実際そういうことは防ぐことはできない。さらに少し異なる使われ方によって一定の学術的成果が得られた場合、（当初の定

義と用語の使われ方が違うからと言って）その成果をすべて否定すべきではない。私は両者を学術的に交通整理すべきであると考える。もしかしたら誤用される原因がもともとの定義のわかりにくさから来ているのかもしれないのだから。

　まさに「文様帯」がその一つであると思う。山内の定義した「文様帯」概念（本項ではY文様帯とした）以外の「文様帯」概念（小林や山田のいう文様帯、本項ではK文様帯とした）が分析上有効であれば、これらの成果を無視すべきではない。有効に活用すべきである。こうした時に呼称を別にするという手段もあるが、概念の示すものをよく比較して両者がどのような関係にあるのかを考えてみるのも一つの手であると思う。本項はその試みの一つでもある。

　これは本論の主旨からは少し離れるが、文様についてもこうした混乱があるようだ。「文様」と「紋様」である。これも「文様」を唐草文、懸垂文、連弧文などと何らかの具象、形象を示す意匠とし、「紋様」は縄紋、押型紋、撚糸紋といった単純な繰り返しでそれ自体が何かを形象していると思えない、いわゆる「地文（地紋）」のようなものと分けるべきという主張もある（この使い分けも山内がしていたという）（大村 1994）。

　こうした主張に従えば、Y文様帯で扱わない縄紋、押型紋、撚糸紋などのそれぞれの原体だけで構成され、沈線や隆帯などで枠状に区画されていない帯状の部位としてK文様帯を「紋様帯」とでも新たに呼称するという手もあるかもしれない。

　しかし、「文様」と「紋様」（あるいは文と紋）の区別は、現実の日本語（あるいは漢語）としては上述のような意味で使い分けられていない。例えば手ぬぐいの模様のような単純な幾何学的な繰り返し、格子目、市松、鱗形、青海波は「小紋」として用いられているが、これらも本来は自然の造形を意匠として取り入れたのであり、メッセージが含まれていることも少なくない。

　歌舞伎の「娘道成寺」の蛇から変身した清姫の着物の鱗形（連続三角形文）の模様は蛇の鱗から来ている。このほかにも能役者の衣装の鱗形も同じような意味であり、古墳の壁画や楯の連続三角形文にまでさかのぼる可能性があるという（森 1998）。

　縄文や押型文という回転原体による模様は、たしかに器面調整としての役割を果たしているが、なんらかの意匠や概念を描写している可能性は捨てきれな

い。

　そして縄文（ここでは縄文原体だけでなく押型文などの原体を回転押捺して器面に施文することも含む）は東アジアの中でもかなり特徴的なことである。縄文が、器面調整としてだけ、ただ用いられ続けたとは思えない。容易に証明はできないであろうが、縄文が用いられ続けることにも何らかの文化的背景はあったのだろう。

　しかし、縄文を含めた、縄文土器の属性を概観した時に、文様帯ほど時期や地域を超えて存在し続けた属性はない。

　いずれにせよ文様帯に限らず、縄文土器型式研究における用語や概念が整理され、総合的にその成果を活用されることが望まれる。

第2節　文様帯と土器編年

1．文様帯（K文様帯）と押型文土器

(1)　K文様帯と他の属性との関係

　前節（第Ⅱ章第1節）で文様帯の土器型式における重要性と意義について筆者なりに考えてみた。以下、本項では、まずY文様帯成立以前の時期の土器、ここでは押型文土器に見られるK文様帯を用いて土器型式の段階を設定した例を紹介する。

(2)　押型文土器

　押型文土器は、棒状の施文具にさまざまな刻み目を施し、回転押捺する土器である。西日本全体に分布する早期前半の土器群の総称でもある（わずかだが早期以外にも押型文土器が存在するが、ここではとくに断らない限り早期土器のことである）。中央高地では立野式、樋沢式（沢式）、細久保式、塞ノ神式と変遷すると筆者は考える。

　筆者は長野県大町市山の神遺跡の発掘調査をする機会を得たが、今回調査した山の神遺跡の調査範囲からは、表面にはわずかに縄文時代前期以降の遺物もごく少数採集されたが、1箱にも満たない。ほとんどが縄文時代早期中葉に限定されるという状況であった。遺跡は数度にわたる乳川起源の土石流で覆われていたということもあり、遺構や遺物包含層がパックされ、さらに後世江戸時代の墓穴以外まったく攪乱を受けていないという僥倖にも恵まれた。当該期の土器の編年や組成を考える上で、きわめて好条件を有した遺跡であったといえる。

　ここで、山の神遺跡出土の縄文時代早期中葉の押型文土器の属性（デジタル的属性としてK文様帯、アナログ的属性として押型文原体）をもとに型式学的分析を行い、編年案を提示する。

(3) 押型文土器の属性

まず山の神遺跡出土の押型文土器の分類、属性とその分析による成果について述べる。

a. 押型文土器の器形・施文部位による分類

Y文様帯が確立する押型文土器以降の土器と異なり、沈線や隆帯で区画されることがない。よって、押型文土器は器形、使用状況を勘案し、施文部位に着目した。これは小林達雄が撚糸文土器で、山田猛が押型文土器で提示した「文様帯」（K文様帯）に相当する。

ここで、押型文土器の基本的な器形に関して確認すると、中央高地の押型文土器は尖底を呈し、上から口縁部、胴部、底部に大別される。また中には頸部をもつものもある。Y文様帯が発達する前期以降の土器とは異なり沈線や隆帯といった明確な指標で区切られるわけではない。口縁部と頸部・胴部の境界は器形の変化あるいはおよそ施文具の種類が変わったりすることによって設定される。逆に言うと施文具や施文方向の変化で部位が変わることもあり、器形だけで区分できない。

ただ、ここで確認しておきたいのは、底部も前期以降の平底土器のようには明確に区分できないが、底部は器面の状況あるいは器形から設定することができることである。徳永哲秀の研究により、押型文土器をはじめ尖底土器の多くに成形時の「回転擦痕」「回転圧痕」が見られる（徳永 2000）。よって本論ではこの部分より下を底部としている。

徳永の研究成果は非常に興味深いので、ここで簡単に紹介する。回転擦痕は、尖底土器を製作する際に、土器を回転成形するために最初に作る部分と想定されている（尖底土器といっても口縁部から底部に向かって成形することはなく、底部から口縁部に向かって成形されている）。粘土紐を輪積みでより上部を成形する時には、回転させながら成形している。この時、尖底の底部はおそらく窪んだ地中に突き刺さったような状態になっているが、地面に直接触れると接触部分の摩擦が大きく、回転しにくい。よって、おそらく植物などの比較的軟らかいものがクッションとして穴と土器の間に挟まれていると推定されている。その証

拠として、比較的軟らかいものがクッションに用いられているのだろうが、いったん施文された押型文が回転によってこすれた状況が容易に観察できる。徳永のいう回転擦痕が著しい場合、土器が穴に埋もれている部分と穴から露出している部分で帯状にくびれることがある。このくびれはやはり土器の回転成形に伴ってできるものであるから、「回転圧痕」と呼称される。少なくとも器面だけでも擦痕は容易に観察できるし、また場合によって、圧痕は断面からも確認できる。また、茅野市馬捨場遺跡の押型文土器の分析でも明らかなように、この胴部と底部の境界は単なる成形時の痕跡というだけでなく、外面のススの付着の観察によって、煮炊きの際にこの回転擦痕あるいは圧痕あたり（厳密に言えばやや下位）で煮炊き使用時に埋設されていたことが分かった（河西ほか 2002）。

　つまり尖底土器の底部は、煮炊きにおいては火が当たらない部分なので（平底土器の底部とは異なるが）、機能的にも、また先に述べたように土器の成形を考える上でも、胴部と区分すべきであり、器面や器形の観察から区分が可能であるため、口縁部、頸部、胴部とともに底部を設定する[9]。

　以上の部位に基づき、押型文土器の器形、施文方法などを勘案して、山の神遺跡では、土器を4群に分類した（第11図）。

1群　胴部上半、胴部下半に分かれるもの（ア）

　器形は朝顔形に全体に外反する。胴部上半（口縁部）と胴部下半とで、押型文の回転方向が異なり、方向が変換したところに擬口縁が見られるもの（ア 楕円押型文）がある。口縁端部（口唇部）には刻みがあるものもある。山の神遺跡では良好な資料に恵まれなかったが、茅野市馬捨場遺跡（河西ほか 2002）土坑出土資料（キ）は全体形がわかるので、参考までにこの図に入れてある。

2群　口縁部、頸部、胴部に分かれるもの（イ・ウ）

　器形は口縁部が外反し、胴部の上半に器形が屈曲して多少窄まり、胴部下半がやや膨れる。この胴部上半の窄まる部分に、押型文を回転押捺しないで刺突文や沈線文が施される部分がある。この押型文が施されない部分を「頸部」と

（9）　報告書（川崎ほか 2003）の事実記載では大きな意味をもったが、本論で扱った土器群についてはとくに底部の状況が分類によって異なるということはないので、分類や編年の基準としては用いられていない。

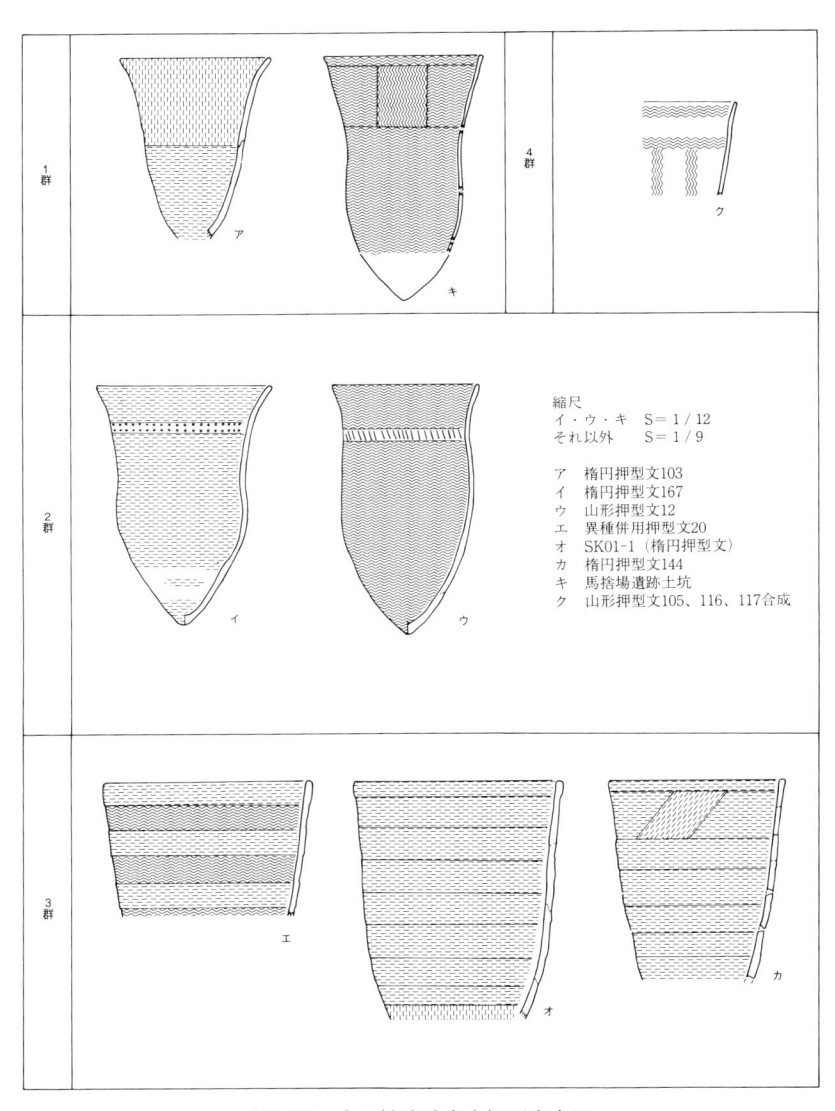

60　第Ⅱ章　縄文土器型式をめぐる諸問題

第11図　山の神遺跡出土押型文大別
（※以下第13図まで川崎ほか 2003より）

し、頸部より上を口縁部、頸部より下を胴部とする。基本的に押型文は1群と異なり横位回転押捺だが（イ 楕円押型文、ウ 山形押型文）、口縁部には斜位や縦位回転押捺されることがある。あるいは1群の土器の特徴のなごりであろうか。口縁端部には刻み目はない。

3群　口縁部から底部まで部位が分かれないもの（エ・オ・カ）

器形は外反するがほとんど変化率が一定で直線的、屈曲しない。基本的に横位回転押捺。口縁部と胴部の区分は器形、施文方法ともにはっきりしない。異種原体を併用するもの（エ 異種併用押型文・楕円押型文と細密な押型文）と単一原体のもの（オ・カ）がある。

4群　帯状施文の山形押型文土器（ク）

胎土に金属光沢をもつ黒色軟質粒子（黒鉛か）を含む。山の神遺跡では良好な資料に恵まれなかったが、屈曲しない器形であり、山形押型文だけで、他の種類の押型文はない。

b. 押型文土器原体の属性

押型文原体自体が発掘調査で検出されたわけではないので、実際には押型文原体が回転押捺されたと考えられる土器の表面の観察から原体の属性を推定する。押型文原体の属性として、押型文の種類、単位、（原体）端部、軸長、軸周（軸径）、（文様）割付線、段数、条数などの項目を見出すことができた。以下個別に説明する。

①**押型文の種類**　楕円押型文、山形押型文、格子目押型文、矢羽状押型文、柵状押型文、平行押型文、細密な押型文などがある。（推定）原体と拓影（模式図）との関係を簡単にまとめた（第12図）。推定押型文原体では刻まれている（凹状の）部分、模式拓影図では、原体凹状の部分に対応し、出っ張っている（凸状の）部分がそれぞれベタで示されている。

楕円押型文　模式図の例は2単位、7段、端部は斜め、割付線平行。端部が平坦なものも散見される。

山形押型文　模式図の例は2単位、8条、端部は斜め。端部は斜めのものが圧倒的に多い。異種併用押型文に見られる山形押型文に端部平坦なものが稀に見られる。

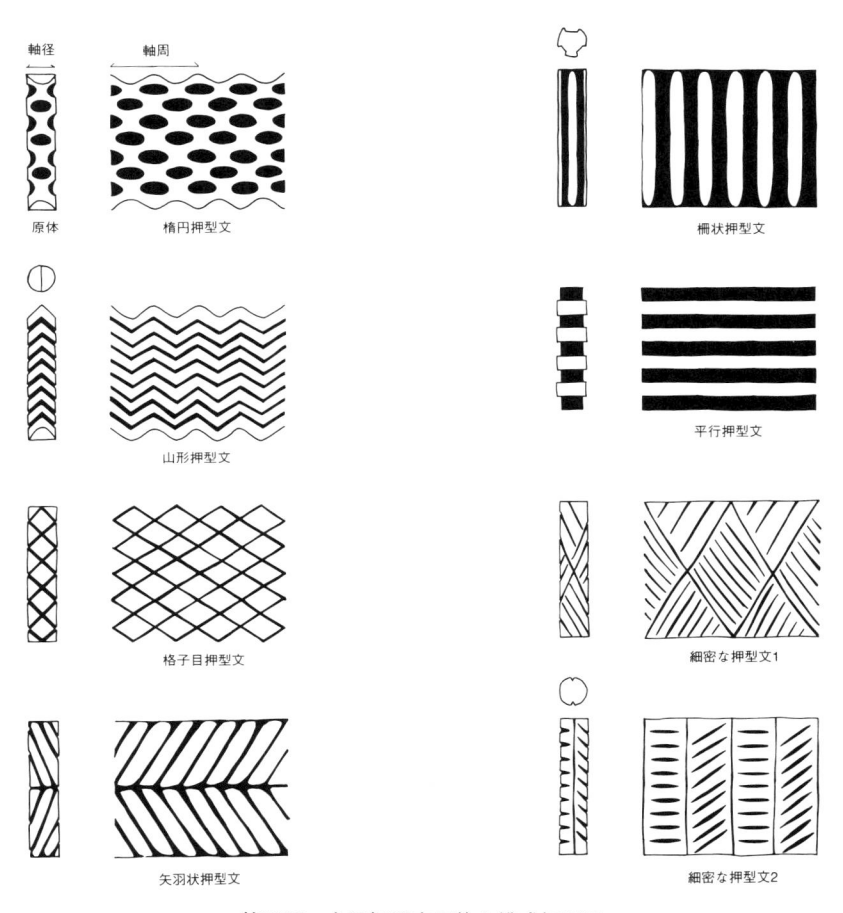

第12図　主要押型文原体と模式拓影図

　格子目押型文　模式図例は格子目が回転軸に対して斜位である（斜格子目押型文）。この外に軸に対して平行あるいは直交の正格子目押型文がある。
　矢羽状押型文　回転方向に沈線が左右に展開し、矢羽状を呈するものを矢羽状押型文と呼称する。ただし、回転軸に対して左右に展開するものは「縦矢羽状押型文」とし、後述する細密な押型文の一種とし、これには含めない。
　柵状押型文　回転軸にほぼ平行な連続した刻みをもつもの。模式図は端部を平坦としたが、実際の資料では多少の凹凸が見られる場合もある。

第2節 文様帯と土器編年 63

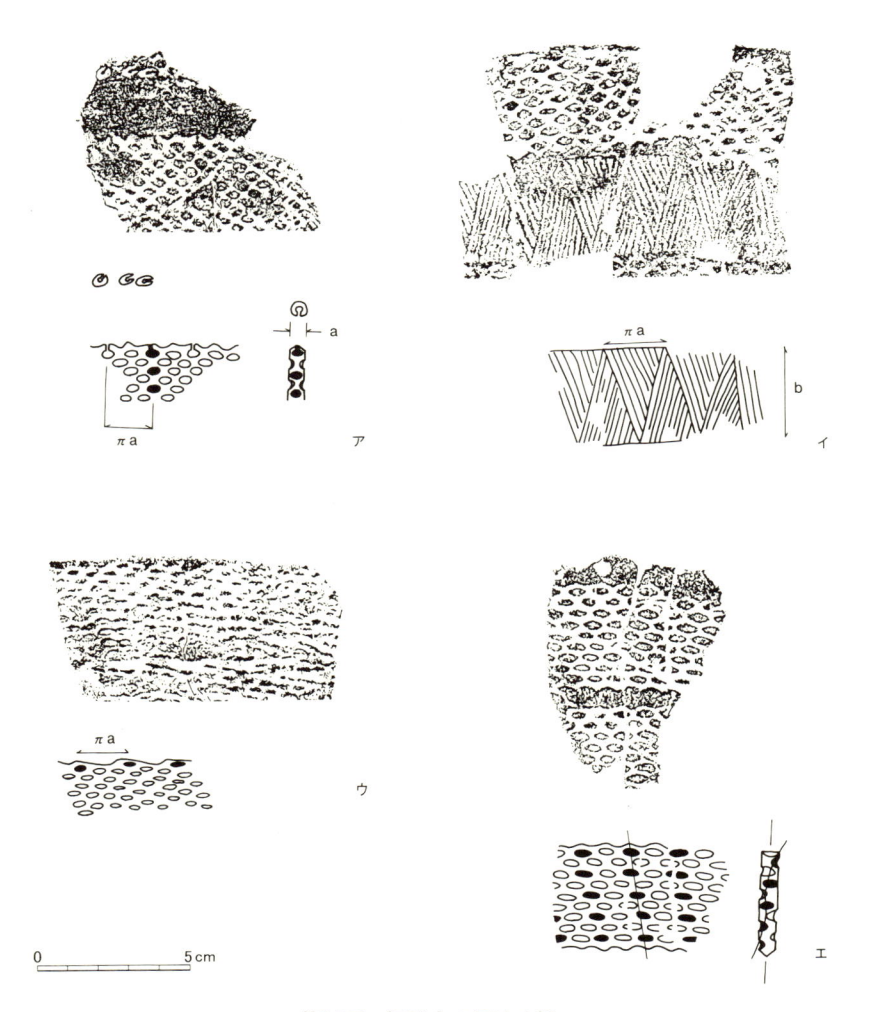

第13図 押型文の属性分析

細密な押型文 山の神遺跡では、縦矢羽状押型文のほかに、複合鋸歯押型文、平行・斜行押型文がある。これらの細密押型文は単独で施文されることはなく、楕円押型文などと併用されて異種併用押型文土器の原体として見られる。

②**施文方法** 回転方向で口縁に対して縦位、斜位、横位の3種類と施文の方

法として間隔をあけない密接施文と間隔をあける帯状施文に大別される（第11図）。

③単位　文様の繰り返しから推定される。回転軸を一とした時にまったく分割されない場合を1、二分される場合を2とする。実際の土器の観察では必ずしも繰返しが判別できないことも多いが、1・2・3の各単位の存在が確認されている。

④端部　端部が平坦なもの（平坦）と斜めに切り落とされたもの（斜め）がある。

⑤軸長　原体の長さ。密接施文の場合、押型文どうしが切り合ってわからない場合も多い。

⑥軸周（軸径）　原体の周の長さ。文様の繰返しを抽出できれば、軸周が推定できる。原体軸の断面を円と仮定した時、軸周と軸径の関係は、軸径をaとすれば軸周はπaとあらわせる。よって軸周が得られれば軸径も推定できる。

⑦（文様）割付線　原体軸に楕円押型文などを刻み付ける時に、軸に対して平行に刻み付ける場合と右巻ないし左巻など斜交して刻み付ける場合がある。この時、文様を刻む方向を割付線と便宜的に呼称する（第13図）。実際にその線が土器の器面に現れ、直接観察できるわけではない。押型文土器の文様の配列を理解するための概念的な線である。

⑧段数　楕円押型文の刻みのように回転軸に直交した方向での並びを列として数えた時、その数を「段数」とする。

⑨条数　山形押型文のように回転軸に溝状に刻みをいれた場合、その溝の数を「条数」とする。

c．押型文土器の属性分析の実例

前項の内容を具体的に理解できるよう、ここでは山の神遺跡における興味深い例を4例あげ（第13図）、押型文の属性分析の実際を示す。

ァ）押型文原体端部が刺突された例

種類：楕円押型文、単位：2、端部：斜め、軸周（πa）：15mm、軸径（a）：4.8mm、割付線：平行。

この押型文原体は最上段が欠損しているので、楕円粒が上端とつながってい

るように見える。このことによって繰り返し（単位数）が判明した。また頸部のC字形の刺突文は径が4～5mmで、押型文原体の推定軸径とほぼ一致する。C字つまり環状のものの一部が欠損している状況を示している。以上のことから回転押捺に用いた押型文原体を頸部押型文無施文部に刺突したものと考えられる。また、図のように押型文の楕円粒の配置列が回転軸に対して平行である。よって割付線平行とする。

　イ）1単位の例

　種類：細密な押型文、単位：1、端部：平坦、軸周（πa）：20mm、軸径（a）：6.4mm、軸長（b）：32mm、割付線：斜行。

　大別すれば細密な押型文であるが、複合鋸歯押型文。複合鋸歯押型文に限らず細密な押型文は基本的に単位数1である。両端を結ぶ区画線を割付線とすれば、割付線は斜行（左巻・右巻）となる。

　ウ）3単位の例

　種類：楕円押型文、単位：3、端部：斜め、軸周（πa）16mm、軸径（a）5.1mm、割付線平行。

　端部の楕円粒の繰り返しから3単位と推定される。割付線は平行のようであるが、原体の下部は多少乱れている。

　エ）割付線斜行の例

　種類：楕円押型文、端部：斜め、軸長（b）36mm、段数：9、割付線右巻。

　単位数は2ないし4と思われるが、おそらく2単位か。図のように押型文の回転押捺方向に対して楕円粒の列が斜行しているものは、原体がアのように軸に平行ではないからである。縄文原体の場合と同様に、原体の回転軸に対しての右巻、左巻かを記述している（拓影は鏡像となるので、左上がりに見える場合は、原体の割付線は右巻となる）。

（4）山の神遺跡押型文土器の編年

　施文部位つまりK文様帯を設定し、さらに文様帯以外の諸属性を抽出する。すでに前項（第II章第1節）でも触れたように、文様帯のようにデジタル的属性は、前者は段階を明示しやすい反面、比較的大きい土器ではないと分析が難しい。一方文様の種類や原体の大きさや長さのようなアナログ的属性は小さい

破片からでも属性分析を行いやすいので、資料を多量に得やすく、傾向をとらえやすいが段階を設定しにくい。それぞれの特性をとらえた上で型式や段階の設定に生かすべきである。縄文時代早期押型文に限らないが、どちらかの属性で型式が決定されるわけではない。ただし、地域を越えた広域編年や時間的系統性を確認するためには文様帯は分析の手段として、絶対的かどうかは別にしてかなり有効であると筆者は考える。

さて、山の神遺跡自体は、およそ三段階程度の埋没の過程が想定されているが、遺物包含層を土石流のようなものが巻き込んだ形で遺構をうずめており、なかなか遺物の共時性を確認できるような状況ではなかった。よって、ある程度型式学的分類によって土器群を大別（押型文土器の場合1群〜4群）し、遺跡の形成の中で、土器の変遷を想定してみた。

まず、山の神遺跡の竪穴住居跡や土坑群はおもに2群の土器で占められている。1・3・4群の土器は、遺構内からはほとんど出土していない。遺構自体に切り合いは存在しているが、竪穴住居や土坑群はおもに2群土器の型式幅の中で形成されたものと考える（集落全体の形成はひとまず置いておく）。

このことは、1・3・4群の土器が2群とは異なる時期のものであることを示していると考えた。問題は先行するか後続するかの問題であるが、残念ながら山の神遺跡の発掘調査データからは2群以外の土器と2群土器の関係を層位学的な先後関係でとらえることはできなかったので、他の遺跡の類例や型式学的研究から2群土器との関係を推測することになる。

まず、1〜4群土器が、従来知られていた中央高地の押型文土器の諸型式とどのような関係にあるかを踏まえて、確認する。

1群土器は、楕円押型文による胴部上半は縦位密接回転押捺、胴部下半は横位密接回転押捺であるが、これは立野式の施文方法と共通する。立野式の主要原体はネガ楕円押型文や格子目押型文を主体とする（馬場・下平 1998）ので、楕円押型文による1群土器とは原体は異なるが、文様帯の構成は一緒と考えてよい。呼称はともかく、2群土器とは異なる土器型式であり、立野式が細久保式に先行するという従来の編年観に従えば、1群土器は立野式にきわめて近い要素をもっている（文様帯レベルでは一緒である）ので、1群土器を2群土器に先行すると位置づけた。1群土器と同じく楕円押型文あるいは山形押型文で立

野式の文様帯構成をもつものは、佐久市（旧望月町）岩清水遺跡（福島 1994）や茅野市馬捨場遺跡（河西ほか 2002）で出土している。山の神遺跡例を含めてこれらは、器形は立野式同様に緩やかに外反している。とくに山の神遺跡例楕円押型文103（第11図ア）は口縁端部に刻み目をもち、胴部上半と下半の境界に擬口縁が明確に観察できた。こうした点も立野式の特徴ときわめて類似する。よって1群土器を飯田市美女遺跡の主体をなす立野式に後続するとした。

　2群土器は、頸部の押型文が施されない部分に刺突文や沈線文が施されるもので、諏訪市細久保遺跡などに類例をみる細久保式に対応する（長野県考古学会 1997）。小諸市三田原遺跡から遺構外ではあるが、器形や文様帯構成がわかるものが出土している（宇賀神ほか 2000）。

　2群土器は頸部に押型文を施さない部分があるだけでなく、単純に外反するだけの立野式と異なり、頸部が少し窄まり、胴部が膨らむので、近畿地方押型文土器の大川式の特徴と共通する点がある。よって、近畿地方の押型文土器編年に対照させれば、立野式に先行するということも考えられなくはない。しかし、2群土器の原体は軸径が5mm、軸長が30mm程度と立野式に比べてかなり細長い。原体レベルでは近畿地方も中央高地もいずれもより古い時期の押型文原体は太く短いことが想定されている（山田 1988、山田ほか 1994、神村 1995、馬場・下平 1998）ので、2群土器（細久保式）は、大川式とは型式学的に直接関係はないものと考える。密接施文という点では1群土器と共通するが、前述したように器形は少し異なり、擬口縁も明確ではない。これらは後出的属性と考えた。

　この2群土器に後続するのが、おそらく3群土器であろう。3群土器は押型文の横位密接施文だけからなるが、2群土器と異なって第11図オやカのように同一種類の原体だけであっても横帯を意識している。これは異種併用押型文土器とまったく同じ構成である。3群の中の異種併用押型文土器は、かつて信濃町塞ノ神遺跡を標式として塞ノ神式とされた（笹沢・小林 1966）が、異種併用押型文だけでなく、押型文施文部をおよそ原体の幅からなる横帯として構成するようなものも含めて一つの群あるいは段階として設定してはどうかと考える。ただ、従来塞ノ神式は細久保式の中に包括される（楕円押型文を主体とする横位密接施文であるからなどの理由と思われる）という意見もあるようだが、文様帯の

構成が 2 群土器（細久保式）とは異なることから、これは別型式として扱うべきであると考える。とくに山の神遺跡では 2 群土器と明確な形で共伴しておらず、むしろより上の段階（山の神遺跡検出①ないし②段階）で検出された土坑 SK 01・1007 などで沈線文土器（田戸上層式期か）と共伴している。よって、3 群土器は 2 群土器よりも後出としたい。よって塞ノ神式を異種併用だけでなく、押型文横帯による密接施文の土器であり、細久保式土器を同じく横方向の密接施文を主体とするが、押型文の原体幅にほぼ基づいた横帯はなく、一方で頸部に押型文を施文せず、刺突文や沈線文が施される土器として再定義することによって、両者の関係を時間差としてとらえてよいだろう。

　山の神遺跡の押型文土器の分類を行う際には、各土器群の特徴の違いに当然のことながら着目するが、一方共通点としては 1～3 群土器は基本的に密接施文で、施文は 2 群が最後口縁部上端から頸部にかけて上から下へ施文するが、全体としては底部から口縁部に向けて施文する。肉眼観察にとどまるが、光沢をもつ黒く細長く角ばった鉱物（角閃石か）や白色でやや細長い鉱物（長石か）などがこれらの土器に含まれているが、土器の色調や胎土の混和材はそれほど差がない。器壁も 6～7 mm と比較的厚い。一方、4 群土器は黒鉛様の金属光沢のある粒子を含んでいて、器壁も 3～4 mm と薄い。文様も帯状施文で口縁部から底部に施されている。1～3 群土器のような胴部下半と上半などのような文様帯を設定するようなことはない。

　この 4 群土器は、普通沢式と呼ばれているが 1～3 群土器とは、製作技法や文様帯の構成だけでなく、胎土の様相がかなり異なり、量的にも少ないので筆者は搬入品と考える。まず所属時期であるが、2 群土器、3 群土器とは共伴しないことから、消去法的であるが、1 群土器と考える。

　山の神遺跡出土資料を基軸として、押型文土器編年を構築してみて、これを遺跡の遺構レベルの出土状況と照らし合わせる（そもそも、遺跡での出土状況が土器編年の一つの根拠であるから、必ずしも土器編年が先ではないが、本論では便宜的にそういう構成にした）。

第 2 節　文様帯と土器編年　69

a. 縄文時代早期山の神遺跡 1 期

山の神遺跡押型文土器 1 群（立野式と同じ文様構成、胴部上半は縦位密接回転押捺、胴部下半は横位密接回転押捺。器形は朝顔形に開く。くびれは明確ではない。立野式の新しい段階もしくは細久保式の最古段階）と 4 群（黒鉛様粒子を含む帯状施文の山形押型文土器・沢式）からなる。

山の神遺跡では 1 群と 4 群が遺構で共伴した例はない（4 群土器はすべて遺構外からの出土例）。

b. 縄文時代早期山の神遺跡 2 期

山の神遺跡押型文土器 2 群（頸部に押型文を施文しない部分をもつ楕円押型文土器、細久保式古段階）。口縁部は横位回転押捺が多いが、斜位回転押捺を施すものもある（山の神遺跡第45図12など）。原体端部は斜め、軸長は30mm 程度と 1 群や 4 群（およそ20mm 程度か）より長い。施文順序は底部と胴部は下から上へ横位回転押捺（1 群土器と同じ）、口縁部は上から下へ横位回転押捺するものが多い。

山の神遺跡③段階で検出された竪穴住居跡や土坑群などの遺構や包含層出土資料は 2 群が主体である。集落として山の神遺跡が発達した時期と思われる。

c. 縄文時代早期山の神遺跡 3 期

山の神遺跡押型文土器 3 群（頸部のくびれが消失し、押型文の横位密接回転押捺だけからなる。器形はやや外反するが、くびれはない。楕円押型文だけのものもあるが、異種併用押型文もある。後者は従来塞ノ神式と呼ばれたもの）。原体端部は平坦なものだけしかない。軸長は30mm を越えて40mm 近いものがある。異種併用押型文は本論では細密な押型文とした複合鋸歯押型文、平行＋斜行押型文、入れ子状押型文などが楕円押型文に併用される（山形押型文はない）。

山の神遺跡では検出段階②や①で調査された遺構や包含層出土資料に 3 群土器が多い。竪穴住居跡 SB05、SH28などの石列や屋外集石炉、遺物集中 SQ01、土坑 SK01・1007などがこの時期のものと考えられる。遺物集中 SQ01から異形部分磨製石器（SQ01）が出土していることから、集落的性格より祭祀的性格が顕著である。

第1表　押型文土器編年表

型式名	型式名	標式（段階）	特徴的押型文	型式名
大鼻				
大川				
神宮寺	立野	美女	ネガ楕円押型文	
		鳥林	格子目押型文	
黄島？	細久保	山の神1期・岩清水	楕円押型文	沢・樋沢
		山の神2期		
		山の神3期・塞ノ神	異種併用押型文	
近畿密接施文	中央高地密接施文			帯状施文

　以上、およそ遺跡の形成と土器編年が照合していることから、遺跡の形成の解釈の基準としては少なくともこの押型文土器の編年はそれなりに有効であるものと考える。しかし、これはあくまでも山の神遺跡を中心に構築したもので、他の遺跡での出土状況やそれに基づいた型式学的な分析を経ればまた異なる結果になることも予想されるが、こうした作業の積み重ねは、土器型式の広域的編年の構築にも不可欠な要素と考える。

(5)　まとめ―今後の押型文土器の編年研究の課題

　また、従来押型文土器は一系統的に把握しようとする考え方も有力であったが、山の神遺跡資料を整理して、押型文土器成立期はともかく、押型文土器が全国的に展開している当該期にあっては、むしろいくつかの系統に分かれていたと考えざるを得ない。

　とくに今回、立野式から細久保式、塞ノ神式が文様帯構成や製作技法に比較的共通する点が多く、スムーズに変遷することが確認できた。一方で沢式や山の神遺跡からは出土していないが樋沢式とのヒアタスは大きい。山の神遺跡1期から3期がまったく間断がないとは言えないのであるが、おおよそ前後の関係にあるとすれば、型式学的には、沢式やあるいは樋沢式といった帯状施文を特徴とする押型文土器が急遽出現して消滅したとは考えにくい。

　また立野式については、南信に多いことから、非常に狭い地域的な型式とい

うことも考えられないわけではなかったが、信濃町市道遺跡（中村 2000）、小谷村林頭遺跡（神村 1999a）、千曲市鳥林遺跡（綿田ほか 1994）で出土しており、中央高地、すくなくとも現在長野県域程度には立野式が広がっていたので、後続する細久保式と分布域が著しく異なることはない（長野県考古学会 1995、1997）。

一方、沢式やさらには樋沢式が立野式から細久保式の変遷の系列にのってくる土器ではないように思われる。よって、便宜的にではあるが、押型文土器の発展段階においては立野・細久保系列（密接施文）と沢・樋沢系列（帯状施文）という対比を筆者は考えている（第1表）。

すでに述べたところであるが、文様帯はデジタル的情報なので、一線を画すという点では優れていて、同一の文様帯レベルでは比較などもしやすい。しかし、K文様帯の段階では、Y文様帯のような系統的安定性に欠けるので、系統性や文様帯レベルで対応しないものはその他の属性を駆使せざるを得ない。

土器型式研究の枠組みが前期以降の土器型式のように構築しにくいという点で、出土状況（遺構や包含層における共伴関係）に恵まれていないということ以上に、この時期の編年研究が研究者によって大きく異なることにも反映しているのではないか。

2．文様帯（Y文様帯）と鱗状短沈線文土器

(1) 地域編年と広域編年の基準としてのY文様帯

本項では、隆帯や沈線で具象的な文様を区画する土器群について編年を検討した例を紹介する。1998年から発掘調査が行われた長野県佐久市（旧浅科村）駒込遺跡では、縄文時代中期後葉の土器群がまとまって出土した。後述するが、佐久では関東系の加曽利E式など他地域の編年に対照できる土器が多かったので、おおまかな相対年代は比定することができた。遺跡の主体をなす地元の土器（いわゆる在地系）と考える土器群の編年的位置づけは、他地域の土器型式編年に対照させる形が中心であった。

しかし、当然のことながら遺跡の相対年代を含めた評価は、その遺跡の主体的遺物を基軸にすべきである。よって、他地域の土器型式編年研究の成果も当

然参照しながら、できるだけこの地域（この場合佐久地方北部）を中心に編年研究を行うべきであるし、それが遺跡の歴史的評価の基礎になるはずである。

　本項では、まず駒込遺跡資料をとくに中心としたが、資料的制約も大きいので、同じ佐久で豊富な資料があり、編年案も提示されている小諸市郷土遺跡資料も視野に入れ、本書のテーマの一つでもある文様帯（とくに断らない限り以下、山内清男が提唱した文様帯、Y文様帯のこととする）に焦点を当てながら論をすすめたい。

(2) 鱗状短沈線文土器の研究史

　駒込遺跡の縄文時代中期後葉の主体をなす「鱗状短沈線文を地文とする土器」（以下鱗状短沈線文土器と略す）は、もともと唐草文系土器のなかに含めて論じられることが多かったが、近年佐久地方独特の特徴を有している点に注目し、「佐久系土器」「郷土式土器」などという呼称も見られ注目されている。土器の型式学的分析や編年の検討に入る前に研究史について簡単にまとめることとする。

　佐久地方を含む長野県東部（千曲川中上流域、上田盆地・佐久盆地。以下東信地方とする）の中期後葉の土器について触れた文章としては『南佐久郡の考古学的調査』（八幡 1928）、『北佐久郡の考古学的調査』（八幡 1934）、『信濃史料』（信濃史料刊行会 1956）などに類例が紹介されている。

　ただ、1980年代までは、東信地方の中期後葉の良好な資料は限られており、土器型式の地域的特徴を抽出するほどではなかった。土器編年上の位置づけも東信地方に限らないが、長野県内は八ヶ岳南西麓の諸遺跡を標式とするいわゆる曽利編年に対照させ、相対年代決定の根拠としていた。ただ、千曲市（旧戸倉町）幅田（巾田）遺跡の発掘調査などで千曲川流域には加曽利E式の影響が強いことが認識されてはいた（金子・米山・森嶋 1965）。

　佐久地方の特色については、佐久市（旧望月町）下吹上遺跡（福島・森嶋 1978）や佐久市中村遺跡（林・島田 1983）といった発掘調査が進められる中で、下吹上遺跡の調査報告では、「加曽利E式よりは曽利式が強い」とか中村遺跡の調査報告では、「曽利式や加曽利E式の影響を受けた唐草文」系土器があると述べられていて、佐久地方の地域的特徴とまでは述べていないが、関東や

八ヶ岳山麓の土器型式とは異なるという認識が示されている。

その後、『中部高地土器集成』（中部高地縄文土器集成グループ 1979）や『縄文時代中期後半の諸問題』（神奈川考古同人会ほか 1980）などを見ても、千曲川流域には断片的な資料しかなく、なかなか千曲川とくに本論のテーマである東信地方の地域的特色は、具体的に描きだせないでいたが、『中部高地土器集成』では東信地方だけでなく、中央高地全体の各土器群を「加曽利E系、曽利系、唐草文系」と対比し編年を行い、「千曲川水系には唐草文系土器は全般に少ないように見えるが、埼玉県の山地部に唐草文甕形土器の類品があるというので、千曲川中流から上流のうちに唐草文系の進出地域があると予測」する。こうした視点は、中村遺跡の調査報告でも意識されたのであろう。「曽利式や加曽利E式の影響を受けた唐草文」土器があるという見方に変わっている。唐草文土器は中央高地の現在の長野県域を中心に分布するとされていたが、とくにその中心的地域は「松本平」あるいは「伊那谷」であると見なされていた（神村 1999b）わけで、こうして地域的には少し離れている唐草文土器の影響を認めた点は、東信地方や佐久地方の当該期の土器の具体的な地域的特色を描きだす端緒となった[10]。

その後、唐草文系土器を一つの補助線として、東信地方の土器の特徴を描写する。野村一寿は「東信地方では地理的に八ヶ岳西南麓、諏訪湖盆地域の唐草文系土器の影響が強く、（加曽利E式の影響はあるものの）北信地方とはやや趣を異にしている。」「典型的な樽形になる唐草文系土器はみられず、器形はキャリパー形か、口縁部がゆるやかに広がる円筒形がほとんどで、浅鉢が伴なう。」（カッコ内筆者補）と指摘する（野村 1988）。ここに千曲川流域の北信（長野県北部）と東信にそれぞれ地域色があることが示唆される。

綿田弘実は北信濃の土器群の特色と変遷を具体的に描きだし、千曲川流域として一様なものと認識されやすいが、北信（綿田は北信濃とする）特有の土器群があることを示した（綿田 1988）。さらに綿田は具体的な類例を示し、千曲川流域の北信と東信の縄文時代中期後葉の様相をまとめた（綿田 1989）。

福島邦男も佐久市（旧望月町）平石遺跡の調査報告において「唐草文系と縄文系が折衷した土器が多い」とし、東信の中でも佐久地方の特徴を抽出しようと試みている（福島 1989）。

こうして、千曲川流域の地域的特徴というレベルから北信と東信との差、さらには佐久地方の特色を見出そうとする流れの中で、百瀬忠幸は佐久市吹付遺跡出土資料を中心に、吹付遺跡のみならず平石遺跡、下吹上遺跡などの資料を含めて、「鱗状短沈線文を地文とする佐久地方に主体的分布を見せる土器」を「佐久系土器」と呼称した（百瀬ほか 1991）。百瀬は型式学的な分析により地域色を抽出したことによって、佐久地方の地域的編年を構築し、この中に土器群を位置づけるという方向性を示した。その後、御代田町滝沢遺跡（小山・綿田 1997）、同町宮平遺跡（堤・本橋 2000）などでも、当該期の資料が出土したが、「佐久系土器」と呼ばれ、松本平や伊那盆地の唐草文系土器とは一線を画すものという理解が定着してきている。

ただし、「佐久系土器」という呼称については、「佐久系」というものが何を指すのか。地域とすれば、佐久系土器の分布範囲が佐久地方全体に広がるわけではない（北佐久だけ）。また、そもそも特定の時期の土器群だけを指して呼ぶような慣例はあまりないことから（たとえば関東系土器といっても、特定の時期の

（10）『中部高地土器集成』などには曽利系、唐草文系、加曽利E系という用語が見られるが、それぞれ曽利式系土器、唐草文系土器、加曽利E式系土器の略と理解する。曽利式と曽利式系（あるいは加曽利E式と加曽利E式系）の違いは、一つには前者は標式資料と同じ属性を有する土器群（型式）のことで、後者は標式資料とは多少異なる要素を含む土器群のことを指すのかもしれない。あるいは、曽利式も加曽利E式も細分された段階曽利I式や加曽利E3式が一つの型式として見なされるようになっているので、従来加曽利E式と呼ばれていたものをこれら諸段階が一つの系統であることを強調すべく、加曽利E（式）系と呼称するのかもしれない。だとすると本書で後述する阿高（式）系などと似た発想になる。中央高地の土器型式の説明については筆者も慣用的に〜系という用語も利用するが、これは〜式と読み替えていただいてもかまわない。たとえば加曽利E（式）系と用いたからといって、おそらく地域差はあるのだろうけれども中央高地の加曽利E式と関東地方の加曽利E式を型式学的な特徴に具体的な地域差を明確に見いだせているわけではない。

唐草文土器は唐草文の意匠のある土器のことであり、それらと関係があるが、唐草文はなく、綾杉文などの沈線文を地文とする土器群は唐草文系土器と呼ぶこととする。樋口昇一が最初に命名した時には、唐草文をもつ特定の土器をちょうど火焔土器同様に命名したわけであるから、唐草文系土器というのは、いわゆる土器型式に相当する。標式遺跡の資料をもとに型式名が設定されることが望まれる。この点後述する佐久系土器は「佐久式系土器」という意味ではない。土器型式を設定するまでの便宜的な名称であった。

ことを指すわけではない)、名称として適当ではないという小林真寿の指摘がある（小林 1995）。これを受けて桜井秀雄は将来的に型式学的研究が進めば、当該期の資料が豊富な小諸市郷土遺跡を標式として「郷土式土器」と設定すべきではないかとしている（桜井ほか 2000）[11]。ただ桜井も指摘するように、郷土遺跡では加曽利Ｅ２〜Ｅ３式期が中心であるのに対し、百瀬が設定した「佐久系土器」は加曽利Ｅ４式期のものが中心なので、当初の設定では、郷土遺跡で出土しているようなもの全体を指すわけではないという。筆者は郷土遺跡では吹付遺跡などの段階のものも多少は出土しているので、こうした研究史的な問題を整理した上で型式名称を付与すればよいと思う。

　ただ、本論の主眼は型式名称の問題ではなく、文様帯を中心とした段階設定と隣接地域の土器型式編年との対照である。最後に郷土式土器として設定するためにはどのような課題があるかを掲げるにとどめ、ここでは『駒込遺跡』（川崎ほか 2001）で用いた「鱗状短沈線文土器」（駒込遺跡中期後葉Ⅱ期Ⅰ群土器）と呼ぶこととする。

(3) 鱗状短沈線文土器の編年上の位置

a. 駒込遺跡出土鱗状短沈線文土器の特徴と分類

　まず本論の基軸となる駒込遺跡における鱗状短沈線文土器は、以下のような特徴を有する。

　ア）口縁部文様帯が幅広に肥厚し、胴部はバケツ形あるいは緩やかなキャリパー形を呈する深鉢形土器が主体である。

　イ）幅広に肥厚した口縁部文様帯には、渦巻文を取り込んだ横長の勾玉状の区画文が配され、鱗状短沈線文（湾曲した平行短沈線文）が充填される。

　ウ）頸部に無文部はなく、口縁部直下に胴部文様帯が見られる。胴部は沈線文あるいは隆帯文で区画が施され、さらに蛇行沈線文などでこれらの区画文が分割され、鱗状短沈線文が充填される。

　エ）地文や胴部の区画の沈線文は扁平な工具（いわゆるヘラ状工具）や棒状工

---

[11] 桜井論文以後、綿田弘実が郷土式として紹介している（綿田 2003・2008）。また佐久市（旧臼田町）大奈良遺跡の調査報告で藤森英二が編年案を提示している（藤森 2005）。

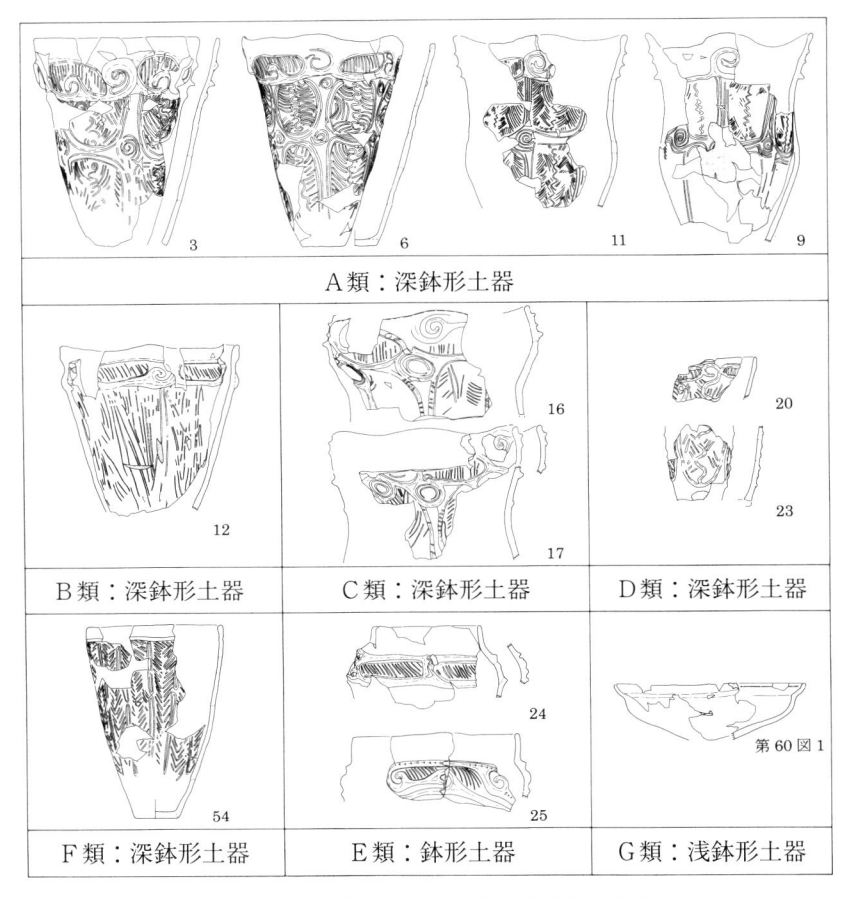

第14図 駒込遺跡出土鱗状短沈線文土器の組成
（※以下第23図まで川崎ほか 2001より）

具ではなく、半截竹管状工具によるものが主体である。

　オ）胎土は同時期の加曽利E式（赤味がかった褐色）に比べるとやや軟質で乳白色から黄褐色がかった色を呈するものが多い。

　カ）深鉢形土器が大半ではあるが、鉢形土器、浅鉢形土器が少し存在する。

　これらが全体的な特徴で、さらに器形、文様帯、文様などを勘案してA〜G類に分類した（第14図）。

　A類：口縁部文様帯は幅広で肥厚する。胴部はU字ないし逆U字形の区画

沈線文が縦位に配置され、鱗状短沈線文が充填される深鉢形土器。ただ開くだけの土器とわずかに屈曲するタイプがある。

B類：肥厚した口縁部文様帯はA類に似るが、胴部は鋸歯状の斜行沈線文が充填される深鉢形土器。

C類：口縁部がやや内湾し、胴部は刻目を有した隆帯文で縦位に区画される深鉢形土器。

D類：口縁および胴部が隆帯で区画されるバケツ形の深鉢形土器。

以上A類〜D類は口縁部文様帯がある。

E類：有文鉢形土器。口縁部直下は無文部となり、肩から胴部にかけて深鉢形土器A〜C類で見られたような文様帯がある。なお文様帯の下の胴部下半は無文のようである。

F類：口縁部文様帯をもたない深鉢形土器

b．郷土遺跡の中期後葉土器編年

さて、aの分類は、あくまで型式学的特徴に基づく分類である。駒込遺跡の遺物包含層から一括して出土しており、さらに全体的な諸属性からおよそ同じグループの土器であることは推察される。しかし、はたして遺跡・遺構などの層位で同一時期と考えてよいかどうか、仮に年代幅があるとすればどの程度なのかということは、駒込遺跡の出土状況からは、遺構に伴っていないので、詳しいことはこれだけでは限界がある。もちろん他の地域の土器編年と対照して類推する方法があるが、これについては後述する。それにしても遺構や少なくとも年代幅が限定できるような遺物包含層によって他の地域の土器との共伴関係がわからないと、鱗状短沈線文土器の編年作業は難しい。

こうした場合、まず同一地域（この場合佐久地方）の遺跡や遺構における出土状況（とくに土器の共伴関係）を調べる。

すでに触れてきたように近年まで、佐久地方では遺構単位では良好な一括資料にあまり恵まれてこなかったが、駒込遺跡からみると千曲川の対岸、浅間山麓に位置する小諸市郷土遺跡では、縄文時代中期中葉から後葉の竪穴住居跡や土坑群が検出されている。こうした遺構一括資料は、編年作業の基礎資料（層位的な検証材料）なのであるが、その一括資料が示す時間幅はさまざまである。

第２表　佐久地方縄文時代中期後葉編年

曽利	唐草文	加曽利E式		基準となる遺構		駒込		郷土	
		神奈川	埼玉	上田	佐久	期	遺構	期	段階	遺構
Ⅰ	Ⅰ	E1	EⅠ古		三田原10住			Ⅰ	3	11住・16住・20住・25住・32住・89住
Ⅱ	Ⅱ	E2	EⅠ新		三田原9住・12住			Ⅱ	4	10住・108住
			EⅡ古	久保在家埋甕6、四日市53住・61住	宮平J1住、宮平111・112、中村J10住、平石5住	Ⅰ期	11住		5	44住・60住・67住・77住・90住・91住
Ⅲ			EⅡ中		平石35住？	Ⅱ期古	D類	Ⅲ	6	1住
			EⅡ新	八千原A8住、和下平C1住	平石36住、宮平D11坑、大庭J1住	Ⅱ期中	A・B・C・E類		7	24住床直・14住
Ⅳ	Ⅲ	E3	EⅢ古		平石7住・9住・30住・41住・42住、宮平J4住、下吹上2住、吹付2住、岩下37住、中村J7住・J9住			Ⅳ	8	6住・39住・106住・121住、1374坑
Ⅴ	Ⅳ	E4	EⅢ新		吹付4住	Ⅱ期新	F類		9	72住・118住
			EⅣ		吹付9住、平石2住			Ⅴ	10	104住・123住

よって、とくに駒込遺跡出土資料を郷土遺跡の成果と対照させ、さらに周辺の遺跡や他の地域の土器編年と照合し、検討していくものとする。

『郷土遺跡発掘調査報告書』（桜井ほか 2000）で、桜井秀雄は竪穴住居跡や土坑一括資料を基準に、中期全体をⅤ期10段階に編年している。

そのうちⅠ期の１段階と２段階は中期中葉なので、ここでは省略し、以下Ⅰ期３段階以降の資料を概観したい。また、桜井は佐久地方の中期後葉の土器として一定量を占める加曽利Ｅ式の編年をいわゆる埼玉編年（谷井ほか 1982）に準拠させている。現在の埼玉県域は佐久地方に隣接しているので、きわめて妥当な判断であるが、筆者は広域編年を見る場合には文様帯による編年の枠組みが相互を比較する上で重要と考え、埼玉とは地域的に少し離れるが、文様帯による編年の枠組みや指標がわかりやすいいわゆる神奈川編年（神奈川考古同人会ほか 1980）も参考にした。

駒込遺跡および郷土遺跡資料を中心とした鱗状短沈線文土器の中の各段階を示すと考えられる遺構一括資料やさらにこれとの加曽利Ｅ式との対応関係を第２表にまとめた。

第 2 節　文様帯と土器編年　79

3 段階

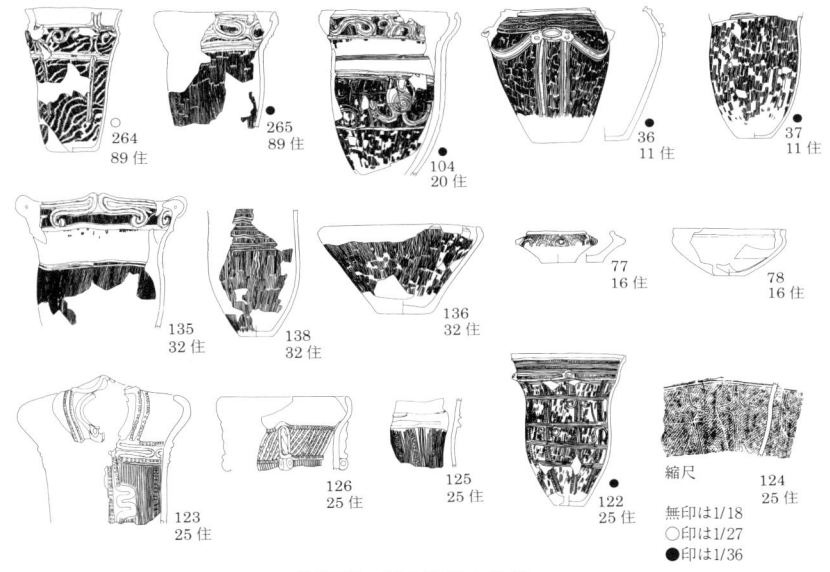

264　265　　　　　36　37
89住　89住　　104　11住　11住
　　　　　　20住

　　　　　　　　　　77　78
135　138　136　　16住　16住
32住　32住　32住

　　　　　　　　　　　　縮尺
123　125　125　122　　　124
25住　25住　25住　25住　　25住
　　　　　　　　　　無印は1/18
　　　　　　　　　　○印は1/27
　　　　　　　　　　●印は1/36

第15図　郷土遺跡 3 段階

　これは佐久地方をはじめとする千曲川流域の特色でもあるのだが、鱗状短沈線文土器といったいわゆる在地系土器だけで構成される遺跡や遺構はほとんどなく、隣接地域に分布の中心がある曽利式、加曽利 E 式、唐草文土器などが一定量共伴する。よって、本項の一つの目標である地域土器型式の編年の確立といってもこれら異系統の土器（型式）のことも視野に入れておく必要がある。

　以下、具体的に型式学的な分析を遺構などの層位的資料でどのように検証されているのかまずは郷土遺跡の土器編年の段階を遺構など層位的根拠に留意し、さらに郷土編年をよく理解するためにも、筆者なりの型式学的特徴を記述することによって、各段階を再把握する。そののち、駒込遺跡の土器群を編年的に位置づけたい。

　ア）郷土編年中期後葉 3 段階（第15図）

　竪穴住居跡11住・16住・25住・32住・89住出土の資料が基準となる（以下、住は住居跡の略）。撚糸文地文の加曽利 E 1 式段階のキャリパー形深鉢を主体に、鉢形土器なども存在する。主体的ではないが、曽利 I 式（25住-123・125・126）

や「三原田式」(25住-122) も見られる。

　イ）郷土遺跡中期後葉 4・5 段階（第16図上・中段）

　竪穴住居跡10住・108住、44住・60住出土資料が基準となる。胴部撚糸文地文の深鉢形土器が出土している10住・108住を『郷土遺跡報告書』では、4 段階と古く位置づけ、胴部縄文地文の深鉢形土器が主体の44住・60住などを 5 段階と新しい段階と区別している。しかし、郷土遺跡の出土状況だけを見れば、これらを時期的に区分できるほどの資料的裏づけが十分とは言えないと思う。型式学的根拠により細分される可能性はあるが、ここでは 4・5 段階を一括して説明する。

　さて、4・5 段階とされた加曽利 E 式系の土器は口縁部文様帯が窓枠状に区画される。口縁部文様帯の下端で屈曲し、胴部は上半と下半に区画され、上半部は頸部文様帯になる（44住-178、60住-192、67住-201、77住-235など）。これに伴って44住-182のような曽利式系の土器も見られるが、加曽利 E 式系に匹敵するような量を占めるのが、沈線文を地文とする土器群である。沈線文を地文とする土器には、ラッパ状に口縁部が開くもの（44住-180・181、60住-194、屋外埋甕 3 -970、屋外埋甕 4 -971）と窓枠状の隆帯区画文をもつ口縁部文様帯、頸部の無文帯、隆帯で区画し、沈線文で充填する胴部文様帯で当該期の加曽利 E 式系土器と同様な 3 帯構成になる土器（単独土器 5 -980、91住-282、屋外埋甕 6 -973、屋外埋甕 2 -969、単独土器11-986、1260坑-820）の 2 者がある（以下、坑は土坑の略）。

　器形をみると、口縁部がラッパ状を呈するものは曽利式系、3 帯構成のキャリパー形土器は加曽利 E 式系に似るが、施文方法から見ると、胴部に唐草文（大型渦巻文）が施され、交差した湾曲平行沈線文を充填するもの（973、969、970、971）や縦位沈線文を地文とし、横位平行沈線文が梯子状の意匠で胴部に施されるもの（282、820）、隆帯や沈線の縦位区画内を綾杉状沈線文が充填するもの（180・181、194、986）があり、これらは唐草文系土器の手法と共通する。

　松本平や上伊那地方の唐草文系土器そのものかどうかわからないが、60住の194、90住の276・279などの資料が出土している。おそらく 5 段階に伴うのであろうが、郷土遺跡では遺構一括などの層位的な裏づけに欠ける。

　ウ）郷土遺跡中期後葉 6・7・8 段階（第16図下段、第17図、第18図上・中段）

第 2 節　文様帯と土器編年　81

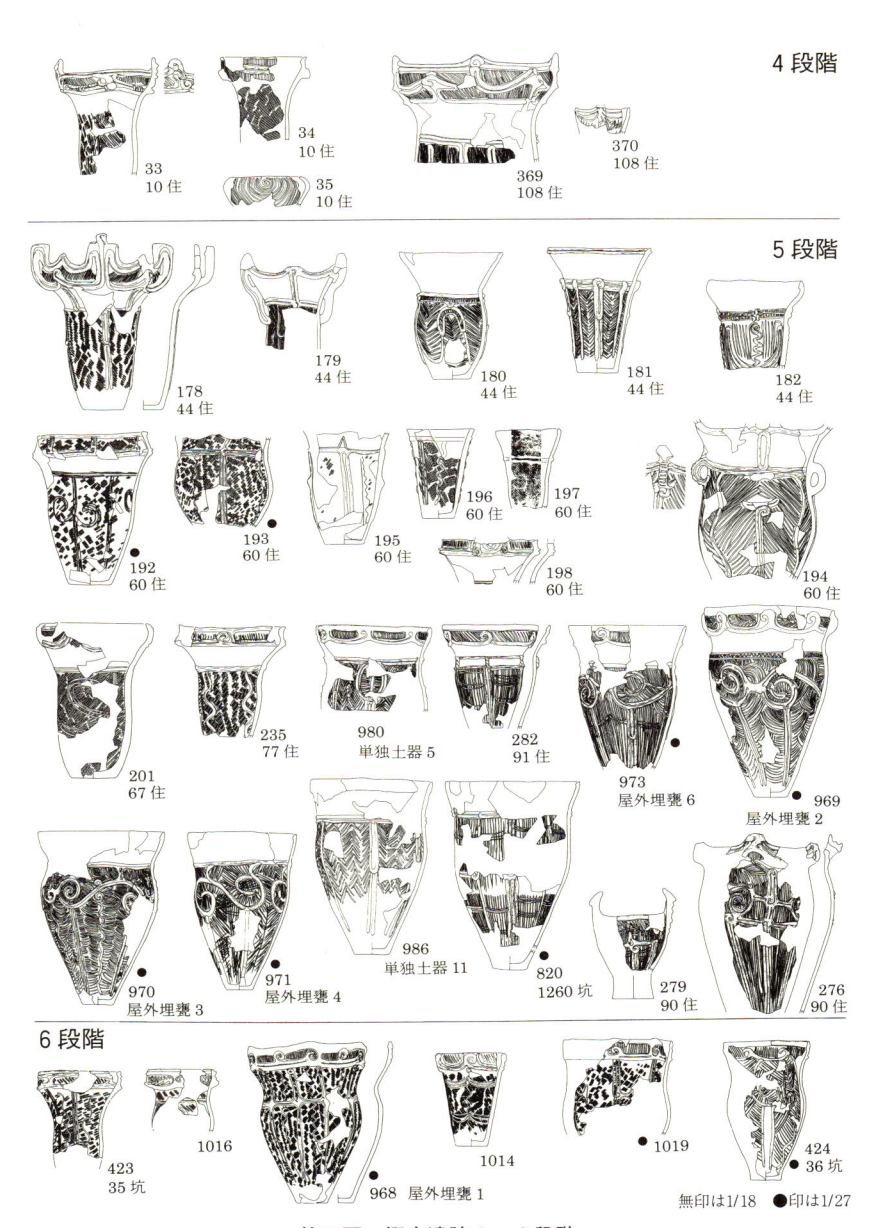

4 段階

5 段階

6 段階

第16図　郷土遺跡 4 〜 6 段階

『郷土遺跡報告書』においては、Ⅲ期は 6・7 段階、Ⅳ期は 8・9 段階というように設定されているが、Ⅲ期 7 段階とⅣ期 8 段階の区分に関する考え方が異なる。また大別に関しても文様帯の構成を考えると 6・7・8 段階をひとくくりとした方が、全体の変遷を理解しやすいと考える。

6 段階（第16図下段、第17図上段）は、加曽利 E 式系土器の頸部無文部が消失し、胴部は縦位の平行沈線の区画文や蛇行沈線文が見られる資料がある（第16図35坑-423）。この土坑35坑出土の423の頸部無文帯はすでに胴部に取り込まれている。しかし、胴部は磨消縄文ではなく、後述する 7 段階の主体（第17図中・下段）の資料である竪穴住居跡14住や24住とは時間差があると考えたい。当該期のこうした土器を含んだ良好な一括資料はないが、竪穴住居跡 1 住の 2 （第17図）は、口縁部の区画文は渦巻文を取り込んだ横長の勾玉状になっていて、胴部は対向する U 字形の区画沈線文が施されていて、上半は 5 段階において無文であった頸部に文様を充填したようにも見える。同様な形態・意匠の土器として第16図屋外埋甕 1－968や遺構外出土の1019がある。

沈線文を地文とする土器は竪穴住居跡 1 住（第17図上段）の様相を見る限り、加曽利 E 式系と同様に口縁部は渦巻文を取り込んだ区画文になり、1・4 とともに胴部の縦位区画や蛇行文はいずれも隆帯文である。土坑36坑出土の424（第16図下段）などは胴部に唐草文を配している。これも層位的根拠に欠くが、器形がまだ若干キャリパー形の痕跡をとどめるように緩やかに屈曲していて、7 期のような寸胴な器形ではないので、古い要素と考え、6 期の資料とした。このように文様帯は段階を決める重要な要素ではあっても他の属性によって、新旧を型式学的判断せざるを得ないこともある。

次に 7 段階と 8 段階の資料は郷土遺跡の場合豊富である。『郷土遺跡発掘調査報告』では、7 段階と 8 段階の間に大きな型式学的な画期を認めるのであるが、郷土遺跡の竪穴住居跡出土資料では後述するように両段階の土器が混在していることが多い（第17図下段、第18図上段）。筆者は、郷土遺跡の性格を考える上で、土器型式の大きな画期として設定するべきではないとは考えるが、郷土遺跡以外の遺跡、たとえば吹付遺跡や平石遺跡の資料で、7 段階あるいは 8 段階だけの資料のまとまりが認められる。よって、郷土遺跡出土資料を以下のような型式学的根拠に基づき区分する。

第 2 節　文様帯と土器編年　83

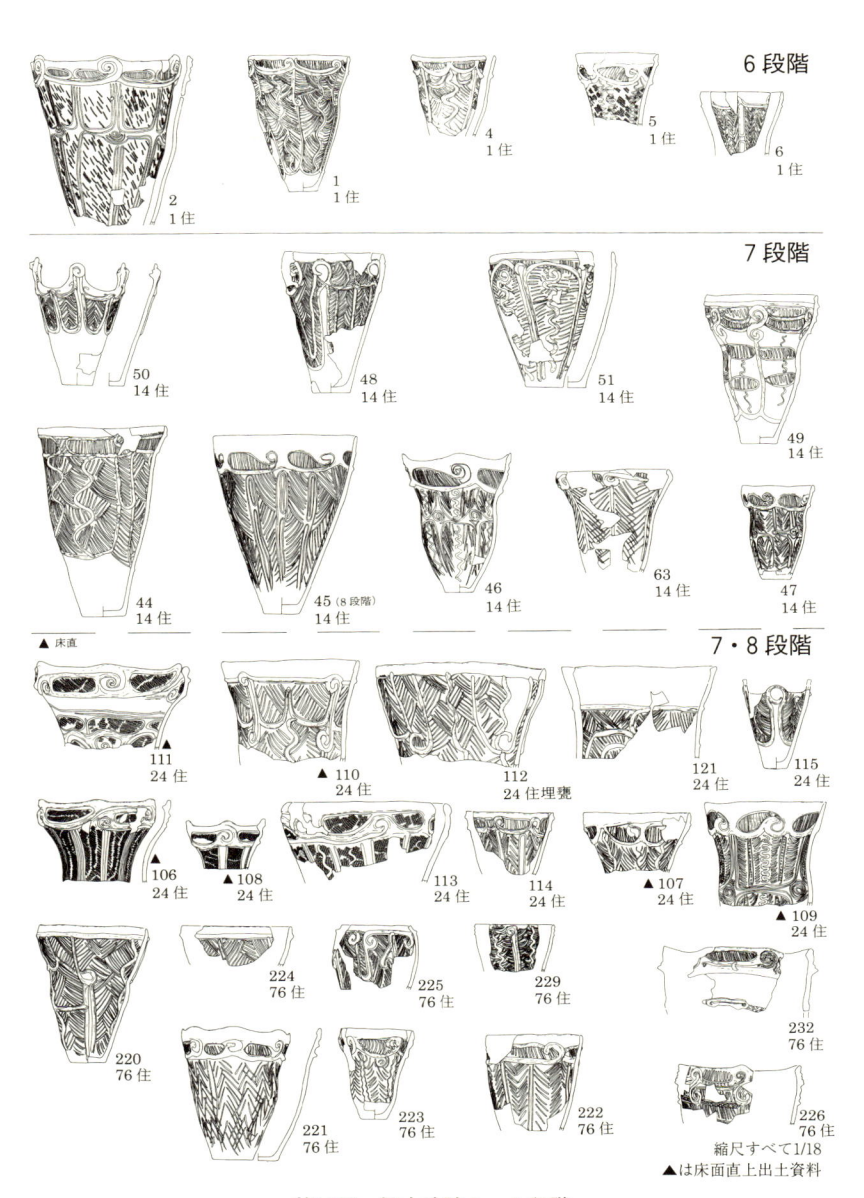

6 段階

7 段階

7・8 段階

▲ 床直

縮尺すべて 1/18
▲は床面直上出土資料

第17図　郷土遺跡 6 〜 8 段階

まず、加曽利E式系土器の様相であるが、7段階とされる竪穴住居跡4住-15（第18図上段）や24住-106・108（第17図下段）は胴部の磨消縄文の磨消部分が、8段階の竪穴住居跡39住-167・168や121住-390（第18図中段）の胴部磨消縄文の磨消部分に比べて狭い特徴がある。口縁部文様帯の区画も前者の渦巻文というよりは小さな楕円区画と化している。また共伴する7期の基準資料である24住床直資料（第17図下段106〜111）に含まれる大木式系土器（第17図111）と8期の基準資料である121住居覆土一括資料（第18図中段）の大木式系土器（392）とでは、型式学的に後者が新しく位置づけられるという[12]。以上のような様相はやはり時間差ととらえるべきであろう。

　鱗状短沈線文土器の様相を見てみると、7段階の資料は加曽利E式のような口縁部文様帯をもつキャリパー形深鉢は曽利Ⅲ式に見られる田の字区画がある（第17図下段24住-109）。これは直前の段階とされる1住-2（第17図上段）の胴部縄文地文で田の字区画をもつ土器の、縄文地文の部分を鱗状短沈線文に転化させたものと理解できる。また24住-107（第17図下段）資料のように隆帯を垂下させ、胴部を縦位に区画する資料が見られる。口縁部文様帯をもたないバケツ形の深鉢も隆帯で区画し、鱗状短沈線文を充填する土器（第17図下段24住-110・112・115）がある。14住出土資料（第17図中段）も45を除いた土器は、44・63は隆帯で区画し、鱗状短沈線文を充填する深鉢であるし、46・47は田の字区画内を鱗状短沈線文で充填するキャリパー形の深鉢であり、14住は24住と同様な組成を示す。

　これに対して、8段階は6住（第18図中段）のように器形はキャリパー形とバケツ形の区別がなくなり、胴部は縦位の区画沈線内を鱗状短沈線文で綾杉状などに充填する土器（23・25・26）で構成される。これは時間差を示すものと解釈したいが、一方文様帯レベルの変化は加曽利E式によく見られるキャリパー形土器は、いずれも口縁部文様帯を作りだし、頸部無文帯はない。胴部も基本的に縦位に区画する点では共通しており、佐久地方の様相としては、あくまで鱗状短沈線文土器の変遷中心としてみた中では、7段階と8段階の間に土器編年の型式学的な大きな画期を置く必要性はないと思う。

---

[12]　水沢教子の教示による。

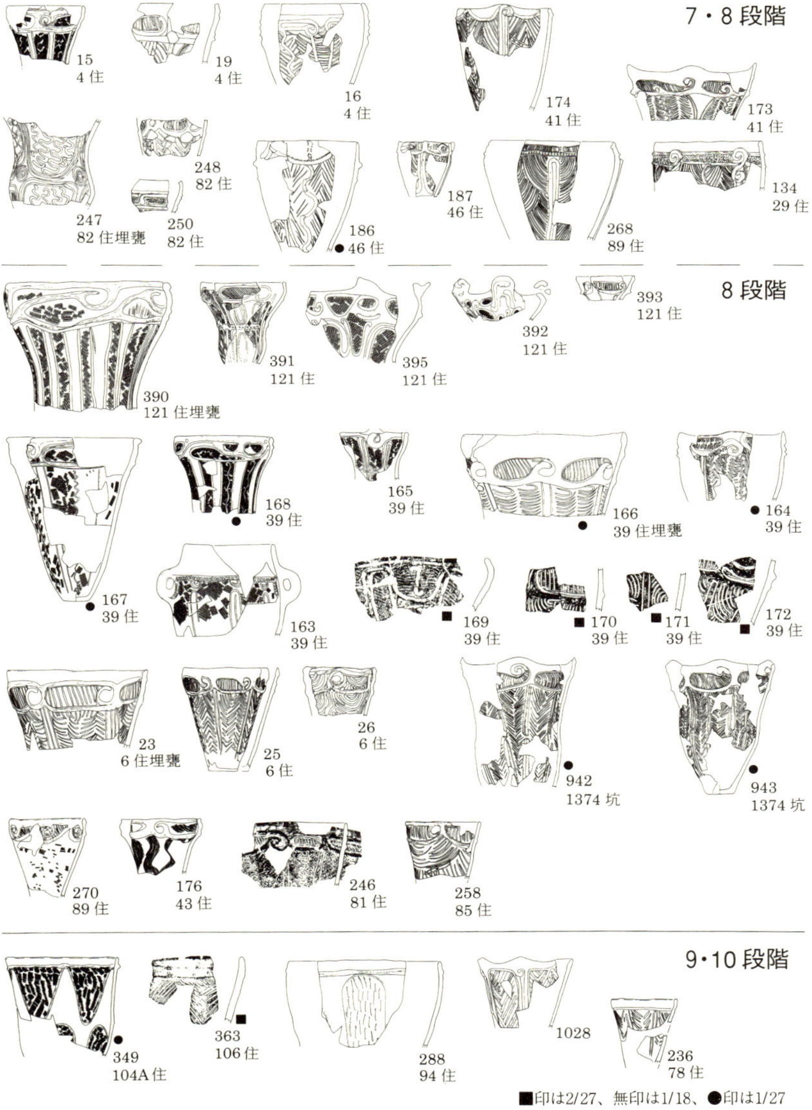

第18図　郷土遺跡7〜10段階

エ) 9・10段階（第18図下段）

郷土遺跡では遺構が減少する。加曽利Ｅ式系の土器が散見されるだけである。当該期の良好な資料を含む佐久市吹付遺跡や小諸市三田原遺跡群、岩下遺跡群でも加曽利Ｅ４式期は、加曽利Ｅ式系土器が圧倒的に多い。無論、沈線文で区画内を充填するという手法の土器がいくつか見られる（1028、94住-288、78住-236など）ので、あるいは鱗状短沈線文土器の「なれの果て」とも考えても良いかもしれない。ただし、胎土などは異なるのかもしれないが、型式学的特徴は唐草文系土器（あるいは曽利系）の最終末の土器と似ていて区別しにくい。今後の資料増加に期待したい。

c．周辺地域編年の中での位置づけとその型式学的根拠

　以上、郷土遺跡報告書による郷土編年をまとめなおしてみた。これを佐久地方や同じ千曲川流域（東信地方）の上田盆地の遺跡出土資料によって検証し、隣接地域の土器型式である加曽利Ｅ式、曽利式、唐草文土器の編年と対応させたのが第２表である。

　周辺地域の資料でも、おおむね郷土編年の各段階に対応するような住居跡などの遺構単位の一括資料が見られる。よって、当該期の細別や画期の認識については、多少異なるが、郷土編年の変遷はおおむね合理的であると考える。

　とくに郷土編年では、枠組みとして『加曽利Ｅ式埼玉編年』（谷井ほか 1982）が用いられている。埼玉県域は佐久地方に隣接するのでしごく当然である。

　ただし、細分や個別資料の理解の差といった問題とは別に、鱗状短沈線文土器の編年を考える上では、筆者は文様帯をもとに段階設定することが編年をわかりやすくすると考える。つまり資料の地域的な差ではなく、一つには編年に対する考え方が違うことがある。

　埼玉編年においては、「頸部文様帯の有無、口縁部文様帯の喪失、連弧文の変遷などからだけでは、十分な区分の基準が得られ」ないとし、「相対的な土器群の実態的な変遷をもって、区分基準を設定し」細分（6段階8細分）を行っている。

　個別の事象においては、あるいは埼玉編年で理解しやすい事例があるのだろう。しかし、筆者は大枠として神奈川編年の成果を生かしたいと考えているの

は、すでに述べたように広域の編年を対比させやすいということだけでなく、すでに前節（第Ⅱ章第1節）で述べてきたように土器型式を理解する上で、器形と文様帯概念は、きわめて重要であると考えるからである。また、以下とくに断らない限り加曽利E式の段階区分（アラビア数字）は神奈川編年の呼称である[13]。

　筆者なりに郷土編年を再構築した成果をもとに、駒込遺跡の文化的な時期区分を再確認する。すべての編年は遺跡における文化や時期的な評価に還元されるべきであると筆者は考える。

　ア）駒込遺跡中期後葉Ⅰ期：郷土編年4・5段階、加曽利E2式期

　駒込遺跡では、竪穴住居跡11住（第19図）、04住（第20図）、03溝（第20図）、遺構外（第20図）で鱗状短沈線文土器が出土している。

　03溝出土の朝顔状に開いた口縁部が無文の土器（第20図03溝-1・2）は、胴部が欠損しているため厳密な比定が難しいが、口縁部内側を若干折り返す特徴から、郷土編年4・5段階の曽利Ⅱ式の深鉢形土器に対応しよう。

　11住の深鉢形土器（第19図1～5：同一個体）は口縁部文様帯には、窓枠状に隆帯区画が施され、矢羽状沈線が充填される。隆帯渦巻文は独立している。頸部は無文で、胴部には縦方向の羽状縄文が施される。これも郷土編年5段階（加曽利E2式新）である。共伴している土器（第19図6～12）は曽利式や唐草文土器の影響を受けた在地の土器と考えられ、この時期に存在していてもおかしくない。04住の深鉢形土器（第20図04住-1）も口縁部に平行隆帯で区画を作り、胴部には平行沈線で頸部との区画をなす。また、胴部は同様な平行沈線文の縦位区画が見られる。これも11住同様郷土編年5段階に対応しよう。

　遺構外から出土した第20図遺構外-1～5も、大体当該期（郷土編年4・5段

---

[13]　とくに本稿は郷土編年中期後葉Ⅲ期・Ⅳ期の編年や住居跡出土資料の解釈については、『郷土遺跡報告書』（桜井ほか 2000）とは異なる筆者独自の見解が含まれているので、注意されたい。また、加曽利E式の編年（埼玉編年あるいは神奈川編年の違いがあるが）を鱗状短沈線文土器の編年の対照とせざるを得ないのは、単に研究上の枠組みの問題だけでなく、実際の佐久地方の遺跡では、現在は同じ長野県域である松本盆地や伊那盆地中心の唐草文土器や八ヶ岳西南麓から甲府盆地に分布する曽利式土器の出土量が少ないという実態がある。現在の行政区分と過去の土器型式分布範囲や相互の影響関係がかならずしも一致しないためである。

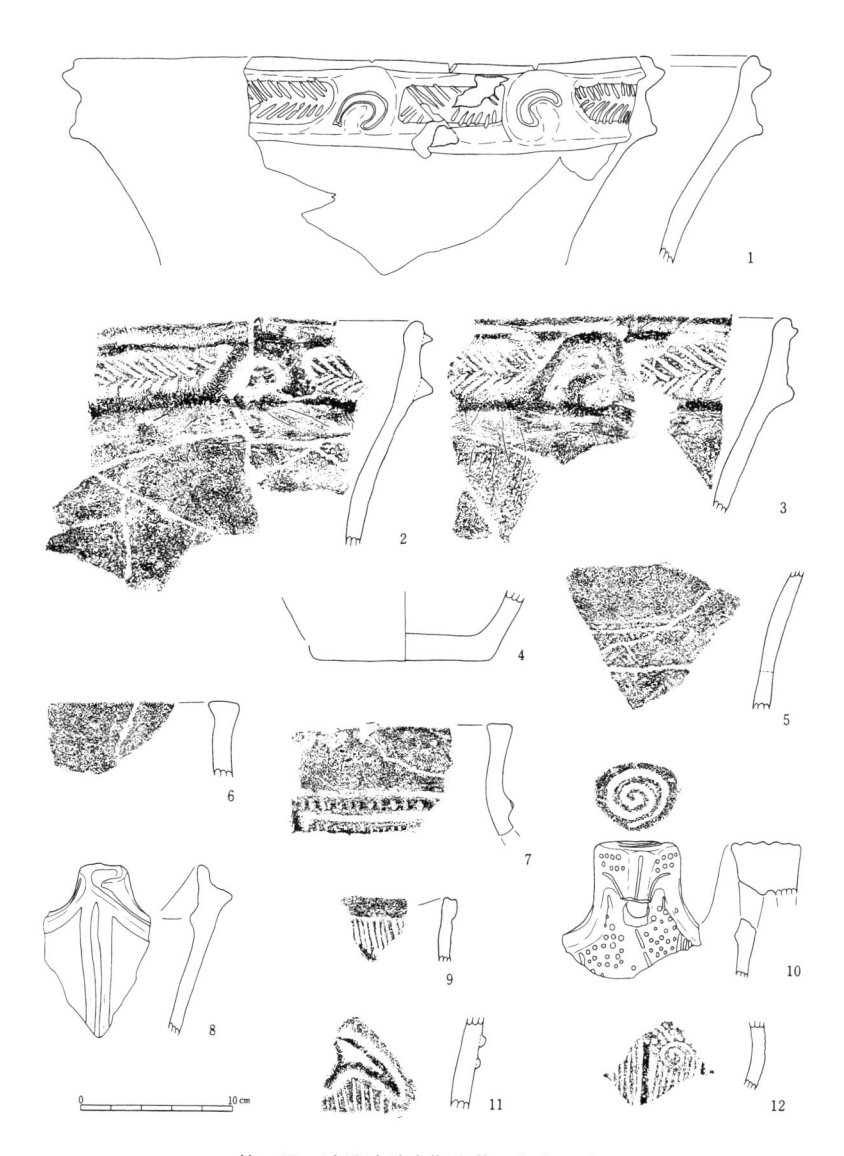

88　第Ⅱ章　縄文土器型式をめぐる諸問題

第19図　駒込遺跡中期後葉Ⅰ期土器 ①

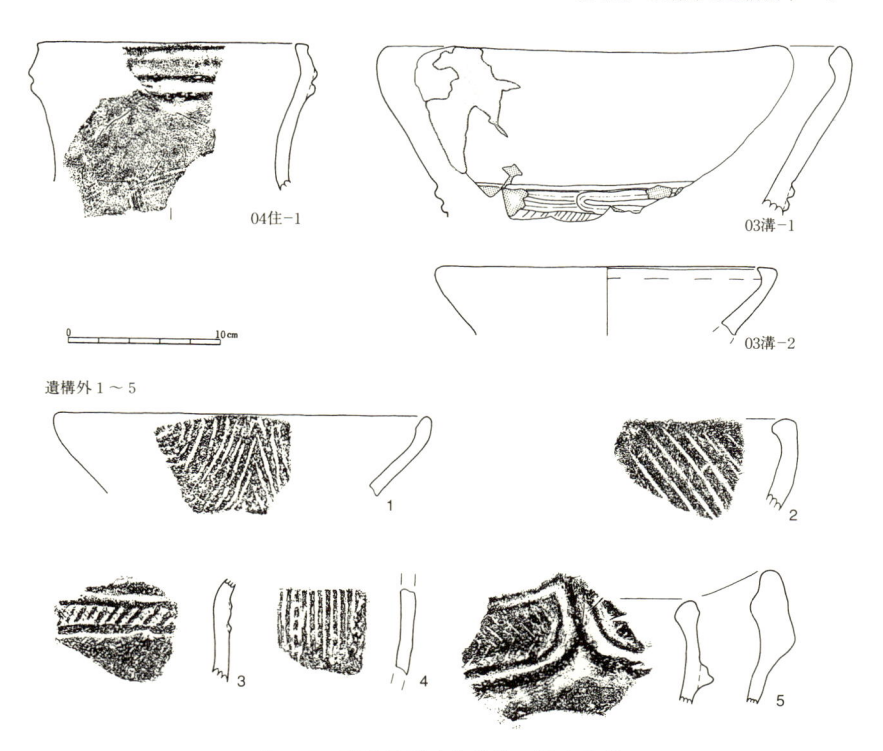

第20図　駒込遺跡中期後葉Ⅰ期土器 ②

階）の土器と考えられる。1・2は口縁部が朝顔状に開く深鉢形土器で、連弧状の沈線あるいは斜行沈線文が充填されている。曽利Ⅱ式か。3・4もほぼ同時期の曽利系土器だろう。5は口縁部に窓枠状の隆帯区画文が施され、矢羽状沈線文が充填される。頸部は無文である。系統はともかく同時期に属するものだろう。

　イ）駒込遺跡中期後葉Ⅱ期古段階：郷土編年6段階、加曽利E3式古
　　　駒込遺跡D類土器（第14図）

　D類（口縁および胴部が隆帯で区画されるバケツ形の深鉢形土器）が郷土編年の6段階に該当すると考えられる。D類は郷土遺跡1住の1・4（第17図上段）の胴部は隆帯で区画され、鱗状短沈線文が充填される土器と類似した意匠であり、口縁部の渦巻文が横長の楕円区画とは比較的独立しているので、6段階に含めた。以上、駒込遺跡では層位的な裏づけに欠けるので、郷土編年と対比した上

での、型式学的な理解である。ただ、6段階が7段階と明確に区分できるかなど、今後層位的な裏づけをもって検討すべきであろう。

　ウ）駒込遺跡中期後葉Ⅱ期中段階：郷土編年7段階、加曽利E3式中

　　駒込遺跡A・B・C・E類土器（第14図）

　V17・18グリッドなどで集中して出土したA類（口縁部文様帯は幅広で肥厚しており、胴部はU字ないし逆U字形の区画沈線文が縦位に配置され、鱗状短沈線文が充填される深鉢形土器）、B類（肥厚した口縁部文様帯はA類に似るが、胴部は鋸歯状の斜行沈線文が充填される深鉢形土器）、C類（口縁部がやや内湾し、胴部は刻目を有する隆帯文で縦位に区画される深鉢形土器）、E類（頸部有文鉢形土器）が郷土編年8段階に対応する。

　A類の胴部は沈線文による田の字区画文が施され、鱗状短沈線文が充填される。口縁部は平縁あるいは緩い波状口縁のものがある。口縁部の渦巻文は横の陰刻風の区画と一体化しつつあり横長の勾玉状になる。こうした特徴は郷土編年7段階の基準である24住（第17図下段）床直一括資料の109と基本的に一致する。

　B類のような胴部に長めの鋸歯状の沈線文を施す意匠は郷土遺跡では類例がない。ただ、口縁部文様帯の区画文が渦巻文を取り込んだ横長の勾玉状になっていることから当該期に含めた。

　C類は胴部を隆帯で区画し、鱗状短沈線文で充填するが、同一意匠のものは郷土遺跡には見当たらない。隆帯内の意匠は胴部下半が欠損しているので分からないが、あるいは田の字区画になるのかもしれない。田の字区画は曽利Ⅲ式に見られ、加曽利E式には見られないことから曽利式の影響であり、郷土編年6・7段階に見られる。胴部には浅い刻目をもつ隆帯の区画文があるが、隆帯は断面形がカマボコ状であること、口縁部の隆帯渦巻文が横長の区画と一体化しつつあることを考えると7段階に含まれると判断した。

　E類の鉢形土器は、変化が乏しい形態で、他の遺跡でも時期を決定するような層位的な一括資料に欠けるが、胴部上半の横長の区画文が、ともに渦巻文を取り込んだ形であること、刻目隆帯の鉢形土器の隆帯は断面形がカマボコ形状を呈し、C類の深鉢形土器の様相に酷似する。よってE類をC類と同じ7段階に含めた。

つまり、A類については、郷土遺跡の24住などの一括資料があることから編年へ対照させることが容易であるが、B・C・E類はおもに型式学的な特徴から類似した要素を抽出し、対比させたものである。

　また、駒込遺跡では遺構外ではあるが加曽利E式土器（Ⅱ群土器）が出土している。これも駒込遺跡においては層位的な裏づけを欠くが、以下のような型式学的特徴から郷土編年7段階に含まれると判断した。

① 　口縁部文様帯の渦巻文は楕円区画文に取り込まれて横長の勾玉状を呈する（第21図62・64・66など）。

② 　隆帯文で区画するもの（第21図62～72）と凹線文で区画するもの（第22図73～79）がある。

③ 　胴部は縦位区画の磨消縄文が施され、無文部と縄文施文部分の範囲は同じくらいのもの（第21図62・65、第22図74）や縄文施文部分がやや広いもの（第22図87・91・92）がある。87は縦位蛇行沈線が施される。

　こうした特徴は加曽利E式埼玉編年でいうⅫ期、加曽利EⅡ式中～新段階に相当しよう。神奈川編年では加曽利E3式の古～中段階となる。

　駒込遺跡出土の加曽利E式系土器は、中期後葉Ⅱ段階とされた鱗状短沈線文土器の口縁部の意匠（渦巻文を取り込んだ区画文）や文様帯構成（頸部無文部がなく、胴部は基本的に縦位に区画する）といった共通点がある。埼玉編年のⅫ期にも、こうした文様帯構成で地文が縄文ではなく、沈線のものが見られ、整合する。

　ただ、埼玉編年では、渦巻文を取り込んだ区画文（横長の勾玉状区画文）は、縄文地文のもの、沈線地文のものともⅫ期の新しい段階（Ⅻb期）と位置づけられるが、駒込遺跡の鱗状短沈線文土器に見られるような田の字区画はⅫ期の古い段階（Ⅻa期）とされ、多少齟齬がある。埼玉編年における加曽利E式の変遷過程（細分）がただちに正しいともいえないのであるが、鱗状短沈線文土器の変遷についても型式学的な分析と他地域の編年に照合していくだけでは限界があることを示している。そもそも駒込遺跡の資料には時間幅があることも当然考えられるのであるから、今後他の遺跡における遺構一括資料といった層位的な事例で検証するしかないだろう。

　ェ）駒込遺跡中期後葉Ⅱ期新段階：郷土編年9・10段階、加曽利E4式

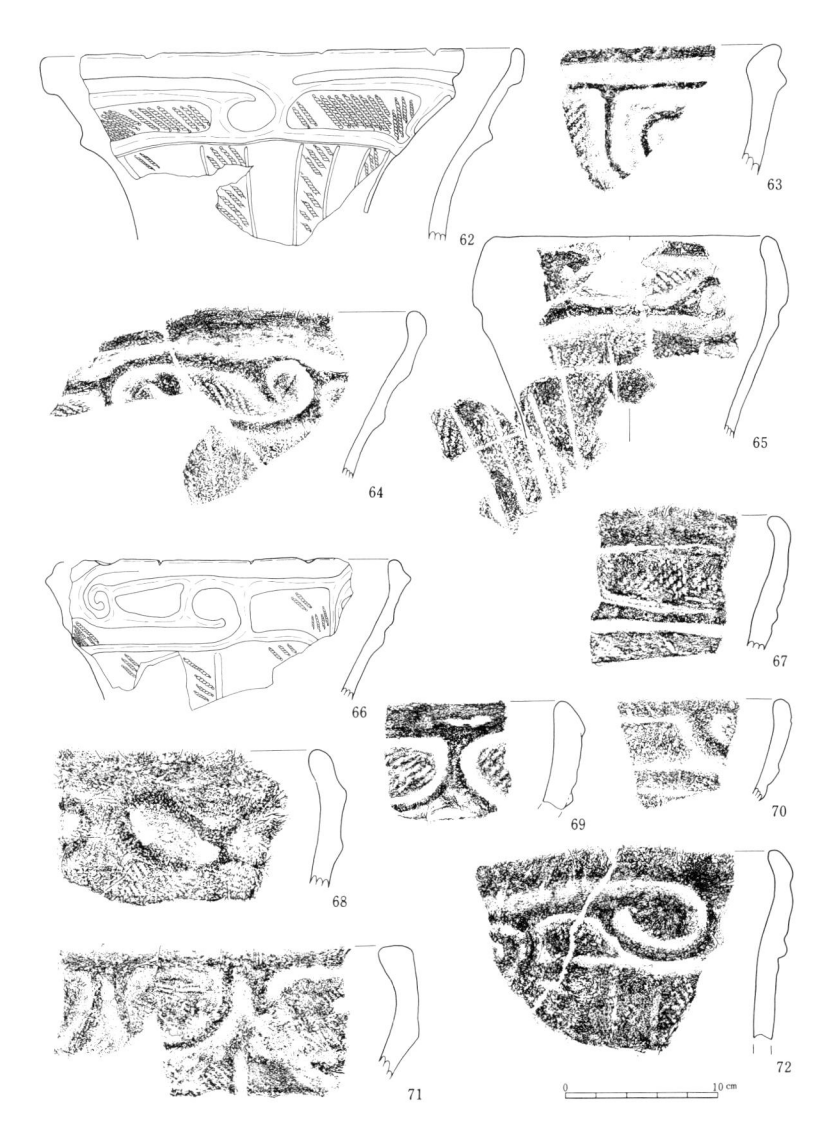

92　第Ⅱ章　縄文土器型式をめぐる諸問題

第21図　駒込遺跡中期後葉Ⅱ期中段階土器 ①

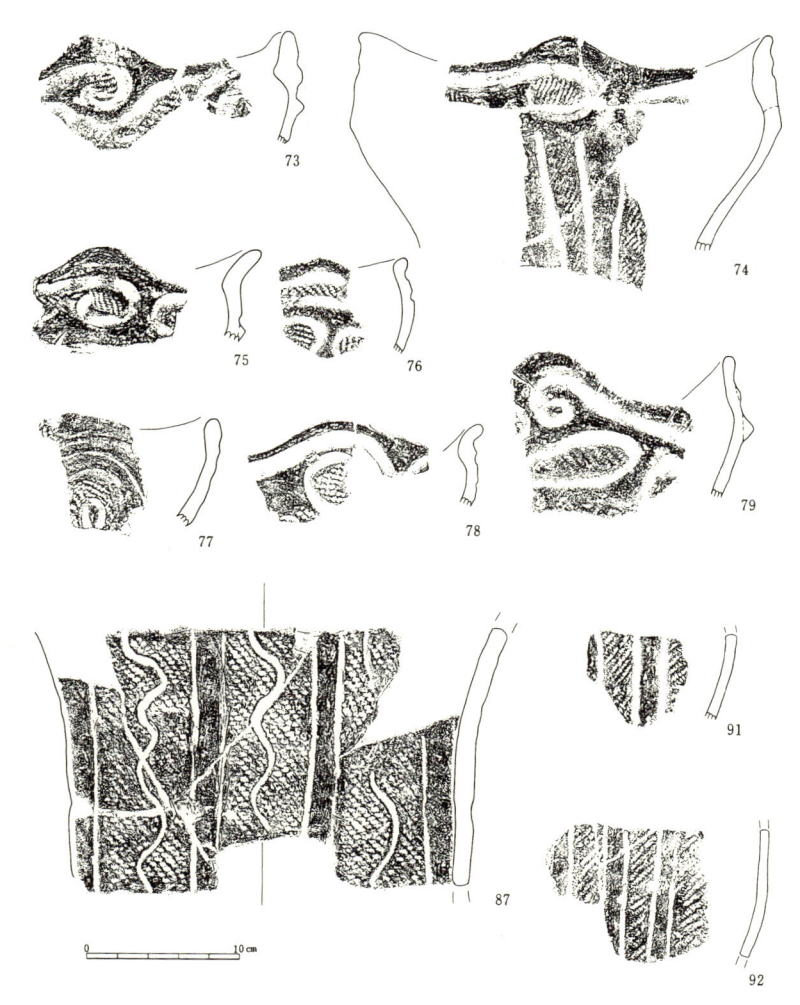

第 2 節　文様帯と土器編年　93

第22図　駒込遺跡中期後葉Ⅱ期中段階土器 ②

駒込遺跡 F 類土器（第14図）

　口縁部文様帯はなく、口縁直下に平行する沈線で区画されるだけである。胴部は細長の楕円区画沈線文と逆 U 字文が縦位に区画され、矢羽状の短沈線文が充填される。駒込遺跡や郷土遺跡では層位的に良好な一括資料はないが、佐久市吹付遺跡の 4 号・9 号住居跡や佐久市（旧望月町）平石遺跡 2 号住居跡が、

この段階の資料で、加曽利E4式と共伴している。これらが、時期的な位置づけの根拠（層位的資料）である。

　時間的な位置づけはともかく、F類の区画内充填の沈線文は鱗状短沈線文土器に含めるべきかどうか、沈線はとくに湾曲していない。ただし、駒込遺跡のⅡ期古段階の鱗状短沈線文土器とは型式学的には時間的なヒアタスがあるが、これらの土器群の系統と断絶しているという証拠もない。これはあくまで土器群を分類する上での系統的関係を考えた上での土器の呼称の問題である。この問題については次項で考えてみたい。

(4)　鱗状短沈線文土器の変遷と隣接地域型式との比較

　鱗状短沈線文を地文とする土器に注目しこれを百瀬忠幸が「佐久系土器」（百瀬ほか 1991）と名づけ、その後桜井秀雄によって将来的には「郷土式土器」と呼ぶべきではないかという提言がある（桜井ほか 2000）ことはすでに述べた。結論からいうと筆者も桜井の意見に賛成である。今後は属性や年代幅、分布域などをある程度固めれば郷土式として構わない。むしろ型式名を付けて呼ぶべきだと考える。

　それはなぜかというと、唐草文土器がいったい何を指すのか今もって不明確であることによる。研究者どうしが認める標式資料が明確でないことによる。

　永峯光一や樋口昇一が最初に唐草文と呼んだ塩尻市平出遺跡ロ号住居跡埋甕は、一般に現在知られている大型渦巻文を胴部にもつ樽形土器ではない（平出遺跡調査会編 1955）。だから、いっそ唐草文土器は永峯や樋口が提唱した当初の資料だけにして（ちょうど火焔土器のようなもの）、それ以外の土器は標式資料たりうる遺跡の名前を冠した型式名で呼ぶべきであったかもしれない。

　これは研究史的な問題だけでなく、唐草文あるいは鱗状短沈線文土器もとりあえずの命名としては良いが、究極的には標準資料の遺跡名を土器型式名として付けた方がなおよい。なぜならば、土器型式を一つの属性あるいは言葉で包括したり表象したりするのは非常に難しいからである（これは縄文や押型文土器などのことを考えてみてもらえばわかる）。

　特定の原体や文様だけで型式が設定されるわけではない。縄文土器の型式はさまざまな属性の集合体である。鱗状短沈線文土器に即して考えてみれば、深

鉢形土器については、末期の加曽利E4式平行の土器以外はまんべんなく鱗状短沈線文が施されているのでよいが、鉢形土器には無文のものがあったりするので、なんの前触れなく鱗状短沈線文土器という言葉を用いた時に、単に鱗状短沈線文が施された土器を呼んでいるのか、土器型式的にそれを主体とする共通の属性（技法・装飾・胎土など）で構成された土器群を意味しているのか混乱しやすい。同時期のセットの一器種をさす場合については、鱗状短沈線文土器に伴う無文鉢形土器とでも言えばよいが、同系統と考えるが時期が異なるたとえば加曽利E4式平行の鱗状ではない沈線文充填土器を呼ぶ時にこれを鱗状短沈線文系、唐草文系、沈線文系などと呼ぶことは混乱を招く。基準的な資料をもとに郷土式○○段階と呼ぶべきであろう。

　さて、ではどういう条件が整えば郷土式として呼称してよいのであろうか。そもそも百瀬忠幸は佐久地方にある「鱗状短沈線文を地文とする土器」ということで、吹付遺跡の資料をもとに「佐久系土器」と呼称している。この時基準となった吹付遺跡資料は加曽利E3式新相以前の資料が欠けていて、年代幅も限定できたので、この資料のみで吹付式とでもすることもあるいは可能であったかもしれない。しかし、百瀬はおそらく加曽利E3式新相平行以前の資料が存在することを想定したので、こうした標式遺跡名に伴う型式名は設定しなかったのだろう。

　ここで、郷土遺跡のように加曽利E3式新相（郷土編年8段階）以前の資料が充実したのでE1式やE4式並行資料が少ないという点はあるが、ほぼ中期後葉に限定される時間幅であることがわかってきた。よって桜井秀雄は加曽利E3式古・中相（郷土編年6・7段階）も含めて加曽利E式系（具体的にはE3式）より鱗状短沈線文土器が組成の主体をなすことが明らかであるとして、これらを「郷土式土器」として把握すべきという（桜井ほか 2000）。

　ここで、土器型式の根本に戻っておくと「一定の装飾と形態をもつ一群の土器であって、他の型式とは区別される特徴」によって設定される「年代差と地方差」の基準である（山内 1964）。つまり、こうした要件を満たしていれば、型式に設定されるのであって、組成の主体云々は本来的な条件ではない。

　であるから、ここでは時間幅と空間（分布範囲）が示せれば型式設定の要件を満たしていることになる。

時間幅について言えば、とりあえず中期後葉の加曽利E3式からE4式並行期については（とくにE4式期については、資料が限定されているきらいはあるが）、とくに問題はないだろう。問題はE2式並行期（郷土編年5段階）をどう扱うかである。

　5段階では口縁部がラッパ状に外反し、胴部に隆帯の唐草文をもつ深鉢（第16図郷土遺跡屋外埋甕3-970、同屋外埋甕4-971）や頸部は無文で、胴部には隆帯区画文のキャリパー形深鉢（第16図郷土遺跡単独土器5-980、屋外埋甕2-969、屋外埋甕6-973）がある。

　前者を、関東では曽利式系土器（谷井ほか 1982）とか、（曽利式と唐草文土器の）両者の文様構成が融合した「大型甕形土器」（石塚 1986）、信州の唐草文土器の一器種ととらえる人もいる（田中 1984）。

　後者は、加曽利E式的なキャリパー形深鉢であるが、胴部文様は唐草文（第16図973、969）、対弧隆帯文（第16図980）、梯子状沈線文（第16図91住-282）で、たしかにこうした意匠は曽利式や唐草文系土器と呼ばれるもののなかに見られる。

　ではあくまでこうしたものを曽利式あるいは唐草文系土器ととらえるべきであろうか。そうする立場が一つあると思う。しかし、沈線の特徴、胎土などその後の鱗状短沈線文となんら異なるところはない。たしかに名称だけの問題にすぎないのかもしれないが、郷土式の第一段階（郷土編年5段階）は曽利式あるいは唐草文系土器と器種共通する構成になっているとしてもよいのではないか。とくにそれこそこうした鱗状短沈線だけを地文とした土器は、曽利式や唐草文土器と共通点は多いが区別可能である（沈線の施文原体が異なると思われる）。筆者は郷土式（鱗状短沈線文土器）の一つの段階（少なくとも祖型）としてとらえてよいと考える。

　郷土編年6・7・8段階では、鱗状短沈線文土器の変遷をおおまかに追うことすら可能である。郷土編年6段階の資料は少ないが、頸部の無文部が喪失し、胴部には縦長のU字形隆帯と垂下する蛇行隆帯との区画内を、鱗状短沈線文で充塡する深鉢形土器がある（第17図郷土遺跡1住-1・4）。

　郷土編年7段階は、頸部無文部が消失し、口縁部文様帯に直接胴部がつながるキャリパー形深鉢がある。これの胴部の意匠は沈線文の「田の字」状区画内

を鱗状短沈線文で充填する（第14図駒込遺跡Ⅰ群A類、第17図郷土遺跡24住-109、14住-46）。深鉢にはこの他にも、口縁部文様帯はなく、隆帯のみで区画するバケツ形深鉢（第17図郷土遺跡24住-110など）がある。

郷土編年8段階には胴部が沈線で縦位に区画され、矢羽状の鱗状短沈線文が充填されるキャリパー形深鉢がある。また、これらにともなって鉢形土器（第14図駒込遺跡E類）や無文浅鉢（同G類）があると考えた。

以上、鱗状短沈線文土器を郷土式としてとらえなおすと、郷土編年5段階（加曽利E2式）にその起源を求められ、6・7・8段階（加曽利E3式）は、おおまかに6・7段階と8段階に分かれる。さらに9段階の鱗状短沈線充填手法のものを含めれば、9段階（加曽利E4式）まで続くことになる。

次に空間的な問題、分布については、第23図・第3表を見ると、千曲川流域に分布しているが、北佐久地方を中心に下流は上田盆地、上流は南佐久地方のあたりと思われる。上田盆地（四日市、八千原遺跡など）や南佐久（大深山遺跡など）では鱗状短沈線文土器を主体とする遺跡はなく、おおまかに北佐久地方を中心とする分布を示していると考えてよさそうである。まだ7・8段階以外の資料がきわめて少なく、全体の傾向を探る段階ではないが、7段階に比べて8段階にもっとも広がっていそうである。

よって、一応型式として成り立つための最低条件（時間幅の把握と空間的分布）はクリアしているようにも思われるが、実際には周辺の土器型式とどのように区別されるかが、問題となってくる。

そこで、とりあえずポイントとなるのが唐草文系土器や曽利式系土器とをどう区別できるかである。

まず唐草文系土器との比較であるが、つまり、一般に唐草文（系）土器と言えば、「胴部の前面に展開する大柄渦巻文、その間隙を箆描沈線による綾杉文とその変形文で充たす文様構成は、唐草文系と総称して呼ぶ土器群の最大の特徴である。」（中部高地縄文土器集成グループ 1979）とされるので、地文が半截竹管状工具などによるやや太めの沈線文である鱗状短沈線文土器は区分できる。しかし、すでに触れたように時期によって地域差の度合が異なるため、時期別に少し細かく見てみる。

前述のように郷土編年の5段階（加曽利E2式）は、沈線の手法（施文工具や

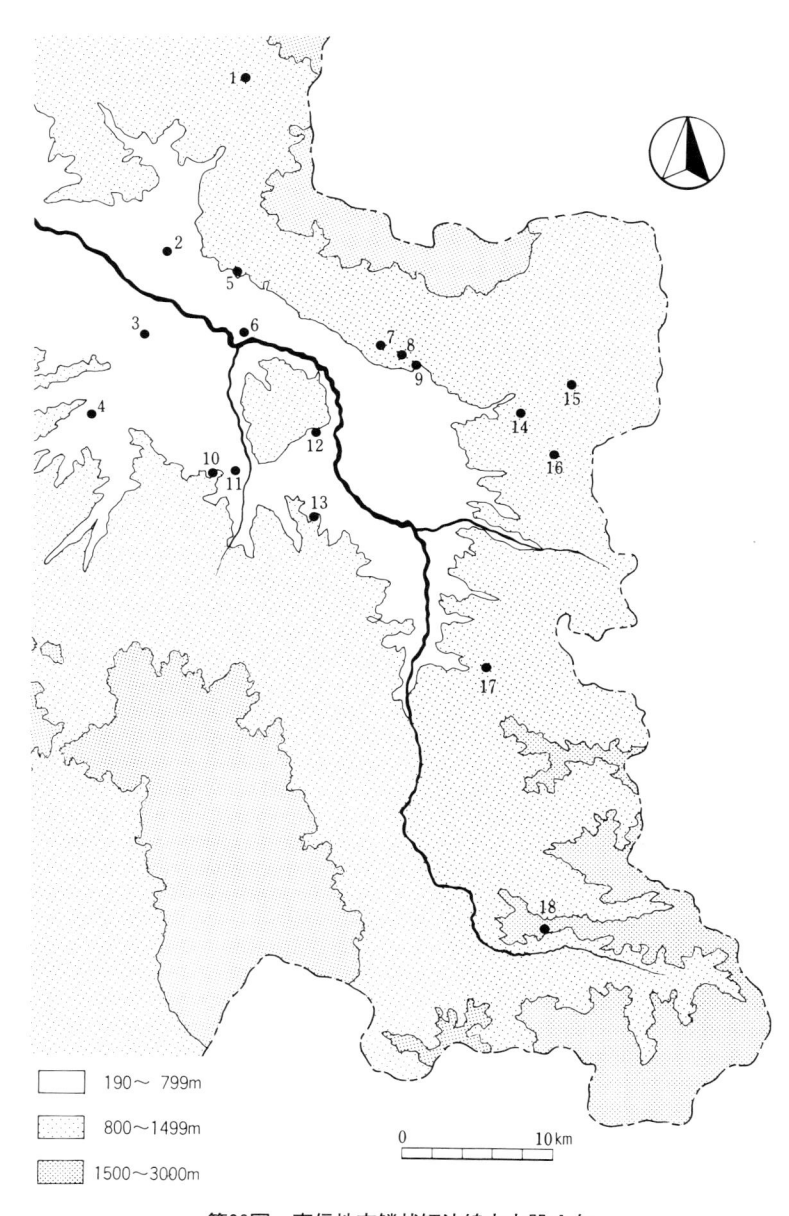

98　第Ⅱ章　縄文土器型式をめぐる諸問題

190〜 799m
800〜1499m
1500〜3000m

0　　　10km

第23図　東信地方鱗状短沈線文土器分布

第3表　東信地方鱗状短沈線文土器出土遺跡一覧

番号	市町村	遺跡名	7段階	8段階	文献
1	上田市	四日市	○	○	和根崎・川上 1996
2	上田市	八千原	○		久保田・中沢 1991
3	上田市	中丸子		○	上田小県誌 1995
4	上田市	江戸窪	○	○	上田小県誌 1995
	上田市	岩ノ口	○	○	上田小県誌 1995
	長和町	片羽	○	○	上田小県誌 1995
5	東御市	和下平	○		綿田 1989、東部町誌 1990
6	東御市	桜井戸	○		佐藤・関 1970
7	小諸市	郷土	○	○	桜井ほか 2000
8	小諸市	岩下	○		宇賀神ほか 2000
9	小諸市	三田原	○	○	宇賀神ほか 2000
10	佐久市	平石	○	○	福島 1989、1991
11	佐久市	下吹上	○		福島・森嶋 1978
12	佐久市	駒込	○		川崎ほか 2001
13	佐久市	中村	○	○	林・島田 1983
14	御代田町	宮平	○	○	堤・本橋 2000
15	軽井沢町	茂沢南石堂	○	○	上野・西田ほか 1983
16	佐久市	吹付		○	百瀬ほか 1991
17	佐久穂町	舘		○	南佐久郡誌 1998
18	川上村	大深山		○	南佐久郡誌 1998

湾曲した短い沈線という意匠)によって、筆者はすでに佐久地方の地域色が出てきていると考え、同時期の松本盆地や伊那盆地の唐草文と区別することは可能である。

　6段階(加曽利E3式)以降にも、松本盆地や伊那盆地に直接対比できる資料として、郷土遺跡82住-250(第18図)などの断片的な資料がある。唐草文系土器の意匠を重視すれば、唐草文系土器とすべきかもしれない。だいたい三上徹也の言う唐草文系土器Ⅲ期に該当しよう(三上 1996)。深鉢形土器の一部に地域性が見られるという状況であり、組成は型式設定の要件ではないが、形態装飾の特徴以上に土器群の内容を今後資料の増加を待って吟味していくべきであろう。

　7段階、キャリパー形の深鉢では、第17図郷土遺跡24住-109、第14図駒込遺

跡A類、バケツ形の深鉢では、第17図郷土遺跡24住-110・112、76住-220に見られる口縁部の形態（全体的に肥厚し、端部の無文部が幅広い。横長の勾玉状区画文が陰刻風になるものもある）や胴部の区画に鱗状の短沈線文を充填する。

　8段階は、キャリパー形深鉢の屈曲が失われ頸部がなくなり、ほとんどバケツ形化する。しかし、口縁部の形態は前段階の様相を継承している。胴部は隆帯区画の手法はなく、いずれも沈線区画になる。口縁部下端から胴部を縦位に平行沈線などで区画し、鱗状短沈線文を充填する（第17図郷土遺跡14住-45、76住-221・222、第18図郷土遺跡1374坑-942・943）。

　7・8段階の深鉢に、独特の有文の鉢形土器（第14図E類）や無文の浅鉢（第14図G類）が伴っていると考えられる。型式設定の必須条件ではないが、7・8段階（加曽利E3式）には、佐久地方の特徴である装飾・形態が一部の土器に見られるのではなく、いくつかの器種・器形に見られることは地域的な装飾・形態がセットとしてみられる。

　次に、曽利系土器との対比であるが、曽利式とは地文が櫛歯状工具や箆状工具による平行沈線文と縄文が主体であり、型式学的に鱗状短沈線文土器と混同することはないだろう。ただし、鱗状短沈線文土器の中には、曽利式との関係をうかがわせる特徴があり、簡単に触れておく。

　郷土編年7段階に見られる「田の字区画」は曽利Ⅱ式やⅢ式の中に見られる意匠である（末木 1981、1988）。同じく7段階の口縁部に文様帯がないバケツ形深鉢、隆帯で区画し、鱗状短沈線文を充填するものは、茅野和田遺跡（東44号住居跡埋甕第100図の10）（佐藤・土屋 1970）などにもみられる。郷土編年8段階の文様構成（区画文様がある口縁部文様帯と、胴部には縦位平行沈線などで区画し、矢羽状沈線で充填する）もまた、曽利Ⅲ式に見られる意匠である（末木 1981、1988）。長野県内の事例として、茅野市与助尾根遺跡第12号住居跡写真図版33の2がある（宮坂 1957）。

（5）「郷土式土器」が成立するには―今後の研究の方向性

　唐草文系土器というような装飾の一要素をもって、標式遺跡（資料）をもとに設定された土器型式と同じように編年にとりあえず用いることはしばしば行われる。筆者も『駒込遺跡報告書』では、鱗状短沈線文土器で表記を統一して

いる。

　しかし、押型文土器の研究史でも見られるように、ネガ楕円押型文土器、格子目押型文土器、山形押型文土器といったくくりを型式の代わりに用いるとそれらの属性（この場合は施文原体）を併用したものが出てくるとそれこそ無数のカテゴリーが生まれてくる。特徴的な属性は重要であるが、それだけをもって型式を設定すべきではない。

　筆者は、今後千曲川流域の中期後葉の土器編年を語る上で、鱗状短沈線文土器を標式資料に基づいて「郷土式土器」などと呼称すべきであると思う。すでに、基本的な条件（時間幅と分布の把握）はある程度クリアしている。もちろん本稿で行った型式学的な分析を精緻化したり、他の地域の編年と照合をさらに行っていくべきである。

　よって、以下のような問題点を明らかにしていくことによって、鱗状短沈線文土器が郷土式土器に昇華していくことを願うものである。

① 中間的変遷の検証、佐久地方の類例だけでなく、鱗状短沈線文土器が佐久地方の隣接地域でどのような土器と共伴しているか。

② 一体となっていると思われる唐草文系土器とどのように分化したかをより明確化する（加曽利E2式並行、郷土編年の5段階）。

③ 最終末はどのような様相であるのか（加曽利E4式並行、郷土編年9・10段階）。

④ 隣接する上田盆地などの地域色の様相の解明[14]。

　ところで、こうした作業はどういった意味をもつのであろうか。いつまで土

---

(14)　上田市八千原遺跡A地区第18号住居址、B地区第7号住居址（久保田・中沢1991）、上田市（旧真田町）四日市遺跡24号住居址、26号住居址など（宇賀神・百瀬1990）に見られるバケツ形で口縁部に区画された狭い文様帯がなく、隆帯が口縁波頂部からU字状に懸垂し、やはり鱗状短沈線文を充填するものがある。これは、郷土遺跡にも少し存在している（第17図76住-225・226、第18図4住-16、29住-134、46住-186・187、89住-268など）。あくまで鱗状短沈線文土器の深鉢形土器の一器形とみるという方向もあるが、他の北佐久の鱗状短沈線文土器との中でやや異質であり、上田盆地の地域的な唐草文系土器と考えられるかもしれない。また隣接地域ではないが、信州新町下中牧遺跡第58号土壙から略完形（底部欠損逆位の埋甕）郷土編年7段階の鱗状短沈線文土器が出土ししている（松永1990、犀峡高校地歴クラブ1991）。千曲川下流域や犀川流域にも類例が存在することが予想される。

器型式を設定すべきか悩んでいる人もいるだろう。かつて「いつまで土器型式編年をやるか」という問いかけが考古学者の中にあったくらいだ（藤森 1969）（その反論は「土器がある限り」なのかもしれない…）。

　一つには広域的な編年作業につなげていき、縄文土器型式から縄文文化の様相や動態を見ようとする試みである（水沢 1996、山形 1996、1997）。これについては別項目で述べたい。

　それとは別に発掘調査の現場で日々遺跡に取り組んでいる立場としてはどうであろうか。筆者は型式学のための型式分類のような作業はあまり有益とは考えないが、これらの土器型式の設定つまり時間軸や空間軸の目安の設定は、これらの資料が出土した遺跡の分析において有効である限り、行うべきであると考える。

　また細分と同時に大別の設定がきわめて大事な作業である。これは何を画期と見るかで大別の画期の設定は研究者によってかなり差が出てくるものと予想されるが、地域を越えた編年網を構築する上で欠かせない作業である。

　逆に、当然のことであるが、遺跡（あるいは遺構）に土器型式編年の成果を還元してみて、それが有効に機能しないのであれば、型式学のための型式あるいは分類学のための分類とそしられても仕方がないと思う。しかし、型式学的な分析は多少なりとも作業仮説的な部分を含み、現在すでに知られている遺跡や遺構レベルでは検証できなくとも他日検証できる場合もあろう。ただ、いずれにしても、遺物の型式学も遺跡から切り離されたものではなく、絶えず遺跡や遺構での検証作業を必要とすることを強調しておきたい。

3．文様帯（Y 文様帯）と阿高式土器

(1)　はじめに

　第Ⅱ章第 2 節では、ケーススタディーとして、文様帯を基軸とする土器型式研究を試みている。本項では、九州（それも西部中心に分布する）縄文時代中期後葉から後期初頭の土器型式阿高式系土器の編年研究を行うものである。前項の鱗状短沈線文土器（郷ノ原式土器）と異なり、すでに阿高式、南福寺式、出水式、坂ノ下式などという型式設定がなされている。これらを関連する土器型式

群(阿高式系土器)としてとらえて型式学的分析を行うのであるが、ここでも文様帯を基軸にすることによって阿高式とその系列の土器型式群をとらえてみた。前項が一つの土器型式の細分と並行関係における文様帯概念の実際の活用法であれば、本項は土器型式を超えた土器型式群というものを文様帯概念でとらえるとどうなるのかという試みである。

さて、阿高式や阿高式系土器については、報告なども含めると長い研究史がある。それらについてまず紹介し、そののち実際の分析に入りたい。

(2) 阿高式系土器とそれをめぐる問題

阿高式は熊本県阿高貝塚資料を標式とする九州とくに西部に多く分布する土器型式である(小林 1935・1939)。ある意味いたしかたないが、当時全国的な縄文土器型式整備の中途の段階であり、型式学的あるいは層位学的な確たる根拠をもって中期に位置づけられたものではなかった。以後、漠然と中期に位置づけられてきた阿高式であるが(河口 1957、乙益 1965、賀川 1965)、前川威洋(1969)が瀬戸内の船元式と九州の阿高式を対比して、九州の縄文時代中期を論じた。この段階では、残念ながら船元式と阿高式の層位的な共伴関係に基づいた対比ではなかったが、ここに九州の土器型式を九州島以外の地域の土器型式と対比研究するという方向性が示されたことは興味深い。ただ、前川の編年観でもわかるように阿高式は船元式並行という概念が当時はかなり浸透していた。ただし、近年の矢野健一(1995)や冨井眞(2000・2001)の研究によってだいぶ払拭されているようであるが、のちのちの編年観に影響を与えていくことになる。

筆者はどちらかと言えば、矢野や冨井の編年観に近く、阿高式は中期末に位置づけられると考えているが、いずれにせよ、隣接する地域の土器型式を対比することによって、九州の縄文土器型式の変遷を確認しようとした前川の試みは、間違っていない。

同様の試みは、阿高式に後続すると考えられた阿高式系土器(南福寺式、出水式、御手洗A式)をやはり瀬戸内の磨消縄文系土器(中津式、福田K2式)などとの対比でもなされた(乙益・前川 1969)。

乙益・前川論文は「阿高式系」という枠組みを具体的に明示したおそらくご

く早い論文であると思われる。ただ、阿高式系という概念は曽利系や唐草文系などという用語と同様に阿高式とそれに類する土器というやや漠然とした部分もあったが、あるいは乙益らは中期までを阿高式、後期以降を阿高式系という枠組みでくくりたかったのかもしれない。

その後田中良之が「中期・阿高式系土器の研究」において阿高式および後続すると思われる土器型式（南福寺式、坂の下式など）を明示し、具体的にまとめた（田中 1979）。『縄文土器大観』（小林編 1988）においても「阿高式土器様式」が項目としてたてられているが、これは田中のいう阿高式系土器のさす内容とほぼ同じようである。田中の分析によって阿高式をも含めた小林達雄土器様式に近い形で「阿高式系土器」という概念が定着したものと筆者は考える。本稿でもとくに断らない限り中期や後期という時期で区切って前者の土器を阿高式、後者を阿高式系とはしない。

田中は阿高式を並木式からの変遷でとらえ、文様帯の認識、各々の文様とくに凹点文の変化や口縁部の施文方法や器面調整の工具に着目し、中期阿高式の細分を行うとともに、地域色が出現することに注目した。佐賀県坂の下遺跡を標式とする、阿高式から派生した西北九州独自の「坂の下式」を設定した。

田中は中期と後期の区分を九州以東の時期の大別の基準と照合させた。南福寺式は従来中期とする考え方もあった（富田 1981）。しかし、乙益重隆・前川威洋（1969）らの説を踏まえ、田中はさらに坂の下遺跡や天神山貝塚などの出土例をもって補強し、南福寺式や坂の下Ⅱ式を中津式並行とし、この段階の阿高式系土器から後期であるとした。

田中の研究によって、今まで漠然としていた縄文時代中期後葉から後期前葉にかけての九州における土器編年の課題が明らかになった。一つは、中期と後期という大別は、装飾が多いのが中期、簡素であるのが後期といった感覚的なものではなくて、瀬戸内地方や近畿地方などといった九州島以外の地域の土器編年と整合させることが必要であることを認識させた。

今一つは、そうした個別の土器型式の並行関係を見ていく際に、九州（とくに西部を中心とする）の在地の土器型式群として「阿高式系土器」、九州以東の東日本の影響を受けた土器群として「磨消縄文系土器」という概念を設定したことにある。

この〜系土器という概念は、加曽利E式系や唐草文系と同様に、標準となる土器型式から派生する時間的かつ空間的に関連する土器型式群のことを示している。前川威洋にすでにある程度こうした考え方があったものと思われるが、田中ははっきり具体的に示している。ただ、田中は阿高式系土器の範囲については、個別具体的には示しているが、どういった原理に基づいて阿高式系土器の範囲が決まるのかは自明としているようである。

　筆者は、「阿高式系土器」とは「阿高式の伝統を継承し、磨消縄文系土器とは異なった原理のもとで作られた土器」と定義する（川崎1990）。特段阿高式系土器の示す範囲が違うわけではないが、この点は少しはっきりさせておきたい。

　「阿高式の伝統を継承し、磨消縄文系土器とは異なった原理」というと、まず縄文の施文が無いということがあげられるかもしれない。縄文の有無はたしかに従来の研究史でも重視されてきたし、非常にわかりやすい特徴であるが、すこしこのあたりを整理する必要があると考える。磨消縄文系土器とされる中津式や福田K2式にも縄文がない、あるいは縄文が少ない器種や器形は存在する。

　阿高式系土器の方からみても同様な問題がある。田中が土器編年の並行関係の一つの根拠としている阿高式系と磨消縄文系土器の「折衷土器」が縄文の有無だけでどちらかが優位であると判断しているが、おおまかな議論にとどまってしまう。

　これに対し、西脇対名夫は、御手洗A式と御手洗C式が阿高式系土器であるとする乙益・前川説や磨消縄文系土器が九州に入ってきたために阿高式系土器が粗製化するという田中説では理解できない要素が両型式の属性に多いことを示し、これらの淵源を福田K2式に求めている（西脇1990）。西脇はこうした個別の土器型式の系統問題を「阿高式系にせよ磨消縄文系にせよ、そういう大系統の問題がどのように帰着するにしても、個々の土器を初めから割り切ろうとするのはこの場合容易ではない。」と慎重な立場を示している。

　たしかに西脇の指摘にも一理ある。さらに、原則的に日本列島各地の縄文土器型式でまったく周辺の土器型式と型式学的に関係がないというものはない。であるから、「縄文式」土器という一大型式群の中をさらにいくつかの系統に

区分し、離合集散の関係を見るより、個別の土器型式の型式学的研究を充実させていけばよいという考え方も成り立つかもしれない。

　しかし、現実の縄文土器のなかに、いくつかの系統的なものが存在する可能性は高く（現にいくつかの系統に分解してわかりやすくしたのが、小林達雄の縄文土器様式論であると筆者は理解する）、理解するモデルとしてわかりやすいことは事実で、土器型式や土器型式群がいかなる歴史的な実態を指し示すかどうかは別として、まずは現象としてどのように把握されるかは追究すべき課題に思われる。

　いずれにせよ、そもそも土器型式は単純な一つの属性に代表されるものではなく、属性の集合体であるともいえる。よって、縄文の有無だけではなく、土器型式群の系統的理解に資する属性を見出したい。

　ただ、前川以来田中や松永幸男（田中・松永 1979）の土器型式研究の背景には、単なる土器型式の時間的な並行関係や空間的な分布を追究するだけではなく、土器型式の背後にそれに象徴される文化複合体の存在を想定していることは興味深い。たしかに、縄文時代中期後半から後期にかけては、土器型式においても、瀬戸内やそれ以東の土器型式の影響が九州に見られるようになったが、前期曽畑式以来の西北九州を中心とする独自の漁撈文化が栄えていたところに、中期末から後期にかけて「東日本的文化複合体」が九州に伝播するという渡辺誠（1966、1985）の説と対応するようである。田中の論の独自性は、中期まで斉一的だった阿高式が後期になると南福寺式や出水式などのように分布域が小さくなり、各地に地域色が顕在化するという。磨消縄文系土器を象徴とする文化の伝播の反映としたことにある。単なる土器の文様や装飾形態といったレベルだけではなく、土器型式の構造やさらには地域差の出現といったレベルを想定したところは、従来の土器型式研究にはあまり見られなかった視点と言えよう。

　筆者は一義的に土器型式＝文化圏といった考えには首肯できないが、逆にあまりにストイックになって、縄文時代の他の文化要素と乖離させて土器型式だけを論じるのもまたどうかと考えている。本項ではそうした文化の伝播といった問題を論じる前提としての時間や空間の指標たる土器型式のとらえ方が主旨であるので、ここでは深入りしないが重要な問題である。

(3) 阿高式系土器の編年研究の方向性

　以上概観したように単に九州島内の土器型式群の変遷という観点だけでなく、九州以東の縄文土器型式群との対比と、阿高式系土器として型式学的な分析は、前川威洋が先鞭をつけた。その後、前川の業績を踏まえ、田中良之が研究を深めた。ただ、必ずしも阿高式系土器編年をめぐる固有の問題ではない、いくつかの課題がある。逆に固有の問題ではなく、ある意味縄文土器型式研究において普遍性をもつと思われるので、興味深い。

　一つは土器型式の属性分析において諸属性をどのようにあつかうべきかという問題である。単純に量的なものに換算できるのかという問題がある。今一つは土器型式の分析において器種・器形があまり考えられていないということがある。

　まず土器型式研究において属性の取り扱い方をどのようにすべきかを阿高式系土器を題材に考えてみたい。阿高式土器以上に阿高式系土器とされる土器型式群（南福寺式、出水式、御手洗Ａ式・Ｃ式）の示す内容がわかりにくかったのは、今日的な目でみれば、それは一つには基準資料の提示が十分でなかったためもあろうが、それ以上に、阿高式＝太い沈線の土器、出水式＝細い沈線の土器というような一つの属性で土器型式を特徴づけようとしたことにもある。

　この一点からみても土器型式を一つの属性、たとえば沈線の太さなどという問題で割り切ることができないことは明白である。すでに述べてきたように諸属性の複合体として土器型式という概念がある。文様装飾形態や施文具の種類、胎土（混和材）などさまざまな諸属性を抽出して、土器型式を設定することとなるが、問題はこれらの土器型式を群としてとらえる、あるいは土器型式どうしの親縁性を分析する時に、これらの諸属性はみな対等に扱うべきなのであろうか。

　土器型式学研究はすでに少なからず先学の研究や経験があり、その中ですでにある程度その枠組みは設定されていると考える。それはすでに縷説してきたように縄文土器型式研究において発達している文様帯研究と、様式論で見られるような器種（機能の分化が想定される区分）・器形（機能の分化は想定されないが、形態差による区分）による研究の二者であると筆者は考えている。

文様帯の重要性についてはすでに触れてきたし、多くの実際の研究もある。一方、器種・器形に基づく研究は縄文土器型式においてもちろん行われているが、弥生時代以降の土器・焼物の様式研究ほどには発達していない。それは、一つは縄文時代を同じ「土器型式」という概念で扱う場合、器種・器形の分化がはっきりしている時期とそうでない時期があるが、その両時期を通して論じる必要があり、また器形の種類がさまざまでも、複数の型式を越えていつも共有されているわけでもない。よって様式論におけるような前提として、器種・器形を土器型式の主軸に据えるわけにはいかないのであろう。

　しかし、器種・器形といった属性を縄文土器型式研究に利用しない理由にはならないと思われる。たとえば、九州の縄文土器型式についていえば、前期曽畑式から中期阿高式まで滑石を胎土に含むことをもって一つの系列であることの論拠とされてきた（小林 1939、田中 1979）。胎土の混和剤だけに重点を置いた考え方である。しかし、水ノ江和同の研究（1990）によれば、前期末葉には滑石を含まない土器も多く、現在中期前半の船元式に並行する資料として春日式といった滑石を含まない土器型式も知られており（矢野 1995）、胎土の混和剤だけで系統性を論じることは難しい。これは器種・器形の分化や内容においても同じようなことが言え、おおまかな土器型式群の把握を模索することは大事な研究の過程であるが、細かく属性を調べ検証する作業も同様に必要である。いずれにせよ、個別の土器型式の器種・器形はさまざまであり、当然のことながら個別に検討すべきである。つまり、様式論におけるような編年学的な成果（時期的な細分や地域的な特徴の抽出など）が得られるかどうかは別にして、縄文土器型式研究でも器種・器形といった属性に配慮したい。

　阿高式系土器に即して、器種・器形の問題を考えてみると、阿高式に先行すると考えられる並木式や阿高式の古い段階（後述する鹿児島県中尾田遺跡例）は、ほとんど深鉢形土器しか知られていない。

　前期の曽畑式が深鉢形土器だけでなく、浅鉢形土器も存在することを見ても（水ノ江 1990）、曽畑式と並木式との間には、大きな画期が存在している（もちろん前者が丸底で、後者が平底であるとか、文様帯の構成などといった他の属性にも大きな隔たりがあるので、器種・器形の構成といった属性だけの問題ではないが）。

　一方で阿高式の新しい段階から、後期の南福寺式などの阿高式系土器には有

文・無文の浅鉢形土器が存在し、器種の増加が見られる。これも土器型式の内容を考えれば大きな画期である。

ただし、現実問題としては、有文深鉢形土器が土器型式編年において確実に系譜をおうことが可能であるから、これを編年の軸とする。さらに器種・器形の把握、文様や装飾形態の分析においては文様帯の問題を十分勘案した上で、阿高式および阿高式系土器の編年を構築してみる。

(4) 阿高式系土器の編年案

a. 並木式から阿高式へ（第24図）

並木式については標式である鹿児島県並木遺跡出土資料の型式学的検討が十分になされていないきらいがある。本来ならばどのような標式資料をもって並木式とするのかの検討は欠かせないが、田中が紹介した資料をもってここでは並木式とする（田中 1979）。田中は並木式には薄手押引文と厚手で押引文と凹線文を併用するものがあるとした。後続すると想定される阿高式の成立を説明するために、前者が古く（並木Ⅰ・Ⅱ式）、後者が新しい（並木Ⅲ式）と推定したようである。田中の言うように薄手押引文と厚手押引文・凹線文併用のものがはたして時間差ではなく、地域色ではないのかというような想定もできようが、今のところ田中説を否定するだけの根拠もなく、たしかに阿高式の出現をうまく説明できる。

少なくとも並木式と呼ばれてきた資料は、胎土に混和材として滑石を含み、凹線文を施すものがあり、阿高式の祖型と理解できる資料が存在することは間違いない。さらに鹿児島県中尾田遺跡、熊本県沖ノ原遺跡・轟貝塚・古閑原遺跡、長崎県名切遺跡で並木式が出土しているが、とくに阿高式のまとまった資料が出土している鹿児島県中尾田遺跡資料をみると厚手の押引文・凹線文併用のものしかなく、同遺跡の阿高式（後述するが古い段階のものと考えられる）と凹線文の意匠がシンメトリーである点などが共通している。これは田中の編年観に整合する資料と言えよう。

並木式は幅広く胴部上半を文様帯としている。文様の意匠にあわせて口縁端部が突出しているものが多く、この突出部に刻みを有しているものもある。

器種は前述したように平底の深鉢形土器に限定される。胎土に滑石を多く含

む。

b. 阿高1式―阿高式の成立（第24図）

　阿高式は熊本県阿高貝塚出土土器を標式とする土器型式である。湾曲した太い凹線文と短い突起や入組文をもつことを特徴とする。既述したように、平底の深鉢形土器を主体とすることや滑石を含むことから曽畑式・並木式と同じ系列にあると考えられてきた。曽畑式との関係については、ともかく、並木式の中にはたしかに凹線文をもつものがあり、並木式、阿高式と連続して考えられている（田中 1979）。ただ、並木式の凹線文はいずれもシンメトリーな意匠であるのに対し、阿高式の標式遺跡である阿高貝塚出土資料には、並木式の意匠とはだいぶ異なる非シンメトリーのものや入組文が発達したものが多く、凹線文の意匠からだけでは、スムーズに変遷しなかった。

　ところが、中尾田遺跡出土の阿高式土器は、凹線文の意匠はいずれもシンメトリーであり、横走・斜行する凹線の先端や中途に、短い分岐がつく点や口縁に意匠の単位に合わせた形で刻みを有する突起がある点、文様帯は胴部上半に幅広く施される点が共通する。

　よって筆者は、中尾田遺跡資料を阿高式の最古段階（阿高1式古段階）とし、阿高貝塚出土の非シンメトリーで入組文や蕨手文が発達した資料を次の段階と考える（阿高1式新段階）。なお、阿高1式新段階には、口縁部直下を無文とする深鉢形土器がある。ただ、器形の差は明確ではない。

c. 阿高2式―阿高式の展開（第24図）

　阿高1式が主体であると考えられる中尾田遺跡や後述するように多少時間幅があると考えられる阿高貝塚出土資料も古い段階と考えられるものの器形はいずれもすこし胴部で膨らむが、比較的寸胴な平底の深鉢形土器しか見当たらない。一方、長崎県有喜貝塚資料には、1式同様の胴部上半に施文する比較的寸胴な深鉢形土器以外にも、頸部が屈曲する器形（第24図）や鉢形土器、浅鉢形土器（第26図）が見られる。

　凹線文の意匠は、非シンメトリーで、入組文はあるが非常にシンプルである。口縁端部の刻みもあるが、並木式のような突起に刻むことはなく、これは阿高

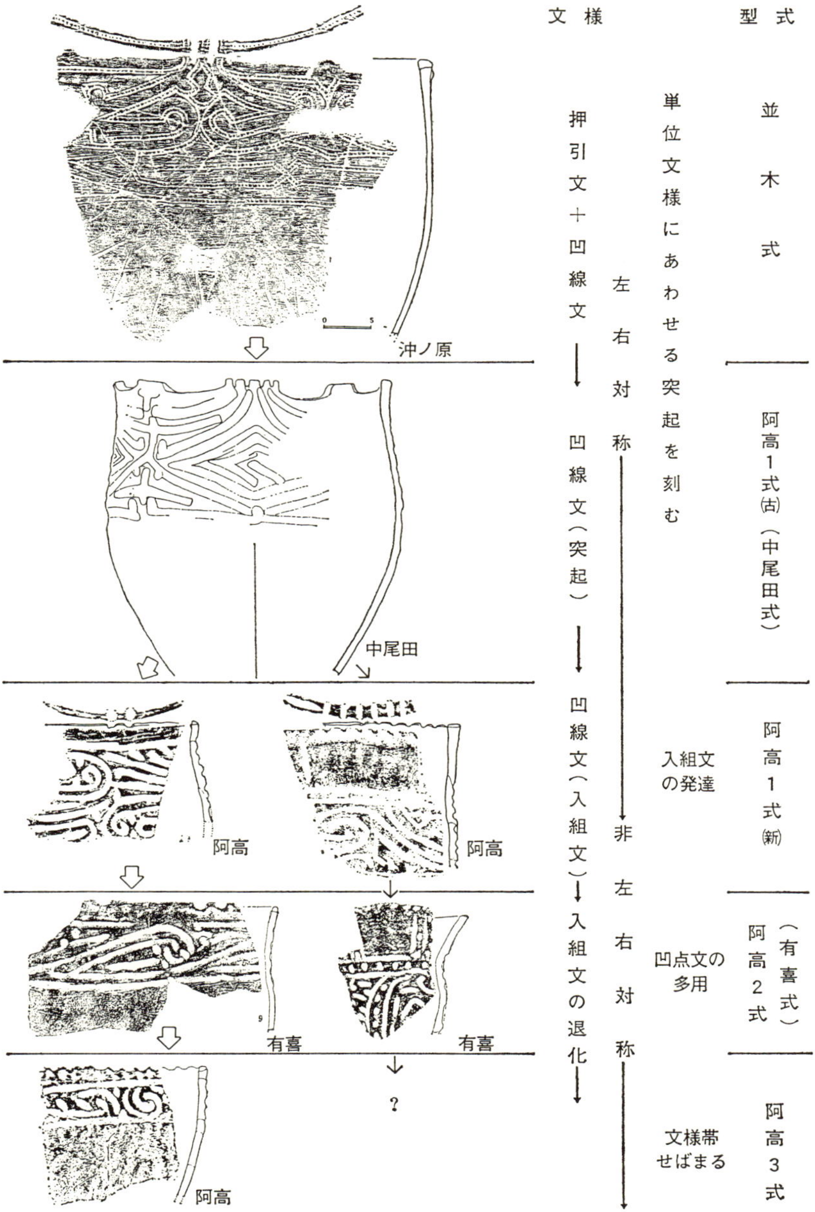

第2節　文様帯と土器編年　111

文様	型式

（沖ノ原）

押引文＋凹線文　↓　凹線文（突起）　↓　凹線文（入組文）　↓　入組文の退化　↓

単位文様にあわせる突起を刻む　／　左右対称　／　入組文の発達　／　非左右対称　／　凹点文の多用　／　文様帯せばまる

並木式

阿高1式(古)（中尾田式）

（中尾田）

阿高1式(新)

阿高　阿高

（有喜式）阿高2式

有喜　有喜

?

阿高

阿高3式

第24図　中期並木式・阿高式編年表

1式新段階と考えた資料に近い。頸部が屈曲する器形も阿高1式新段階の口縁部直下に無文部をもつものが変化したと説明できる。よって有喜貝塚資料は阿高1式新段階に後続するものと考えた。

　鉢形土器は、口縁端部に鋸歯状の沈線文が施され、縦位に展開する。浅鉢形土器は胴部全体に凹線文が施されている。いずれも深鉢形土器の文様構成とは異なっている。

　こうした器種・器形の多様化は、土器型式の段階や文化を考える上で重要な特徴である。

d. 阿高3式―阿高式の終末（第24図）

　阿高2式の段階で器種が多様化したが、依然として深鉢形土器が主体であり、その深鉢形土器は並木式以来の胴部上半部全体を文様帯としている。ただ、阿高1式に比べれば2式は文様帯の幅が狭くなる傾向にあり、さらに幅が狭くなって口縁部に文様帯が確立した段階を阿高3式とする。この口縁部文様帯は後期の阿高式系土器に受け継がれていく。

　文様帯が口縁部に狭く限定されたためか、文様の簡略化は著しい（文様が簡略化されたために文様帯の幅が狭くなったとも言えるかもしれない）。入組文は縦位や斜位に展開することができないので、文様帯の幅に合わせて横位に展開される。また入組文が簡略化したような渦巻文が見られる。凹線文の突起が独立したような凹点文が多用される。口縁端部には文様の意匠に合わせたような突起がなくなり、刻みも全周するものが見られるようになる。器種構成は良好な一括資料に恵まれていないため不明な点が多いが、阿高2式同様に胴部が張る鉢形土器と器高が低い浅鉢形土器が存在するようである。これらの器種は阿高2式とは異なり、深鉢形土器と同じような口縁部文様帯を有する。

e. 後期初頭の阿高式系土器をめぐる問題

　本論では、阿高式を中期、南福寺式以降の阿高式系土器を後期としているが、これは、あくまで九州の中での問題ではなく、日本列島の縄文土器の時期的大別という問題である。具体的には、東日本では称名寺式、西日本では中津式の成立をもって後期とするので、中津式に時期的に並行する土器型式から後期と

なる。

　今のところ阿高式が時間的に中津式以前であるから中期であり、南福寺式が中津式に並行することから南福寺式から後期であるということであって、阿高式が中津式に時間的に並行することがわかれば、阿高式は後期の土器型式ということになる。

　これは一義的にはあくまで層位学的な共伴関係を調べる必要がある。そののちに型式学的な装飾形態を比較すべきである。かつて南福寺式には関東地方の加曽利E式に見られるような脚や把手が見られることから、南福寺式を中期後半に位置づける考え方もあった（酒詰ほか編 1951）。これは、当時関東地方と九州地方の縄文土器型式の編年を層位学的な共伴関係をもとにして対比することが困難であったからではあるが、層位的な共伴関係に基づかない土器の形態装飾の比較には限界がある。

　すでに前川威洋が瀬戸内地方との比較によって、南福寺式から後期であることを示したことは紹介したが、田中良之は、南福寺式が熊本平野中心に分布する土器型式であり、西北九州には独自の地域色を有する土器型式、佐賀県坂の下遺跡を標式とする坂の下式が分布するとした（田中 1979）。そして、佐賀県坂の下遺跡などで坂の下式と中津式が層位学的に共伴することや逆に九州の中津式（福岡県天神山貝塚）に坂の下式の特徴をもった折衷土器があることも両者の並行関係を示す傍証としている。

　田中は凹点文が中期の阿高式と坂の下式とでは手法が異なるということを示し、天神山貝塚の（折衷土器であるという）中津式にみられる凹点文は坂の下式の影響であるとすることから、坂の下式と中津式との並行関係の傍証になるということについて、筆者は阿高式と坂の下式の凹点文の手法の差は田中がいうように明確ではないことから、疑問を投げかけた（川崎 1990）。

　このことについては、今も基本的に考え方は変わっていないが、中津式自体に本来凹点文は見られないという特徴があり、厳密な時間的共伴関係を示すものではないが、凹点文の多用という現象は阿高式より坂の下式やこれから述べる南福寺式に見られる現象であり、天神山貝塚の中津式に凹点文が施されていることは、坂の下式や南福寺式との関係を考える上で貴重な型式学的特徴であることには違いないと考える。

さらに、田中は坂の下式の有文土器を胴部有文のものと胴部無文のものに分け、前者を坂の下1式、後者を坂の下2式とした。筆者が坂の下遺跡資料を再検討してみたところ、坂の下1式とされたものは胴部有文の鉢形土器のみで、2式は、胴部無文の有文深鉢形土器のみであった。田中のいうようにこれが時間差である可能性も全く排除できないわけではないが、今のところ両者が別々な型式であることを示す層位的事例はなく、先行する阿高式が深鉢形土器と鉢形土器がセットになっていたことも併せて、前者が鉢形土器だけで構成され、後者はそれに対応する鉢形土器がなく、深鉢形土器だけで構成されるというのは、考えにくい。よって、筆者は独立した異時期の土器型式とすべきではなく、胴部有文鉢形土器と胴部無文の有文深鉢形土器はセット関係にある一つの型式の器種であると考えた（川崎 1990）。

また、田中によれば、磨消縄文系土器（中津式）土器が九州に伝播してきたことによって、在来の斉一性の高い阿高式の分布範囲が、後期初頭になって東九州の東和田式、西北九州の坂の下式、中九州の南福寺式、南九州の岩崎下層式に分かれるという。広域に広がる土器型式から地域的に限定される土器型式への変化をなんらかの文化的事象の反映とする田中のモデルは興味深いが、なによりそうした文化的事象を論じるためにもその基礎となる土器型式の内容や時間的・空間的な関係が正しいかを見ていく。

f. 南福寺1式、坂の下式―後期阿高式系土器の様相（第25図）

坂の下式は佐賀県坂の下遺跡出土資料を標式として田中良之によって設定された（田中 1979）。南福寺式は熊本県南福寺貝塚出土資料を標式として寺師見国によって設定された（寺師 1933）。ただし、寺師のいう南福寺式は同貝塚上層資料に基づくもので、寺師は下層資料を「阿高式出水式」と呼称している。小林久雄は南福寺貝塚下層資料を「南福寺式」と呼び（小林 1939）、以後こちらの方が定着している（河口 1985）。

阿高3式に見られる口縁部文様帯は南福寺式や坂の下式に継承されている。文様は阿高3式に比べてさらに簡略化される。阿高3式に見られた入組文はなくなる。熊本県南福寺貝塚下層出土資料を標式とした中九州の南福寺式はアルファベットのNもしくはWを横にしたよう「S字状文」や「逆S字状文」が

単位文様として口縁部文様帯に施される。西北九州では、佐賀県坂の下遺跡や長崎県伊木力遺跡などに見られるように、文様は簡略化されているが、「S字状文」や「逆S字状文」は見られない。これを地域色ととらえて坂の下遺跡資料を標式とした坂の下式が設定されている。坂の下式には有文鉢形土器や無文浅鉢形土器が多く見られるのも特徴である（長崎県殿崎遺跡・伊木力遺跡・有喜貝塚）。

　南福寺貝塚下層資料は口縁部が肥厚、屈曲し、内面に稜を有する。坂の下式は肥厚しない。中九州と西北九州の地域差ではないかとも考えられるが、同じ熊本県の若園貝塚では南福寺貝塚下層同様の「S字状文」「逆S字状文」は見られるものの坂の下式同様に口縁部は肥厚していない。また坂の下式に多く見られる凹点文だけで口縁部文様帯が充填された土器が見られる。つまり、南福寺貝塚下層資料の特徴である口縁部の肥厚は、地域差ではなく時間差と考えてよいだろう。

　坂の下式に並行する若園貝塚出土資料の南福寺式を古い段階（南福寺1式）、南福寺貝塚下層出土資料を南福寺式の新しい段階（南福寺2式）とする。

　若園貝塚など南福寺1式と中津式が共伴した層位的な事例は知られていないが、坂の下式は坂の下遺跡、野多目拈渡（のためうちわたし）遺跡で坂の下式と中津式が共伴するほか、天神山貝塚の中津式に坂の下式や南福寺1式に多用される凹点文が施されていることから、坂の下式・南福寺1式から後期としてよいだろう。

　西北九州と中九州とは、文様レベルで地域差があること（S字状文の有無）は明らかであるが、坂の下式特有の単位文様は抽出できていない。

　筆者は無文浅鉢が東九州でやはり中津式に並行すると考えられる西和田式にも多く見られ、中津式にも無文浅鉢が一定量存在することから（泉・松井 1989）これらは中津式の影響であり、時期的な共伴関係を示唆するものかとも考えた（川崎 1992、第Ⅱ章第3節1参照）が、無文浅鉢は福田K2式にも見られ、さらに口縁端部に連続刻み目を施すなど中津式や福田K2式には見られない特徴を有する（口縁部に連続した刻み目を施すのは坂の下式や南福寺1式の凹点文を多用する深鉢形土器などに見られる）。この点なども時期的あるいは地域的な特徴であるのか、土器型式の中の系統性の問題なのかを検討する必要がある。

g. 南福寺2式（第25図）

すでに述べたように単位文様であるS字あるいは逆S字状文が特徴的であることから、口縁部文様帯にこれらの文様があるものは南福寺式とされてきたが、南福寺貝塚下層土器の口縁部文様帯は肥厚するのに対し、同じ有明海沿岸の若園貝塚など口縁部文様帯がやや幅広でほとんど肥厚しない一群がある。よって、これらを時期差と考え、南福寺貝塚下層資料は、南福寺式とくにその新しい段階（南福寺2式）の標式とする。

南福寺2式の深鉢形土器は口縁部文様帯が狭まり肥厚が著しい。この口縁部文様帯の肥厚に伴い、口縁部が屈曲し、内面に稜を有する。口縁部文様帯を凹点文だけで装飾する土器も存在する。

深鉢形土器以外の器種としては、有文の鉢形土器、浅鉢形土器が存在する。有文鉢形土器や浅鉢形土器の多くには三角形箆削文と呼ばれる幾何学的な文様が施され、把手がついたり、朱が塗られたりする。

把手はこうした有文鉢形土器や浅鉢形土器だけでなく、深鉢形土器にもみられる。この時期深鉢形土器には脚をもつものが出現する。把手や脚は、酒詰らが指摘したように、東日本では中期にすでに一般的に見られる装飾形態である。さらに南福寺式（それも新しい段階）だけでなく、出水式、市来式にも把手や脚が見られ、後期阿高式系土器の特徴の一つにもなっている。朱塗、把手、脚が東日本の縄文文化と関係があるのか、またそれがいかなる意味を有するのかについては、別項で論ずる。

なお、時期的な位置づけであるが、南福寺貝塚下層からは、中津式も出土していることから、前川が指摘するように南福寺2式までは、中津式の範疇に収まると考えられる。

h. 出水式―磨消縄文土器の影響が見られる阿高式系土器（第25図）

出水式は鹿児島県出水貝塚出土土器を標式とする。出水貝塚は出水町尾崎貝塚として山崎五十麿や京都大学によって発掘調査された資料が濱田青陵や島田貞彦によって報告されている（山崎 1920・1921、濱田・島田 1921）。遺跡名は本来、字などの小地名の方が、より場所を特定できて好ましいのであるが、研究史的に尾崎貝塚ではなく、当時の町名であった出水が型式名として定着してい

第2節　文様帯と土器編年　117

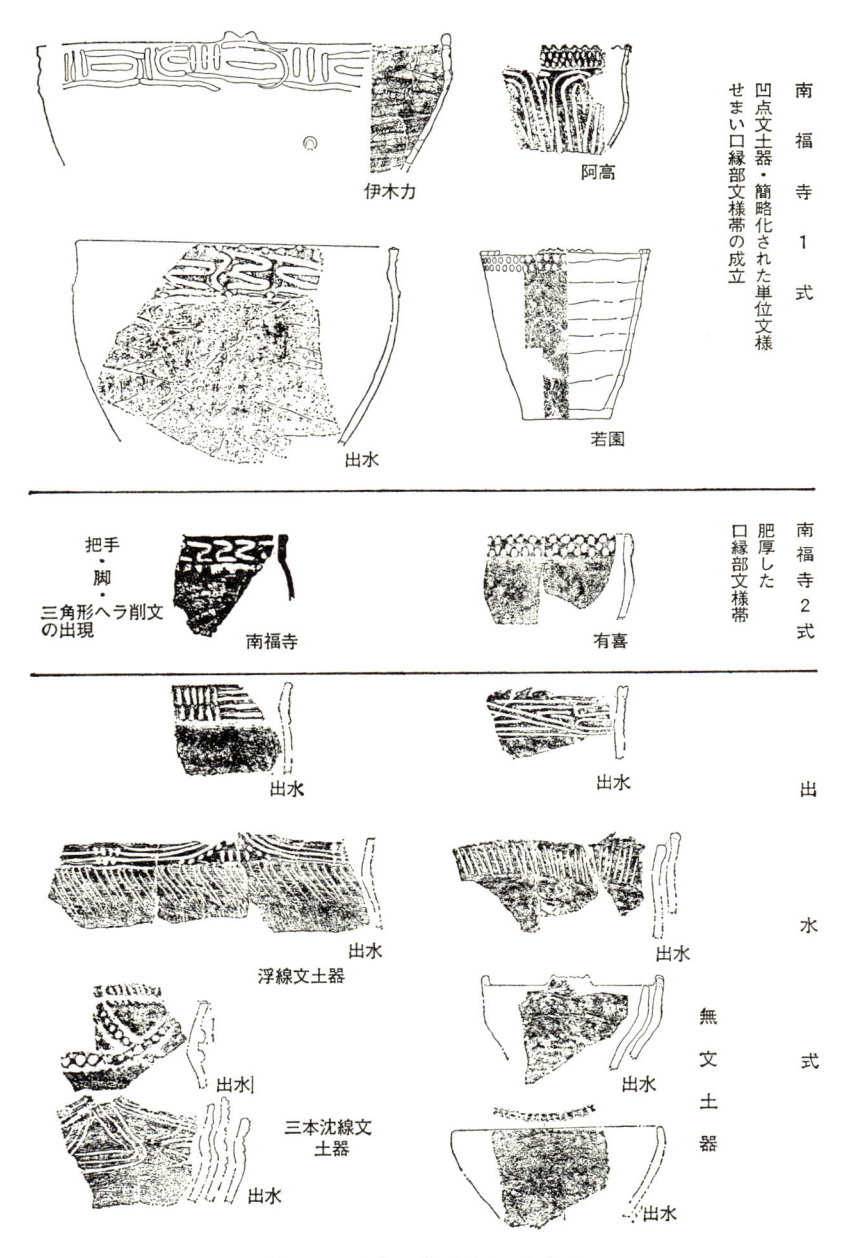

南福寺1式　凹点文土器・簡略化された単位文様　せまい口縁部文様帯の成立

伊木力　阿高
出水　若園

南福寺2式　把手・脚・三角形ヘラ削文の出現　肥厚した口縁部文様帯

南福寺　有喜

出水式

出水　出水
出水　浮線文土器　出水　無文土器
出水　三本沈線文土器　出水
出水

第25図　後期阿高式系土器編年表

るので、本項でもそれに従いたい（賀川 1965、河口 1985）。出水式も寺師見国（1933）と小林久雄（1939）の間で異なった理解がなされてきたが、1945年の河口貞徳と山内清男による出水貝塚の発掘で、出土地点による土器の差に基づき、河口は寺師のいう「細沈線文土器」を出水式と設定し、後期初頭に位置づけた。さらに乙益重隆や前川威洋によって、阿高式、南福寺式に後続する土器型式であると設定された（乙益 1965、乙益・前川 1969）。

　筆者は京都大学所蔵資料を再整理し、その結果を報告した（川崎 1990）が、ここでもまとめなおす。

　出水貝塚出土資料は、量的にはやはり深鉢形土器が多いのであるが、一部鉢形土器など器高が低いものも存在する。深鉢形土器は有文土器と無文土器に大別される。無文土器自体は阿高式や南福寺式にも多少存在するようであり、とくに坂の下式では口縁端部に刻目をもつ無文浅鉢形土器が特徴的である。しかし、出水式は無文深鉢形土器が目立つ。

　有文深鉢形土器は、凹点文を単位文様とするものや縦走あるいは斜行沈線を口縁部文様帯に施すもの（第25図出水式の欄上二段）と阿高式や南福寺式に起源を求めにくい三本沈線文や浮線文土器（図25出水式の欄下二段左側）がある。前者の沈線文あるいは凹点文は南福寺式あるいは阿高式の文様に淵源を求められそうであるが、後者の三本沈線文や浮線文土器は南福寺式や阿高式の文様に淵源を求めにくい。

　西脇対名夫（1990）はこの浮線文土器が福田Ｋ２式に関連があると指摘する。たしかに福田Ｋ２式にもこのように粗雑ではないが刻目を有する浮線文がある。三本沈線も福田Ｋ２式の特徴的な文様である。刻目浮線文と三本沈線文は口縁端部から胴部上半にかけて施されていて、これも阿高３式以降口縁部文様帯に文様が限定されている阿高式系土器の特徴とは異なる要素である。磨消縄文の影響を受けたにしては縄文を欠く点や沈線の入組文が見られないなど、従来福田Ｋ２式というと思い浮かべられる要素がこれらの土器に見られないという指摘があるかもしれないが、福田Ｋ２式は縄文が少ない土器が一定量存在する（西脇 1990）。また九州で見られる福田Ｋ２式は黒橋貝塚や天神山貝塚例をみると、入組文は発達せず、さらにはまったく見られないものもある。こうしたことを総合的に考えると、刻目浮線文と三本沈線文は南福寺式の系統

第2節 文様帯と土器編年 119

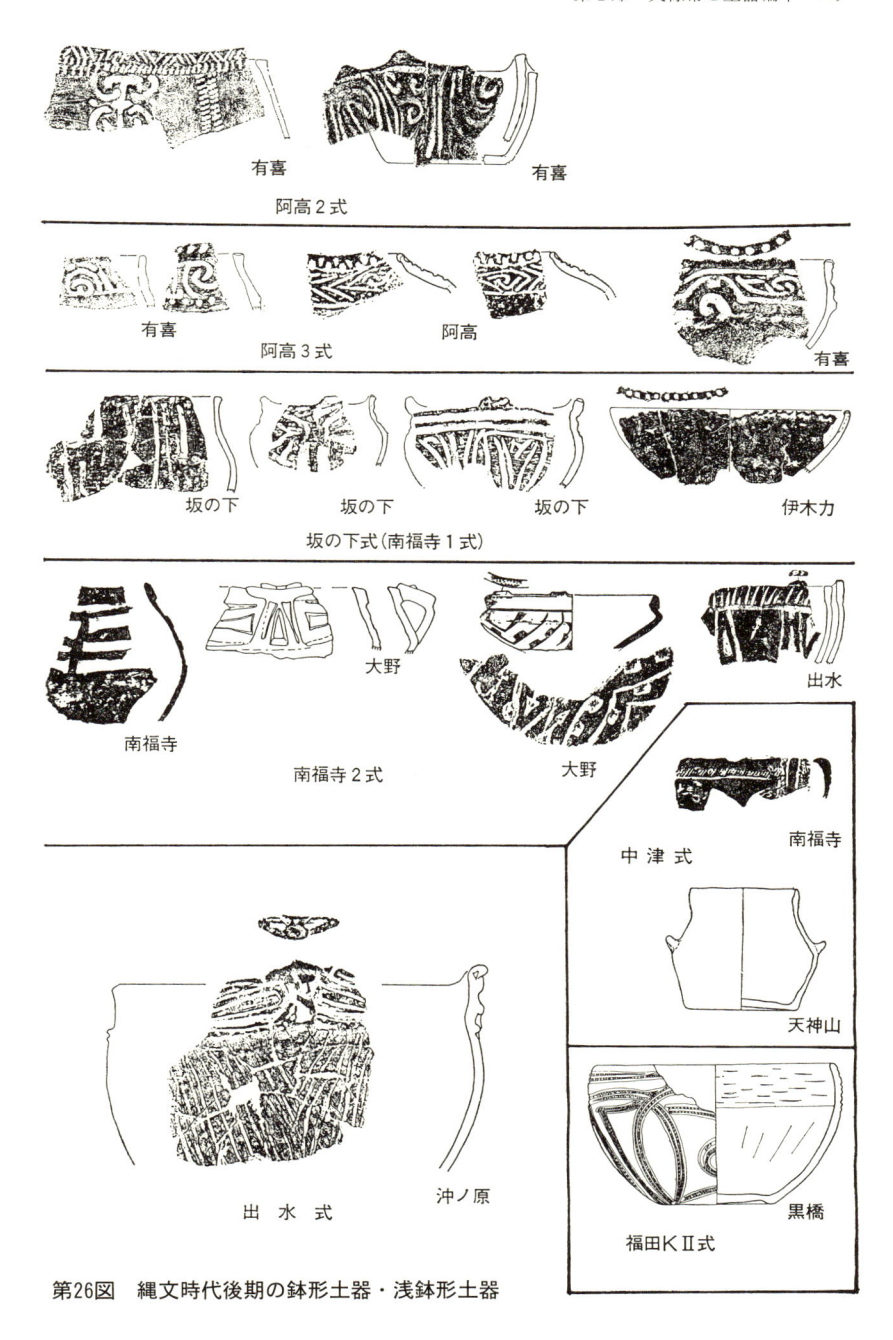

有喜　有喜
阿高2式

有喜　阿高3式　阿高　有喜

坂の下　坂の下　坂の下　伊木力
坂の下式（南福寺1式）

南福寺　大野　大野　出水
南福寺2式

中津式　南福寺
天神山
福田KⅡ式　黒橋

出水式　沖ノ原

第26図　縄文時代後期の鉢形土器・浅鉢形土器

をひいているとは考えにくく、福田Ｋ２式の形態装飾の影響を受けたと考える。さらに、出水式に無文土器が一定量存在するが、この無文土器の口縁に比較的細かい連続刻みが見られるが、これも福田Ｋ２式の無文土器に類似する（泉・松井 1989）。

　これまでにも出水式に、福田Ｋ２式が伴う例があることは知られていた（福岡県荒田比貝塚、熊本県黒橋貝塚）。浮線文土器や三本沈線文土器さらには無文土器まで、仮に福田Ｋ２式の影響であるとすると、南福寺式や坂ノ下式とは異なり、磨消縄文土器（この場合福田Ｋ２式）は単に土器装飾の要素にとどまらず、器種組成にまで影響を及ぼしていると言えよう。

　しかし、相対的なものであるが、有文深鉢形土器は量的にも多く、その装飾や形態は阿高式や南福寺式に淵源を求められるのに対し、無文土器、有文の浮線文土器、三本沈線文土器は量的に少なく、これらを出水式の中心的な器種とはみなしにくい。さらに、福田Ｋ２式の有文土器は器面調整が非常にていねいに磨かれているのに、これらの器種は器面調整が粗雑であり、土器型式の設定はどうしても土器の装飾形態が特徴的な有文精製土器を中心に規定されていくので、田中や松永が指摘するような精製土器がより文化的に上位の位置を占め、粗製土器が文化的に下位の位置を占めるといったモデルが正しいかどうかは別にして、出水式の土器型式としての中心的伝統はやはり阿高式以来のものと説明するのが穏当である。また福田Ｋ２式には本来的に有文深鉢形土器が少ない。それにしても、九州で出土する福田Ｋ２式には有文深鉢形土器はほとんど見当たらず、有文鉢形土器だけに限定されることも、福田Ｋ２式の影響、九州側に立ってみれば福田Ｋ２式の受容にはまだ限界があったといえよう。なお、底部にクジラの椎骨の圧痕がある土器が出水式にもあるようなので、これも傍証となりえよう。

i．御手洗Ａ式・Ｃ式―阿高式系土器の終焉

　御手洗Ａ式とＣ式は熊本県御手洗貝塚出土資料によって小林久雄が設定した土器型式である（小林 1935・1939）。当初から磨消縄文土器（今で言う鐘崎式）と共伴すると想定されていたが、鐘崎式が九州一円に比較的広く分布するのに対し、御手洗Ａ式やＣ式は有明海沿岸に限定され、また装飾形態が鐘崎式を

含めて、お互いにそれぞれ土器型式内の異器形であるのか、あるいは別土器型式として並行あるいは先後関係にあるのかは、論が分かれるところであった（西脇 1990）。

出水式に後出する土器型式として御手洗Ａ式が阿高式系土器として存在するとされてきた（乙益・前川 1969、田中 1979）。乙益や前川によると御手洗Ａ式の刺突列は南福寺式以来の刻目浮線から発達したものであり、縄文を欠くところから、これを阿高式系土器とした。ところが刻目浮線は実際の南福寺式にはほとんど見られない。出水式に刻目浮線は見られるが、出水式の刻目浮線土器は阿高式や南福寺式の影響ではない（筆者は福田Ｋ２式の影響と考える。さらに西脇（1990）は御手洗Ａ式の刻目は出水式の刻目浮線文とは本末の関係にはないとする）。

御手洗Ｃ式に至っては、縄文施文を欠き、口縁部文様帯を肥厚するという特徴だけが阿高式系土器と共通するが、すでに述べたようにこうした特徴は、磨消縄文系土器の中にも見出すことは可能で、これをもって阿高式の系統とは認めにくい（同様なことは市来式にも言える）。

縄文を欠くということであくまで阿高式系土器の中でとらえようとすれば、これらが最後の阿高式系土器ということになる。しかし、これらの土器だけで構成されることがなく、鐘崎式あるいはそれに先行するような磨消縄文土器に伴うので、独立した土器型式とみなすよりは、磨消縄文土器の中における一器種として理解すべきかもしれない。

(5) まとめ

有文深鉢形土器の系譜を縦軸に、さらに各時期の器種構成を横軸に阿高式系土器の土器型式とその編年を考えてみた。当該土器群の研究については田中良之らの非常に興味深いモデルが提示されている。従来の縄文土器研究には見られない視点が多く傾聴すべき部分が多いのであるが、基礎的な事実認識で筆者とは異なる点も少なくない。そこで、土器型式を設定した基礎的な資料にまず戻って型式学的に検討し、なるべく遺跡や層位的に一括性の高い資料によって検証するという方法をとってみた。よって比較的地に足がついた土器型式研究の方向性が多少なりとも示せたかとも思う。

すでに、筆者の土器型式研究における方向性は本論の中で述べたところであるが、以下簡単にまとめておく。

「折衷土器」という概念（系統の異なる土器型式の要素を合成した土器とでも言えるのだろうか）を必ずしも否定するものではないが、縄文土器の土器型式というものは隣接地域とたえず交流をもちながら発展しており、さらに多くの属性が錯綜するなかで、むしろ比較的起こりうる現象であるように思う。むしろ便宜的にこれは考えた方がよいのではないか。

あくまで土器型式研究と

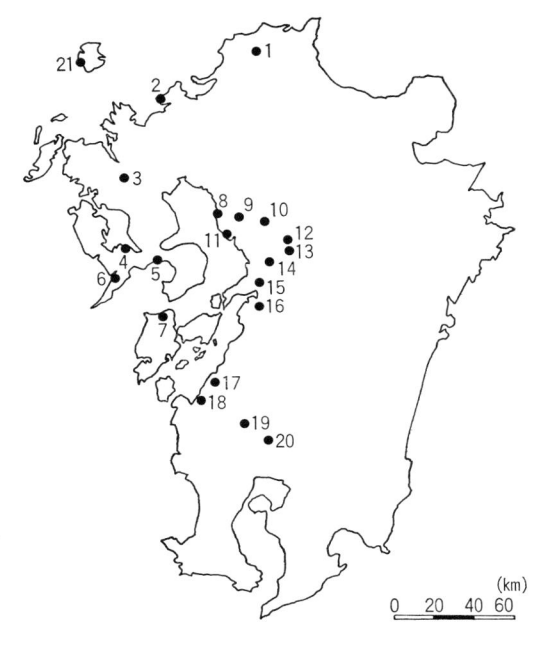

第27図　主要遺跡分布図

1 新延貝塚	2 天神山貝塚	3 坂の下	4 伊木力
5 有喜貝塚	6 深堀	7 沖ノ原	8 荒田比貝塚
9 若園	10 御手洗貝塚	11 古閑原貝塚	12 黒橋貝塚
13 阿高貝塚	14 曽畑貝塚	15 轟貝塚	16 大野貝塚
17 南福寺貝塚	18 出水貝塚	19 並木	20 中尾田
21 名切			

いうのは、土器自体はきわめて具体的な物質資料なのであるが、土器型式の示す内容は多分に観念的なものである、ということである。きわめて多くの属性を抽出し、その組み合わせから土器型式という概念を定義していくのであるが、実際は非常に多様な現象を反映している。そのため多分に経験的ではあるが、土器型式研究の基軸となるべき方法が研究史の中で、いろいろと編み出されてきた。筆者はその中でも、縄文土器型式については、文様帯に基づく文様や装飾形態などの変遷と器種や器形の組み合わせによる様式論的な視点が重要であることを示した。

とくに個別の土器型式だけでなく、土器型式群を地域的な伝統などを勘案してグループとしてみる視点の中で、個別細分化された属性どうしを比較する際

には、他人の空似（偶然の類似）を有意の類似とみなす危険を防ぐためにも、両者の研究は必要不可欠であると考える。

　本論はそのささやかな第一歩である。まだ研究上深めなければならない問題は多く残されている。たとえば坂の下式（南福寺1式）の無文浅鉢形土器や有文鉢形土器、南福寺2式の有文鉢形土器や有文浅鉢形土器は、その土器型式の器種としては安定的に存在するので、土器型式の設定や区分には非常によい目印となる。しかし、量的に多い有文深鉢形土器と文様構成や形態が異なる点、たとえば南福寺2式の有文鉢形土器や浅鉢形土器は、把手が付き、三角形箆削文と呼ばれる幾何学的な文様を全面に施し、赤彩する。これらは阿高式には見られない要素であり、系統性を考える上で注意を要するであろう。

　これもきわめて経験的な知識となるが、九州では磨消縄文という異系統の土器を受容する際に、精製土器から受け入れたようであるが、深鉢形土器より浅鉢形土器の方が顕著である。特徴的な有文精製浅鉢形土器が異なる土器型式の中で交換されるようなモデルについて、小杉康がその現象の意味を縄文時代前期諸磯式と北白川下層式を例に論じている（小杉 1984・1985）。九州で阿高式系土器と磨消縄文土器においてはどうであったのかについては、別に論じたいが、異系統の土器との関係を考える上で、こうした問題は先ほど述べた単なる文様や装飾形態の模倣や採用といった問題とは別に考えるべきだろう。

　また、出水式の項目で見たように、有文深鉢土器だけでなく、無文粗製土器を受容したとすると、これにはいったいどのような背景があるのだろうか。

　田中良之の「土器様式の構造とレベル」（田中 1982）の具体的な成果については、土器型式研究としては受け入れがたい部分もあるが、その視点については傾聴に値する。

　ただ、阿高式やその系統の土器というのはあくまでこれ自体も便宜的あるいは相対的なものである。たとえば凹線文も中期に関しては維持されているが、後期にはまったく見られない。凹点文も中期末から後期初頭にとくに盛行したが、それ以外は顕著ではない。縄文の有無も絶対的な指標でないことはすでに述べてきたごとくである。器形や文様帯も比較的安定した要素ではあるが、阿高式だけの特徴でない（平底であるとか、口縁部に文様帯をもつなど）。

　だから、多少迂遠ではあるが、有文深鉢形土器の系譜を追い、それに伴う器

種や器形の様相を明らかにして、相互に比較するという方法が逆に地域文化の特性や他の地域文化との関係を解明する確実な道であると筆者は考える。

第3節　組成と構造

1．精製土器と粗製土器
　　―南福寺式有文赤彩精製土器を中心として―

(1)　はじめに

　すでに述べてきたように、縄文土器型式研究は、文様のある土器（有文土器）それも深鉢形土器を中心に研究されてきた。それは（量的に多い、文様帯や器形において細かく変遷を追いやすいなど）編年研究において基軸にせざるをえないことによる。

　しかし、一方で縄文土器型式においても少なからず深鉢形土器以外の器種・器形が存在する。器種は用途の違いが想定される分類であり、器形は用途の差は想定されないが、形態が異なる分類である。これはあくまで研究者の便宜的な分類で用途の違いなどが具体的に立証されているわけではなく、実際に土器型式の中の土器群について、器種の差あるいは器形の差を機能用途によって峻別できるわけではない。しかし、一般に器種といえば大きな差であり、器形となれば器種の中の分類と考えてよいだろう。

　そして、この深鉢形土器以外にもいくつかの器種（浅鉢形土器、鉢形土器、釣手土器、注口土器など）があり、その中はさらに器形に分かれることがある。よって諸器種・器形と合わせて土器型式として研究することが重要である。ただ、実際にはすでに述べたように有文深鉢形土器が土器型式研究の中心となっているために、深鉢形土器以外の器種・器形は土器型式研究上、脇役的な存在となっているが、それはあくまで縄文土器型式研究の中で、現代の研究者のいわば都合であって、当時の縄文人の価値観を反映したものではない。とはいうものの、筆者も直接縄文人の価値観、とくに土器型式の中においてそれがどのように反映されているかを直接的に知るすべがあるわけではない。

　しかし、ここで注目されるのは縄文時代後期になると有文土器と無文土器あ

るいは精製土器と粗製土器に分かれる（どうもその萌芽は縄文時代前期にすでにあるようだが、はっきりするのは後期である）。有文と無文とは文様の有無であり、一方精製と粗製は一土器型式の中での相対的な分別という異なる基準による概念であるから、有文土器がすなわち精製土器で、逆に無文土器すなわち粗製土器というわけではない。有文、無文土器それぞれの中に精製と粗製の作り分けがなされている場合もある。

　ただ、筆者が興味深いのは、既述したように、縄文土器の精製土器や粗製土器の区別が明確化するのが縄文時代後期であり、その時期に器種や器形の分化も進行し、それ以前の有文深鉢形土器だけを主に語っていればよいという縄文土器型式の様相とは明らかに異なることがある。

　とくに九州の阿高式系土器と磨消縄文系土器を題材とした田中良之らの一連の研究によれば、土器型式内の構造を有文土器と無文土器、精製土器と粗製土器との対比によって、前者は当時の精神性を、後者はその生活性を反映しているものとしている。その視点は、今までの縄文土器型式研究にはなかった部分がある。筆者は編年や土器型式の解釈といった事実関係については、必ずしも賛成できない部分もあるが、はたしてこうした視点の研究が縄文土器型式研究に資するところがあるのかを検討すべきであると考える。

　縄文時代中期後半から後期にかけての西九州は、在地的な特徴が色濃い阿高式やその系統の土器型式群が徐々に瀬戸内やそれ以東の土器型式群である磨消縄文系土器の影響を受け、変容していった時期であるととらえられている。これはなにも九州だけの現象ではなく、その背景には、単なる土器の装飾形態の影響ではなく、さまざまな文化要素の複合体（つまり文化あるいは人間集団）の伝播があると想定されてもいて、縄文土器型式と文化の関係を考える上でも非常に興味深い時期である。

　まず、精製土器と粗製土器において、田中らの指摘するように受容や伝播に差があるのか、あるとすればそれが何を意味しているのかを考えてみたい。本論では、阿高式系土器のなかでも縄文時代後期初頭に位置づけられる地域的な土器型式である南福寺式の有文精製鉢形土器を題材にこの問題を考えてみたい。

(2) 南福寺式有文赤彩精製土器の研究史

　南福寺式には有文精製鉢形土器が発達するが、後述するように深鉢形土器とはかなり異なる器形もさることながら、赤彩した篦削文で装飾されることでも古くから知られていた。

　日本に近代的な考古学を紹介し、大森貝塚の発掘調査で有名なエドワード・S・モースがすでに南福寺式の有文精製鉢形土器の例を紹介している。モースは1879年に九州を旅行した際に熊本県大野貝塚を発掘し、土器を得ているが、その中の一つの浅い鉢には「矢の文様」がついていたという（モース　1971）。この土器がのちに八幡一郎によって紹介されていて、これが南福寺式鉢形土器であることがわかる（八幡　1931）（第28図5）。

　その後、1936年から1938年にかけて熊本県南福寺貝塚が発掘調査され、発掘を担当した寺師見国は、その貝塚下層から出土した土器の中に、研磨されている土器に篦削文があることを紹介している（寺師　1933）。

　ただし、寺師は当時いわゆる南福寺貝塚下層から出土した逆Ｓ字状文をもつ有文深鉢形土器とは別型式と考えていたようで、磨消縄文土器（寺師は鐘崎式とするが、現在の土器型式名でいえば中津式）と同じ仲間である第三類と一括している。

　筆者も含め、現在の土器型式の分類では、逆Ｓ字状文などを単位文様とする有文深鉢形土器と篦削文を有する鉢形土器はセットになっていて、両者を合わせて南福寺式と呼んでいる。

　磨消縄文土器である中津式に現在こうした篦削文のある赤彩精製土器は知られておらず、筆者も南福寺式の一器種として扱っているが、寺師の分類、観察には傾聴すべき点もある。寺師によるとこれらの土器は「土質の緻密なる事、表面が研磨されて居る事、薄手で割合に堅い事などは前の鐘崎式に似て居るが器形が壺形である事、研磨した表面に朱を塗ってある事、縄文が無くて直線的な幅廣い陷凹を造って紋様としてある事などが前者と異なって居る。」とする（寺師　1933）。寺師は南福寺貝塚下層の在地の土器を「阿高式出水式」と仮称しており、これらの精製鉢形土器が阿高式やその系統ではないと判断し、磨消縄文系土器の一器種としたようだ。

128　第Ⅱ章　縄文土器型式をめぐる諸問題

　これに対し、小林久雄は「南福寺土器に於てもっとも注意すべきは斜行線等の文様の中間に、土器表面を薄き篦様の器具を以て削去し、三角形鼓形の如き文様面を構成してゐることで之は九州各地に於て未だ嘗て見ない所で南福寺土器に一特徴であると思われる。」と述べている（小林 1933）。
　ただ、小林は南福寺土器と呼称してはいるが、南福寺式土器とは呼んでいないので、あるいは厳密に土器型式の一器種しているわけではなく、南福寺貝塚から出土した土器群の特徴とでもいう意味合いがあったかもしれない。しかし、いずれにせよ、寺師の見解とは異なり在地の土器群の中でとらえようとしていたものと思われる。
　その後、南福寺貝塚発掘以降の調査で、寺師が指摘したような磨消縄文土器である鐘崎式に伴うものでないことは次第に明らかになっていった。
　こうしたこともあって小林のいう南福寺土器が南福寺式として広く理解されていった。乙益重隆は南福寺式の特徴として口縁部の肥厚、Ｓ字状あるいは逆Ｓ字状文、把手、脚台などをあげるとともに「文様間の空隙を篦様の器具をもって三角形にけずり」とることも特徴とし（乙益 1965）、さらに乙益と前川威洋は南福寺式を縄文時代後期初頭の土器型式と説明する中で、南福寺式は阿高式の「伝統を固執し」、「文様間の空隙にヘラ削文を併用する」ものとしている（乙益・前川 1969）。
　土器型式としての特徴としてそのとらえ方は間違っていないが、寺師の段階で気がつかれていた器形の違いやとくに精緻に作られている（現代風にいえば精製土器である）という観点はまったく欠落してしまっている。

(3)　従来の南福寺式の編年および系統性と篦削文の位置づけ

　「篦削文」（ヘラ削文、篦削紋などいくつかの表記があるが本論では引用以外は、篦削文で統一する）が南福寺式の一特徴であることはよいが、南福寺式自体の編年的位置づけは隣接地域である瀬戸内の土器型式との対比研究がすすまなかった。すでに述べたように後期初頭とする乙益・前川（乙益・前川 1969）や田中良之（1979）の見解もあるが、中期後半であると指摘する見解もあった（酒詰ほか 1951）。ただ中期後半とした見解も隣接地域との型式学的あるいは層位にもとづく土器編年の照合による見解ではなく、直接関東地方の土器型式との類

推的比較によるものであり、すでに別項で述べたように、南福寺式は後期に位置づけられている。

なお、田中良之は篦削文が阿高式（つまり後期以前）に遡る可能性を指摘する（田中 1982）が、具体例に欠ける。筆者が調べた範囲では、篦削文を有する鉢形土器はその中でも新しい段階（南福寺２式）の器種であることがわかってきている（川崎 1991）。時期的には非常に時間幅が狭い文様のようである。

また、南福寺式自体も阿高式に後続する土器型式であり、その伝統的手法を多く引き継いでいる（田中 1982）。しかし、磨消縄文系土器すなわち縄文施文、阿高式系土器すなわち縄文施文をしないという単純な割り切り方だけでは解決できない部分があり、阿高式系土器とされる出水式の中にも、縄文施文がなくても磨消縄文系土器（福田Ｋ２式）の影響を考えざるを得ない器種・器形がある（川崎 1991）。

文様と器形を結びつける研究は、寺師が最初に器形にも注目しているほか、西健一郎が「篦削紋の一特徴に三角形紋があるが、（略）器形は浅鉢と壺形とがあり、小型の土器が多い。」と文様と器形の関係を述べている（西 1970）。坪井清足（1977）や平岡勝昭（1991）は南福寺式に脚が出現したこと（高坏土器など）と脚に篦削文が見られることから、特定の器種にだけ見られる文様ではないか指摘する。

いずれにせよ、時期的あるいはセットとしての共伴関係はともかく系統性といった問題については、装飾形態、器形などのさまざまな面から十分に検討する必要がある。

(4) 器形と文様の実際

篦削文が施された赤彩土器は、文様として深鉢形土器に採用された逆Ｓ字状文や凹点文などの文様を施さないといった共通点がある。また器種・器形は以下のとおりに分類される。

ア）全面施文の壺形土器（Ⅰ類：第28図１・２）

三角形もしくは長方形の篦削文が全面に横位に展開している。南福寺式の有文深鉢形土器のように口縁部と胴部が分離せず、器形、施文部位とも特徴的である。

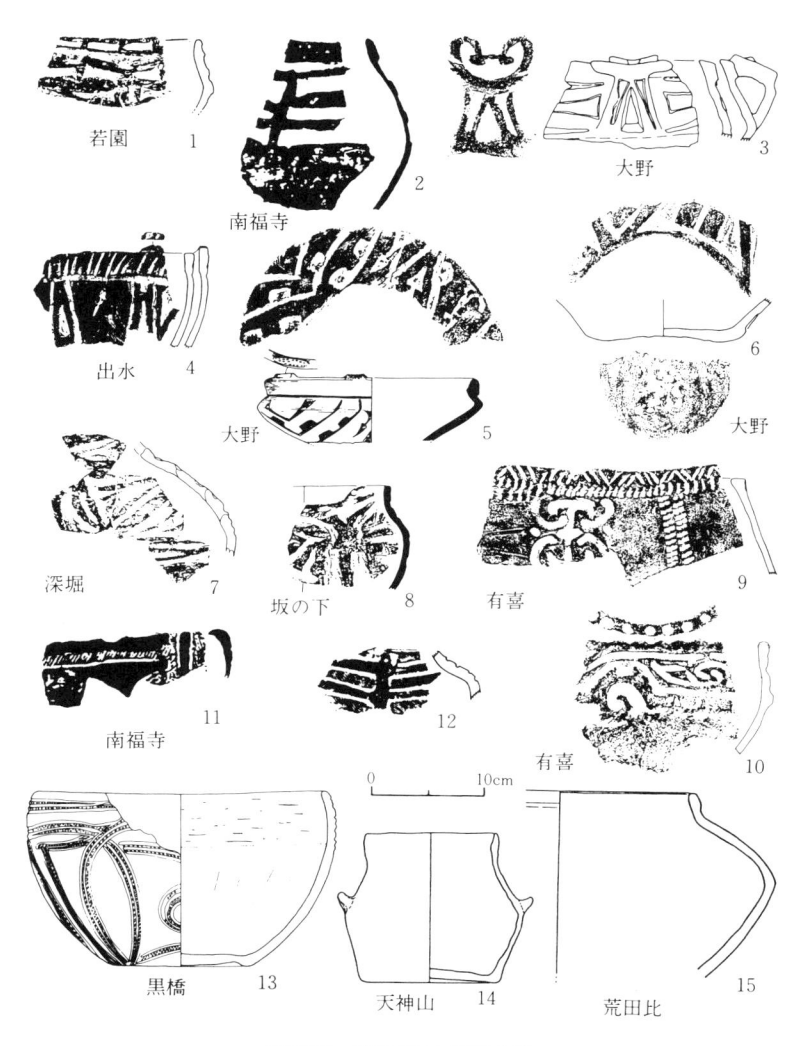

130　第Ⅱ章　縄文土器型式をめぐる諸問題

第28図　「箆削文」関連土器
　1～6　箆削文土器、7・8　坂の下式の壺、9・10　阿高式の壺・鉢、
　11～14　磨消縄文系土器の壺・鉢、15　荒田比貝塚出土朱塗り土器
　（土器は縮尺6分の1）

イ）口縁部施文の壺形土器（Ⅱ類：第28図3）

　器形は胴部が膨らむ壺形である点では、Ⅰ類と共通するが、このⅡ類は口縁部が屈曲し胴部とは明らかに区分され、口縁部にだけ施文される（口縁部文様帯）。文様は横位に展開し、三角形箆削文が配される。把手が口縁部に付き、これにも曲線的な箆削文が施されている。

　ウ）胴部施文の鉢形土器（Ⅲ類：第28図4）

　胴部に間隔をもって縦位に三角形などの箆削文を配する。口縁部は肥厚し、口縁部と胴部の区別は器形からも明らかで、有文深鉢形土器の器形が似ている。

　エ）胴部施文の浅鉢形土器（Ⅳ類：第28図5）

　胴部に斜位に長方形や半円形の箆削文を配する。これもまたⅢ類同様口縁部が肥厚して器形からも口縁部と胴部の区分は明瞭である。図で示した土器（第28図5）は口縁部に文様が施されていないが、ここに把手がつくので、Ⅲ類同様に口縁部文様帯をもつものと考えられる。

　このほか、脚が付く器種にも三角形箆削文があるので、これ以外の器種もあるものと思われる（平岡 1991）。

(5)　土器型式内での位置づけ

　前述したように、箆削文を有する土器（以下箆削文土器）は、小型の土器、具体的には壺形土器、鉢形土器、浅鉢形土器に限定される。南福寺式のもう一つの大きな特徴である逆Ｓ字状文は箆削文と併用されないことを西は指摘したが、今回集成してみても同様である。南福寺式有文深鉢形土器に多く見られる凹点文も併用されない。南福寺式の有文深鉢形土器の文様・器形は、阿高式の有文深鉢形土器からの変遷でおおよそ説明することできるが、箆削文を有する土器は、南福寺式の有文深鉢形土器とは共通点が少ない。

　南福寺式の有文深鉢形土器は肥厚した口縁部文様帯を有するのが大きな特徴であるが、Ⅲ類の鉢形土器、Ⅳ類の浅鉢形土器は口縁部を肥厚する点では一致しているが、口縁部の文様は南福寺式有文深鉢に特徴的な文様は用いられない。壺形土器はもともと器形がかなり異なるためもあろうが、Ⅱ類は口縁部文様帯をもつが、有文深鉢形土器のように肥厚はしない。Ⅰ類に至っては、口縁部文様帯はない。

南福寺式の有文深鉢形土器と箆削文を有する壺・鉢・浅鉢形土器は、共通点よりもむしろ相違点が目立つ。これを阿高式までさかのぼって祖型となるものを探してみても、胴部に施文すること自体は阿高式の深鉢形土器、浅鉢形土器に見られるが、器形や文様はまったく共通性がない。

　箆削文土器の一群が、南福寺式の特徴とされつつも、阿高式以来の伝統や系譜からは特異な位置を占めていることがわかる。

　では、箆削文土器を南福寺式土器の中でどのように位置づければよいであろうか。箆削文土器は器形を越えて、いずれもていねいに研磨され、作りも精緻である。器形が小型であることもあろうが、煮沸用に用いられた痕跡は見られない。またほとんどが赤彩されている。精製と粗製土器という区分をすれば、とうぜん精製土器に分類される。

　この精製と粗製という区分は、阿高式では明確ではない。後期になってから登場する。中期阿高式はほとんど有文深鉢形土器によって占められていたのに対し、後期南福寺式は器種・器形分化が著しい。深鉢形土器の系譜だけを追うと阿高式（とくに新しい段階の筆者の言う阿高3式）と南福寺式を比較するとそれほどヒアタスが大きいとは思えないが、土器型式の内容自体は大きく変化している。

　こうした現象が内在的な発展によるものなのか、外来的な伝播によるものなのかを考えなければならない。南福寺式の中での箆削文土器は、従来の阿高式以来の伝統的な有文深鉢形土器の機能用途を担っていると推測できよう。そして、それは単なる法量の問題ではなく、非煮沸の精製土器が担うべき、機能用途であったのだろう。

　意匠は異なるが、坂の下式の鉢形土器や壺形土器にも箆削文はある（第28図7：深堀遺跡、8：坂の下遺跡）。坂の下式は南福寺式の古い段階（南福寺1式）に並行しており、箆削文が南福寺式で盛行するのはその新しい段階（南福寺2式）と考えられるので、仮に両者に関係があるとすれば、西北九州の方が、箆削文の出現が少し早い。ただ、まだ類例が不足しているので詳細は不明であるが、坂の下式の中ではやはり深鉢形土器にはみられない文様で小型の精製土器に用いられるなど、南福寺式の中での位置づけと同様な状況と思われる。中津式の受容が西北九州の方が、中九州より少し早い。中津式と共伴する段階で箆

削文が出現している。

　さらに、箆削文土器の各器形（Ⅰ～Ⅳ類）を相互に比較してみると、Ⅲ・Ⅳ類は鉢形土器で、有文深鉢形土器とは文様レベルでは異なるが、一方で肥厚した口縁部に文様帯をもつといった点では、有文深鉢形土器と親縁性が高い器形と言えよう。さらにⅡ類も口縁部はあまり肥厚させないが、やはり文様帯をここにもち、有文深鉢形土器とは対比可能である。とすると残されたⅠ類の小型壺形土器は、文様帯やその構成といった点で、阿高式の伝統を強くひいた南福寺式の有文深鉢形土器と異なる。

　では、仮に外来的なものであるとするとその祖型として予想される中津式などの磨消縄文系土器はどうであろうか。中津式には箆削文土器はないが、同じく小型の精製壺形土器が存在する。中津式の小型壺形土器を集成した穂積裕昌によるとこれらの土器は全面に研磨されることが多く、赤彩され、胴部に対の縦位に穿孔する把手がつくという（穂積 1992）。

　九州にも後期初頭に系統がよくわかっていなかった研磨された小型壺形土器（第28図14：天神山貝塚）がある。天神山貝塚出土の無文小型精製壺形土器にもこうした縦位穿孔の把手が対についており、天神山貝塚の主体が中津式であることから、この両耳付き壺形土器は中津式に伴うものであることがわかってきた。

　ただ、南福寺式箆削文土器の把手とは形態的なヒアタスはかなり大きく、これだけをもってして南福寺式箆削文土器と中津式の小型壺形土器（両耳壺）とが直接関係があるということは難しい。すでに述べたように南福寺式の有文深鉢形土器と共通した形態の口縁部をもつ箆削文土器（Ⅲ・Ⅳ類）があり、さらに箆削文土器の底部には阿高式以来の伝統であるクジラの椎骨の圧痕をもつものもある（第28図6）。箆削文土器の中に南福寺式あるいは阿高式の影響がないわけではない。これは箆削文土器他系統土器説である筆者の説に不利な点である。

　しかし、全面を研磨した小型のこうした器種は、磨消縄文土器の影響が見られるまでは九州にはなかったものである。そして、九州の中津式あるいは福田K2式の壺形土器には把手が付かないものもあるし、小型精製土器には赤彩されるものも多い（第28図13：黒橋貝塚）。こうした把手があるものとないものの

二種類あること、赤彩されていることはやはり阿高式系土器の中に求めにくい点である。

(6) まとめ

今のところ単純な型式学的な比較だけでは、箆削文土器が中津式の壺形土器の影響を受けて成立したということは証明できない。しかし、土器型式の構造からみれば唐突に小型の壺や鉢形土器を中心とした箆削文土器が出現したように見える。これらは器種・器形の分化、精製土器と粗製土器の分化などの出現とほぼ時期を同じくしていて、相互に関係しているためではないかと考えると理解しやすい。

こうした現象を引き起こす背景にはすでに縷説してきたように、文化的な変化があったのではないかと筆者は考える。これには単なる形態の比較だけではなく、役割（機能用途を含めた）を比較する必要がある。

これはあくまで予察的な部分であるが、南福寺式（阿高式系土器）なのか中津式（磨消縄文系土器）なのか判別が難しいが、福岡県荒田比貝塚で、共伴遺物から後期初頭と考えられる人骨に伴って、小型で無文ではあるが全体によく研磨され、赤彩された壺形土器が出土している。

墓に土器を副葬する習俗も九州の縄文時代中期には知られていない。中津式にこうした赤彩された小型壺形土器が墓に副葬される類例があったかどうか、まだ人骨を伴う例を管見では知らないが、少なくとも土坑にこうした壺形土器が埋納されることはある（穂積 1992）。土坑に壺形土器を埋納する行為イコール墓とまでは単純に言えないが、縄文時代の一定規模の土坑の多くは墓の可能性があり、こうしたものに副葬品として小型精製土器を埋納する可能性は低くはないだろう。

磨消縄文系土器の伝播に伴ってこうした文化的な習俗も伝わってきているとすると、土器の伝播や土器型式の影響といったたぶんに抽象的印象で彩られている言葉の実態が、文化や人間集団の移住・移動といったより具体的な人間の歴史や生活に接近できる可能性がある。

なかなか難しいことではあるが、土器型式の研究は単なる土器の装飾形態の比較にとどまらず土器型式の中での役割や位置づけも同時に行っていくことが、

当時の文化や社会の様相を知る手がかりになるものと考える。

これらの問題を明らかにしていくことによって、田中らが指摘する「磨消縄文文化伝播のプロセス」というようなものがいったい具体的にはどういったものだったのかが判明することになろう（田中 1982）。

2．縄文後期無文粗製土器の登場

(1) はじめに

時間軸と空間的分布を示す縄文土器型式は、文様や装飾形態といった属性によって設定される。よって、土器型式の編年研究において当然、分析をしやすい文様や装飾形態が多い土器（いわゆる有文土器）が中心となる。とくに縄文土器においては、文様がある深鉢形土器は、量的にも多く、その大半が文様帯を有しているので系統性を分析することができ、編年研究の中心的に存在となっている。

装飾形態が発達するつまり、それだけ分析すべき特徴が多く、対象になる資料が量的に多いものをまず型式学的研究の対象にするというこうした研究の方向性は間違ってはいない。

ただ、注意しなくてはならないのは、これはあくまで、現在の研究者の研究上の一種の都合であって、これが当時の人たちの文化的価値観などをいちばん反映しているかどうかはわからない。無論、現在よく研究される考古学的な型式学やその成果から、当時の文化的価値観といった形而上的な部分を簡単に見出すことができないことは誰しも認めるところであろう。しかし、どうしても研究者の関心を集めているものが、当時の社会や文化の中心であったかのように錯覚しがちである。

さらに、仮にこうした資料が当時もっとも重要視されていたからといって、当時の社会や文化の何を反映しているかは、たえず考えておかねばならない。当時の人間の関心の中心にあったものが、当時の文化の何を表しているのかをよく考えていく必要がある。さらに、当時の人びとの関心の中心にあるものだけが、かならずしも当時の文化の分析の対象となるわけではない。当時の人びとにとってとくに意識されないものが、歴史や文化を語る上で大きな役割を果

たすことがある。これも考古学の醍醐味であると筆者は考える。

　無論考古学でもその型式学的研究においては、人為的な変化が明瞭で、変化に富むような器物が、研究の対象になりやすい。しかし、考古学研究の究極的な対象である文化とは、さまざまな文化要素の集合体であることを考えると、人為的な変化が一見乏しいものにも過去の文化の様相が反映している可能性は十分にあり、これらにも研究の光をあてていく必要がある。

　ここでは、縄文土器研究といえば有文深鉢形土器に研究の中心になってきたが、有文土器だけでなく、無文土器も、まず土器型式研究においても無視できない位置を占めていることを示したい。

　また有文と無文の分化は、単に文様のあるなしだけではなく、土器の作り（器面調整など）の差ともかかわりがある。土器の作り（仕上がり・出来栄え）の精粗（精製と粗製）の区分、つまり有文土器と無文土器、精製土器と粗製土器がどのような関係にあるのか、またどのような位置を占めており、何を意味しているのかを考えたい。

　とくにここでは、まず、有文と無文、精製と粗製を一つ土器型式の中での問題としてとらえ、次に土器型式を超えた縄文文化の中で考えることとする。

(2) 縄文土器型式内の有文・無文と精製・粗製

　有文土器とは文様装飾が施される土器、無文土器は文様装飾が施されない土器、精製土器は土器の作りが精緻なもの、粗製土器は土器の作りが粗雑なものの意味として、筆者は用いている。ただ、それぞれ、厳密に定義できるかというと難しい問題もある。たとえば、有文・無文とは、文様装飾があるかないかということになる。その文様装飾の概念であるが、広くとればたとえば把手などと称される縄文土器の口縁部付近に見られる突起の類を文様装飾に含めるかどうかという問題がある。ほかにも、ほとんど文様はないが、沈線だけ廻っているとか、隆帯だけついているとかといったものがある。いわゆる無文土器と言われるものの、まったく文様装飾がないわけではない。また、貝殻条痕文などは器面調整とも地文（地紋）とも呼ばれ、立場によっては文様の一種ととらえることもある。言葉のイメージとはうらはらにそれほど明確に有文土器と無文土器を区別できるわけではない。

つまり、一つの土器型式内での有文土器と無文土器という比較をしているのであるから、たとえば、粗雑な沈線だけが廻っている土器だけでその土器型式が構成されていれば、これをとくに有文土器、無文土器とは区分しない。あえて言えばこれも「沈線文土器」などというように有文土器として扱われる。逆に文様装飾が全面に施されているような土器の一群（器種・器形）があれば、同じような土器が、たとえかすかに文様が入っていても無文土器と扱われることもあろう。精製土器と粗製土器の区分もまったく同じような考え方であり、かりに精製土器だけで土器型式が構成されていれば、これをとくに精製土器とは呼ばない。粗製土器だけで土器型式が構成されていても同じことである。

この他、単なる器面調整ともあるいは文様としての装飾効果について議論が分かれることもある貝殻（二枚貝あるいは巻貝）による条痕、板状工具・櫛歯状工具による擦痕などは、仮に文様としての性格をもっているかもしれないし、そうした視点での研究は有効であるが、一方で、これらが施されていても、同じ土器型式内により文様装飾に富んだ土器の一群があれば、これらを有文土器、そうでないものを無文土器と区分することになる。

精製・粗製土器の場合も、精製土器は胎土が精選され緻密で器面がていねいに研磨された土器であり、粗製土器は胎土が精選されず器面もていねいに研磨されない土器とする。粗製と精製土器の区別は、基本的に一つの土器型式内での差異を指している。絶対的な基準はなく、どちらかというと相対的ではある。ただし、まったく目安がないわけではない。一つには単位が見えるようなミガキ調整が器面全体に施され、彩色が施されるような器種の出現があげられる。

さらに稀文土器や半精製土器などという言葉もあるが、いずれにせよこれも土器型式内での相対的な位置づけであり、普遍的にあらゆる土器型式に見られる特徴ではない。簡単にいうと文様の有無、土器の作りの精粗の区分がいかにして、なぜ発生したかという問題こそがここでは重要である。

縄文土器を簡単に概観してみると、草創期や早期に目立った文様装飾が見当たらない土器を無文土器と呼ぶことがあるが、これは土器型式名の代わり、ちょうど唐草文土器などと同じような土器型式に代わる便宜的な使用法であって、どちらかというと例外的な用い方である。つまり本論で論じている文様の有無あるいは土器の作りの精粗の区分とは別問題である。

縄文土器の深鉢形土器は有文土器とはいってもすべて、煮炊きを目的として作られている（もちろん現実には煮炊き以外、たとえば貯蔵にも使われたであろうが、煮炊きの用途が第一義であるという意味において）。よって煮炊き用ではない特徴をもつということが、縄文土器の中では特別な用途ということになる。

　土器型式内の相対的な作り分けであるとしても、有文無文の場合は文様装飾という一つの目安がある。では、精粗の作り分けとはいったいどのようなものなのか。

　縄文土器の器面調整は、弥生時代以降の酸化炎焼成の土師質土器と異なり、いわゆるミガキ（研磨）とナデのちょうど中間的な調整（光沢はあるがミガキ調整の単位がはっきり見えない）が最終的に施されている。いわゆる弥生土器や土師器のミガキ調整と呼ばれるものは、それが施されたこまかい単位がおよそわかる。しかし、縄文土器のこうした光沢のある調整は単位や方向もほとんど見えない。弥生土器や土師器のナデ調整のように、ナデの方向を示す痕跡が見えるわけでもない。まだどのような技法でこうした器面調整になるのか、十分解明されていない。縄文土器に特徴的な器面調整であるといえよう。だから、煮炊きを目的とする縄文時代前期や中期の有文深鉢形土器はとりあえずミガキとナデの中間的な（と筆者が呼ぶことにするのであって、本当に技術的にミガキとナデの中間的なものかは未解明であり、あくまで見た目である）器面調整を施されていることが多い。よって、最初に述べたように、器面全体にミガキ調整が施され、彩色を施された土器は、縄文土器一般とは異なった用途・機能をもっていると推測してもよいだろう。そして、こうした特徴を精製土器の基本的な条件としたい。おそらく煮炊き用に用いることがないために、胎土に粗砂などの粗い粒子の混和剤を含める必要がなく、粘土が圧倒的に多いとか、煮炊きには必ずしも必要のない装飾形態（たとえば、釣手、注口、脚など）が発達するということにもなる。

　ただし、深鉢形土器ではなくて、前期の有孔浅鉢形土器や中期の鉢形土器あるいは有孔鍔付土器などには、ていねいに全面が研磨され、赤彩が施され、煮炊きの痕跡がない器種がある。これらはある意味精製土器といってもよい。しかし、前期や中期の大半のこうした器種は安定して普遍的に存在しているわけではないので、精粗の作り分けが定着したとまでは言えない。これは後述する

ように、精粗の作り分けが当時の文化のより生活に密着して部分の反映であれば、こうした特徴は維持されつづけるものと筆者は考える。

その点、縄文時代後期になると、無文粗製深鉢形土器が出現する。無文粗製土器が出現することによって、従来、単に有文深鉢形土器（普通一般に縄文土器として図録に出てくるような土器）が有文精製土器として呼ぶことができるようになる。つまり、無文も粗製もどちらかというとネガティブな感じのする形容詞であるが、土器型式の中で見た場合には、むしろ無文粗製土器（とくに深鉢形土器）がある一定量出現したことによって、土器型式の研究の幅が広がることになる。

つまり、有文と無文あるいは精製と粗製の分化の意味を探ることは、普通の土器から有文精製土器が出現したことにあるのではなく、普通の土器から無文粗製土器が出現したことこそに大きな意味がある。無文粗製深鉢形土器が、安定していて存在しつづけるのは、縄文時代後期以降である。

本書で、九州の中期から後期にかけての土器型式を編年作業のために分析したところ、およそであるが、深鉢形土器については、無文粗製深鉢形土器と小型精製土器の出現がほぼ一致する（後期初頭南福寺式・坂の下式段階）。さらに無文粗製深鉢形土器は、南福寺式より出水式と増える傾向にある。その次の御手洗Ａ式やＣ式の段階（およそ鐘崎式）では、前段階である出水式まではある一定量を占めていた有文精製土器がなくなってしまうように見える。これを田中良之は御手洗Ａ式あるいはＣ式の有文深鉢形土器の器面調整が粗いものになってしまったと理解する（半精製土器）。田中はこの半精製土器になったのは御手洗Ａ式やＣ式が、九州在地の阿高式の系統をひく土器の一群であるためだとし、九州以東に起源をもつ磨消縄文土器が九州に入ってきて、磨消縄文土器である鐘崎式が精製土器の位置を占めたため、九州在地系の土器が精製土器の地位から転落したというモデルを描き出した（田中 1979・1982）。

田中のモデルが、縄文土器型式を語る上でユニークであったのは、これは田中以前にも九州では指摘されていたことではあったが、鐘崎式（磨消縄文系）と御手洗Ａ式・Ｃ式（阿高式系）をそれぞれ別々に扱わずセットとして考えたことであり、さらにこれらが対等な関係ではなく、文化的に高低の関係にあるということを提示したことにある。装飾形態が異なる一群を型式として設定す

るという山内清男の定義によって、考古学者とくに縄文土器型式研究者は、その型式ごとの変遷や相互の関係を追究する。装飾形態が異なる一群をひとまとめにして考えるのは、苦手な点である。弥生土器の研究者は違うという識者もいようが、やはり、土器などの遺物の形態装飾を超えて総合的に文化を研究するというのは、なかなか難しい。例えば、古墳時代の研究者も土師器と須恵器という焼成方法の違う焼物をセットとして考える研究はあまりみない（小杉1995）。

ただ、御手洗貝塚の調査によって、御手洗A式やC式とともにそもそも磨消縄文は「御手洗B式」（今はこの名称は使われないが）と設定されていた。在地の御手洗A式やC式に対して、九州島外からの影響を受けた土器型式の一群を認めつつも、これら全体を御手洗貝塚出土土器としてとらえようという考え方があったのかもしれない。

しかし、こうした考え方は、従来の縄文土器型式研究の中で、現象的に似た現象はありつつも、はっきり指摘されてこなかった。

田中のモデルが筆者にとって刺激的であったのは、これは九州島内だけの問題ではなく、広く縄文土器（あるいは縄文文化）一般においても考えねばならない問題であることを気がつかされたからであった。これを他地域にも置き換えて、問題を考えることができる。筆者は、九州での縄文土器研究を行った後、長野県で埋蔵文化財調査に従事したので、編年的な時間としては並行していても、九州の縄文土器型式群とは直接的な型式学的関連はほとんどないと思われる加曽利E式、曽利式、唐草文土器などを目にすることが多かった。縄文時代中期から後期の九州と信州（縄文時代に信州というくくりはおそらくないので、地理的に言えばたとえば中央高地の千曲川流域など）、それこそ日本列島の縄文文化という意味では関係はあるのだが、相互に搬入品と想定されるものがあるわけでもない。新潟県糸魚川産のヒスイが九州でも出土することから流通や交易のネットワークで結ばれていたことは想定されるし、縄文人の「冒険家」が信州から九州へ直接わたることが絶対なかったとは言えないが、日常的交流、たとえば婚姻や往来が考えられるようなデータはまったくない。考古学の遺跡や遺物研究から考えて、縄文時代中期の普通の信州の縄文人は、九州の縄文人を見たことはなかっただろう（しかし、もちろん知っていた可能性はある）。

しかし、信州でも似た現象がある。中期後半の加曽利E式は常に有文精製土器の位置を占め、曽利式や唐草文土器の有文土器は文様が少なくなり、器面調整も粗製化していく。そもそも加曽利E式は磨消縄文を多用する土器なので、器面調整が非常にていねいに施される傾向にあり、曽利式や唐草文土器よりもともと精緻な作りをしているという点があるが、それにしても普通信州で在地系と考えられている曽利式や唐草文土器の文様がどんどん粗雑になっていくこと自体は、長野県の縄文研究者ならだれでも気がつくことである。また長野盆地を中心に千曲川流域に分布する圧痕隆帯文土器は唐草文土器が長野盆地で粗製化したものであるとすれば、田中の九州で行った土器型式の構造の問題と似た現象であるように見える。

　しかし、そうは思っていても田中のようなモデルをはっきり打ち出すことは私を含めて長野県の研究者はなかなかできないできた。普通加曽利E式が遺跡から出土する時期の土器型式について、時期が下るほど曽利式や唐草文土器が粗製化すると思っても、粗製化ということを数値化することが難しいこともあって、出土量のパーセンテージが減少するというモデルが示される程度である（岡村ほか 1994、寺内ほか 2001）。これはこれで間違っていないし、ある意味科学的である。時期が下るにしたがって、加曽利E式が増えるという傾向は示せるので、粗製化ということを考えなくても、これからも同じような結論を見いだせるかもしれない。

　しかし、異なったタイプの土器型式の併存というのは、例えば、加曽利E式と唐草文土器・曽利式あるいは圧痕隆帯文土器の場合でも、それらを使う人びとや集団がどのように共存していたか、あるいはその地域がどちらの土器型式群（土器様式）に近いかというような方向へ関心がいきがちである。移住移動や集団の関係であり、そこには文化的な高低という視点はない。

　縄文土器型式と集団関係についてユニークな視点を示し、筆者も教えられることの多い縄文研究者として中島庄一がいる。中島によれば、この中期後半の土器型式と人間集団についての論文ではないが、その次の時期である縄文時代後期初頭の称名寺式の分析について土器型式（厳密にいえば土器型式内の文様の差異であるから、類型にでもなろうか）の差が人間集団の差を示すとする（中島 2001）。土器型式（おそらく彼にとっては人間集団でもある）の移動は想定している

が、文化の高低までは想定されていない。部族の差ではあっても、生業や文化的レベルは同等であると想定されているようだ。

　だから、仮にある遺跡や遺構で加曽利E式と唐草文土器や曽利式が共伴していても、加曽利E式が文化的に上位で、この唐草文土器や曽利式などが下位になっていくというようなことは、指摘されない。関東地方の加曽利E式とは微妙に違うということで（たしかにそういう資料も一定程度存在するが）在地の加曽利E式と呼ぶようなこともある。

　こうした土器型式のとらえ方はいったい何に起因しているのか。これはあくまで私の場合かもしれないが、加曽利E式は関東（東京を中心とした）の土器であって、唐草文土器や曽利式といった中央高地（長野県の在地）の土器が文化的に劣っているというようなモデルを、仮にモデルであってもおそらく無意識のうちに排除するからだ。研究者にとっても縄文は決して遠い過去ではない。縄文土器は、私たちとは無関係の先住民の土器とは思えない。とくに縄文時代は都（みやこ）があったわけではないから、文化の高低はないはずだと。

　筆者も都の文化が地方に波及していき、それが同心円状に繰り返されるので、地方に古い文化が残るというような、柳田國男が『蝸牛考』（柳田 1968）で示したようなモデルばかりで、日本列島の文化や歴史を考えるのはどうかとも思うが、まったくの動きのない静的なモデルもまた実態から乖離していると考える。文化の高低という設定にはあるいは問題があるかもしれないが、文化の動きやダイナミズムを考えるようなモデルとしては評価すべきであると考える。

　いずれにせよ、田中のいうようなモデルが、日本の考古学界でこれまでなぜ提唱されなかったかの理由の詮索は本書の趣旨ではないので置いておくが、田中のモデルが目新しかったことは、確かである。

　精製土器がより上位の概念（精神性）を、粗製土器が下位の概念（生活や経済性）を表象するとし、磨消縄文系土器を伴った九州以東の文化が九州に流入してきて、九州在地の文化が文化的に低位に位置づけられていったことを反映しているものと解釈しているようだ。田中のモデルは、縄文土器を単なる土器編年の手段としてではなく、歴史叙述の方法となりうることを示唆したものであると筆者は考える。

　この田中モデルは、九州島以外でも通用するかもしれない。縄文文化全般に

おいて、この問題を考えるべきである。

　しかし、田中モデルの基本をよく見ていると、下部構造（生産手段や経済）が上部構造（思想や行動様式、文化）を規定するという唯物史観とは逆の発想のようである。上部構造が先にはいってきて、従来上部構造を占めていたような文化が下部構造に転落していくのか。

　筆者は、文化（人間集団の行動様式）は、さまざまな文化要素（それは生産手段・経済・思想など）を含むものが相互に連結して成り立っていて、異なった文化が文物や人的交流によって影響を与えあうことだけが現在考古学の方法論では認識できるものではないかと考える。しかし、それにしても、はたして精神性というようなものだけが、流入して、従来あった精神性を反映したものが、生産手段を表象するものに転じるようなことがありうるのだろうか。

　さて、こうした解釈の前に、考古学では、考古資料に基づく事実関係の検証に戻ることとする。そもそも御手洗Ａ式やＣ式が阿高式系土器群の流れを汲む最終的な型式なのかという問題について、筆者だけでなく、西脇対名夫が型式学的な分析を通して疑問を投げかけた（西脇 1990）。仮に縄文土器型式の親縁性を示す土器型式群（ここでいう阿高式系や磨消縄文系など、小林達雄のいう土器様式。小林 1994）という概念が、縄文土器型式の大別に有効であったとしても、縄文の有無だけというような単一の属性だけで土器型式の系統性を分類することが非常に危険であることはすでに論じてきた（縄文や押型文といった回転原体が縄文土器型式の属性に大きな位置を占めていることは認めるが）。むしろ御手洗Ａ・Ｃ式は磨消縄文土器、具体的には福田Ｋ２式の装飾の影響を受けている。

　つまり、仮に精神的な影響があったとしてもそれは、有文精製土器にだけ影響を与えたのではなく、土器型式の構造自体も大きく変わっていることをよく見極めることも重要であろう。繰り返しとなるが、有文精製土器の区別化が有文・無文土器あるいは土器の精粗の作り分けの始まりとなったのではない。無文粗製土器の出現によって、従来単に文様のある土器というものが、有文精製土器として分類することができたのである。つまり単なる精神の象徴としてのデザインとして有文精製土器の意匠を受け入れたということだけではない。土器型式の構造が大幅に変化したことを示している。

(3) 無文粗製土器出現の意味

では、無文粗製土器の登場の背景をどのように理解すれば、よいのであろうか。また田中のモデルの指摘したことはまったく意味をなさないのか。まず無文粗製土器出現の意味を考える。

筆者が注目するのは、百瀬新治の研究である（百瀬 2006）。百瀬は、縄文時代後期以前、たとえば藤森栄一の縄文農耕論に示されるように、縄文時代中期にすでに植物食に大きく依存する社会であったことを指摘する。そして、それを発展させアクがある食用植物のアク抜き作業を大規模に行うために無文粗製土器が発達したと推測した。慧眼である。霞ヶ浦沿岸の縄文時代後期の無文粗製土器が製塩と深くかかわりがあるとした近藤義郎や金子裕之の推論を思いおこさせる（近藤 1962、金子 1979）。

筆者は縄文土器の有文深鉢形土器の一般的な煮沸形態は、炉に据えて長時間ゆっくり煮沸するものと推定する（おもに植物のアク抜きのため）。縄文土器の有文深鉢形土器の型式を超えた特徴、平底バケツ形で口縁部に隆帯や沈線による区画をもつ文様帯は、植物の煮沸とくにアク抜きに向いている形態であったがゆえに、長く維持された。日本列島の稲作以前の社会において、植物食とくにアクがある植物の利用は、人間が工夫さえすれば、大きく開拓できる分野であった（狩猟も漁撈も重要な生業であり、精神生活においては大きな意味をもっていた可能性があるが、これらの生業において人間の工夫によって生産量を増大させることはそれほど容易ではない）。注目すべきは、植物食利用についていえば縄文時代後期以前（おそらく縄文時代草創期）からある程度行われていたにもかかわらず、百瀬のいうようにアク抜きのために特化した土器が無文粗製土器であったとしたら、それはどうしてそれ以前に生まれなかったのか。

おそらく、縄文後期以前には、植物食のアク抜きは、縄文土器煮沸の主要な要素ではあっても、それに特化したものではなかった。縄文時代前期以降とくに住居の炉の中央に据えられた縄文土器は、絶えず加熱され、アク抜きにも当然用いられたが、それ以外のものの煮沸にも使われないはずがない。

これは製塩土器のことを考えるとわかりやすい。縄文時代後期以前にも塩分を利用することはとうぜん行われていたが、製塩土器の出現の意義は、塩を取

るためだけに目的が特化したことであろう。

　アク抜き自体は縄文時代草創期からおそらく行われていたが、それに特化した土器（無文粗製土器）が用いられるようになったことは、アク抜きの作業をなにかの片手間にやるのではなく、専従的に行うことが必要になったためである。それは一体なぜなのか。

　土器型式の構造、有文精製土器と無文粗製土器の作り分けは、生業としての土器づくりのシステムにも影響を与えている。おそらく施文具や器面調整も非常に保守的であった縄文文化において、さらに土器づくりのシステムの根本に影響を与えたのは、当時の社会の生業なども変革していたことを考えてよいのではないだろうか。

　縄文時代の土器づくりというものが、どの程度他の文化要素とリンクしているかを厳密に論証しているわけではないが、逆にこれだけ生活に密着しているものが、当時の他の生業や生活のシステムとまったく乖離した純粋芸術のようなものとは考えにくいので、土器型式の分布が即人間集団（とくに部族というような小さな集団）の領域を示しているかどうかは、別項で論じるが、これは単純に解釈してはならないだろう。土器型式とその分布が示すものが当時の社会の流通などのシステムと深くかかわっていたと考えてもよいと筆者は考えている。

　そうした作業仮説に立脚して、渡辺誠のモデルを見てみたい（渡辺 1985）。東日本（東北地方起源）の縄文文化（複合体）が九州に入ってきたと考えてよいのではないか。そして、それは通常、文化の伝播という言葉で表わされるが、これはいったいどういうことを示しているのだろうか。

　ではなぜ、渡辺のいう東日本縄文文化複合体が、西日本へ強い影響を与えたのか。縄文時代後期以前は、草創期のように北海道を除いた汎日本列島的に土器型式の共通性が強かった時期は別として、早期に東に撚糸文土器、西に押型文土器の土器型式が成立して以降、東西に分かれ、さらに前期や中期においてもより地域色が強い土器型式が各地に併存することはあっても、東西日本をまたぐような土器型式は成立していなかった。

　縄文時代中期から後期にかけての変動は、単に土器型式の分布の様相が変わったという以上のこと、文化全般や生業・生活のシステムにまで及ぶもので

あったと筆者は考えている。

　縄文時代の遺跡の数から考えると、人口では東日本が西日本を凌駕していたのかもしれない（小山 1984）。しかし、土器型式の様相から見ると、東日本の土器型式が西日本の土器型式に強い影響を与えているようには見えない。例えば、早期において東日本の沈線文土器と西日本の押型文土器は拮抗している。押型文に沈線文の影響はないこともないが限定的である。これは早期において、東日本の生業や生活のシステムが西日本を圧倒することがなかった、つまり東日本と西日本の縄文社会の間に優劣はなかったためだと筆者は推測する。

　さらに前期から中期にかけては、東西日本という形ではなく、九州・中四国・近畿・中部・関東・東北というような地域単位に土器型式は分かれていく（渡辺 1975a）。しかし、一方で玦状耳飾などからなる装身具セットは汎日本列島的に分布しており、装身の習俗や情報は共有している（川崎 2007b）。よって、土器づくりにかかわるノウハウも当然ある程度知りうるはずだが、各地域のそれこそ伝統が重視されていることは、たとえば縄文時代中期中葉に中央高地八ヶ岳西南麓が空前の繁栄を極めたといっても、彼らのシステムは中央高地のこの地域に深く根ざしたものであって、決して容易に他の地域で受け入れられるものではなかったことが想定される。

　つまり、縄文時代後期の汎日本列島的な広域の土器型式の成立は、単なる文様装飾技法の類似ということだけでなく、土器型式の構造の類似、有文と無文土器、精製土器と粗製土器、深鉢形土器とそれ以外の器種、鉢・浅鉢・注口土器などの分化など、その土器型式にかかわる文化要素の詳細の一致が見られることを特徴とする（一つ一つの要素はこの時期以前、たとえば縄文時代前期などにもみられる要素であるが、これらが多少の前後はあるにしても縄文時代後期に登場したことは、偶然ではない）。

（4）　クリ文化の没落とドングリアク抜き文化の広がり

　では、この土器型式に見られる一大変動はいったいどういう歴史的現象を反映しているのか、非常におおまかな既知の考古資料の情報からだけでも、筆者はある程度推測できると考える。

　後期においては、中期まで非常に遺跡が多かった東日本は、あまり遺跡数が

増えることはなく、とくに中央高地は壊滅的な状況になった。逆に、中期にはそれほど集落遺跡は多いとは言えなかった西日本・九州から近畿・東海地方にかけては遺跡の増加が見られる（日本考古学協会 1984、縄文時代文化研究会 2001）。つまり、こうした縄文時代後期以降の日本列島全体の遺跡の動向から、縄文時代中期にどこかの地域で栄えていた文化や生業が、そのまま全国を覆ったのではなさそうであり、各地域の試行錯誤的な対応があったのだろうということを筆者は想定する。

では、まず中期の東日本の遺跡が発達した地域の特徴を考えてみる。その中でとくに東北地方、関東地方、中央高地の三者を見てみると、貝塚などの漁撈文化がこのシステムを決定的にしたかというとおそらくそうではない。渡辺誠は縄文時代の漁撈研究の中で、生業としての漁撈を重視する（渡辺 1973）。もちろん関東地方の巨大な貝塚に象徴される漁撈文化のシステムが、特定の地域に果たした役割は少なくないが、当時の縄文文化の決定的要素ではなかったことは、中央高地たとえば八ヶ岳西南麓や貝塚をともなわない青森県三内丸山遺跡を見てみればわかる。

このほか、多量の土器を作り出した地域として知られる北陸地方なども巨大な遺跡群があるが、決して貝塚は多くない。貝塚文化（貝塚を伴わない漁撈も当然あろうが、おおまかな目安として）は、普遍的なものではなく、地域に根ざした文化であると考えてよいだろう。海があることがまず必要であり、さらに貝や魚が取れやすいという条件は日本列島において普遍的ではない。

一方、狩猟はそれこそ、日本列島全体で普遍的に行える生業であるし、おそらくさまざまな工夫が凝らされたであろう。しかし、肝心の狩猟の対象は自然まかせの部分が大きい。対象獣を飼育するようなシステムの存在は、見いだせない。狩猟の成否によって各地の縄文文化の盛衰が決定されたとは思えない。

とすると、縄文時代前期から中期にかけての遺跡の繁栄を支えたものは何か。それは、やはり今のところ堅果類の利用にしか求められない。縄文土器が煮沸それも急速に熱するのではなく、長時間ゆっくり煮ることに向いている形態をしていることでわかる。

渡辺誠らが主張するように、おそらくは日本列島に登場したときから縄文土器にはこうした特性があったには違いない。しかし、それが決定的になったの

は縄文時代前期以降である。つまり、煮沸のための熱効率優先にもっとも向いている尖底あるいは平底を放棄して、全国一律に（九州地方をのぞいて）変化したことからもわかる。

　しかし、前期から中期にかけて、渡辺が予想していたように、単にアク抜きにもっとも能率が良い形態には、変化していない。これが東日本の多くの縄文時代中期の土器の特徴である。必要以上に厚手で装飾過多になっている。アク抜きには平底バケツ形で口縁部文様帯をもっていればよく、たとえば新潟県の火炎土器や長野県や関東地方の勝坂式や焼町土器のような装飾は決して必要ではない。これが、単なる嗜好といってしまえばそれまでであるが、おそらくそうではない。

　堅果類の利用が、システムとしてうまく機能していたのであるが、アク抜きをそれほど発達させなくてもよい事態になっていったのだと筆者は想定する。

　縄文時代中期には、台地上に大きな集落が形成されるが、どこの地域も石器の組成からみても大型の磨製石斧を有しており、それぞれの集落では森林をある程度切り開くことができただろう。

　いわゆるアク抜きが必要な堅果類（ドングリ）は、安定した陰樹の林ではなく、こうした人間が森林を切り開いたところに生えやすい。これは特段植えたりしなくても生えてきただろう。ドングリの収穫はそれほど難しくはなかったが、一方アク抜きは非常に手間がかかる作業である。ドングリと同じように入手しやすい条件で、かつアク抜きが不要なものがあれば、それに一気に傾斜していったのでないだろうか。それは何か。クリであると筆者は考える。三内丸山遺跡のクリ柱に象徴されるように、用材としてもクリは優れていて、縄文人はクリの利用を徹底的に進めていた。

　当初、ドングリやクリの利用は二次的なものであったかもしれない。集落を森林の中に切り開いた結果、集落周辺で陽樹であるドングリやクリが多く得られるようになり、食料や用材としてこれらの利用を進めた。もともとアク抜きの技術をもっていたから、食料としてドングリを利用しないはずはない。

　しかし、どこかでこれらの木を選別することがはじまったのではないか。クリとドングリがあれば、クリを残すとか。さらに、クリは大木になると実が取れなくなるので、絶えず若い木を植えていくなどといったことが行われたので

はないか。

　こうして大規模なクリ利用の成功により東日本の各地の縄文文化は繁栄した。ただし、これにはアク抜き技術などのような工夫はあまり要らなかった。土器にもこれといった影響を与えなかったのだろう。厚手に進化したのも、クリをおいしく食べるためといった二次的な要素であり、これは仮にクリ利用の文化が他の地域に伝わっていったとしても、土器づくりやそれにかかわる生活文化とセットにはならなかった。

　ところが、なんらかの原因、寒冷化などの自然現象なのであろうか、このクリ依存システムが崩壊する。そこで、急遽見直されたのが、ドングリアク抜き文化ではなかったか。すでに述べたようにアク抜き文化自体は縄文時代草創期にすでに存在していた。ドングリを貯蔵穴に救荒食料として保存する知恵もあった。しかし、これを再発見してシステムとして大規模に行うことに東北地方南部、大木式の文化圏の中で成功したのではないか。

　水沢教子は一つの作業仮説として、大木式が漁撈文化に優れていたからこそ、東北地方以外の地域を席巻すると説明する（水沢 2005）。すでに述べたように中央高地や近畿地方には、大木式の影響を受けたたとえば唐草文土器や北白川Ｃ式などといった土器型式が成立している。しかし、東北地方の松島湾で行われていたような漁撈文化を見出しにくい地域である。すでに述べたように、汎日本列島的な規模で、縄文文化の盛衰のカギとなったものは、植物の利用であったと筆者は考える。

　おそらく文化の交流は複雑で、こうした東北地方南部からの流れとは逆の動きも当然あったのかもしれない。しかし、加曽利Ｂ式期くらいまでは、この流れはとまらない。ドングリアク抜き文化自体は日本列島に普遍的にある程度あったと思われるので、東北地方で卓越して発展した技術の実態を筆者もよく理解しているわけではない。打製石斧、無文粗製土器、水さらし場状遺構の発達と、ドングリアク抜き文化は西日本も席捲したのであろう。

　これが、私は九州の縄文土器型式の構造に与えたもっとも本質的な影響と考える。磨消縄文の有無はたしかに、これも東北地方南部で発達した技法であるので、ドングリアク抜き文化を伴って日本列島を席巻したのであるが、むしろドングリアク抜き文化と密接に結びついていた土器型式に見られる文化要素は、

無文粗製土器の登場である。百瀬新治が明らかにしたように無文粗製土器の発達こそアク抜き・水さらしと密接にかかわっている。

　無文粗製土器は西日本でも発達が著しい。九州でも中期末や後期初頭に、外来的な器種が入ってきた時に、田中の理解では在地の有文精製土器が無文粗製化したと理解し、筆者は無文粗製土器とともにセットになって発達した文化であると理解する。縄文時代早期にすでに九州には無文土器が一定量存在するが、この系譜が縄文時代後期の無文土器につながるものではない。その無文土器の系譜がどこの地域であるかはともかく、後期の無文粗製土器の出現自体は、少なくとも九州では外来的な要素であって、おそらく人間集団の移動を反映していると田中や筆者は想定する。さらに、筆者は在地の集団は積極的に受容したものとも考えている。なぜなら、単に未知の器種が伝来してきたのではなく、新しい生業に裏づけられた文化が伴ってきた一つの器種であったからだと想定する。

　ドングリアク抜きシステム（渡辺のいう東日本縄文文化複合体、土器づくりや石器文化なども含めた）はきわめて普遍的であったからこそ、こうして受容されたものと筆者は考える。いずれにせよ、こうした渡辺のように生業システムまで視野にいれて、その背景があったからこそ、磨消縄文土器に象徴されるような東北日本で進化したアク抜きシステムが受け入れられたのであり、よって、その土器が尊重されることがあったのかもしれないというように考えるべきだ。

　田中モデルの文化の高低（あるいは精神性と実用性などといった区分）という問題は、墓や祭祀にかかわる遺構を分析することによってあるいはある程度推定可能になっていくのかもしれない。しかし、オーソドックスな考古学的な方法論に基づくのであれば、きわめて証明しにくい命題である。なぜなら、人間の心の中のことが遺跡や物質に反映されるのは、残念ながらきわめて間接的なものであるからだ。これを克服する学問的方法もあるかもしれない。しかし、そこには現代に生きる人間の解釈がとても大きくなる。無論、そもそもオーソドックスな方法論における考古学においても、私たち現代人の解釈はつきものである。本書もそうした産物の一つかもしれない。しかし、難しい理論によってたたなくても、仮に犯罪捜査の場合を考えてみればわかる。犯罪の解明は、物的証拠（物質だけでなく、犯行現場という空間も含まれる）と動機の解明からで

ある。あくまでそれを説明するために理論がある。

　もし、こうした考古学的なモデルを今後発展させるのであれば、それが成り立つための基礎条件を私たちは考えなくてはいけない。どういう考古学的な証拠がそろえば、田中モデルが成り立つことが証明されるのかを考古学者は考える必要もあろう。

　田中のモデルに限らず、縄文時代に階級が存在したか。職能の区分があったか。人間集団の個別の行動様式としての文化が単に遺跡や遺物に反映しているというレベルから、人間集団のシステムそのものをどのように見つけていくのかといった命題がある。これらは、主に新しい時代の民族例あるいは文字史料から類推する方法もよく用いられる。しかし、それにしても遺跡（遺物）においてどのような証拠がそろえば、そうした過去のシステムが存在したことの蓋然性がより高まるかを常に考えていきたいものである。

　さて最後に、ここで、筆者の縄文文化を考えるモデルには、いくつかの疑問やより詳しく考えなくてはならない部分がある。例えば、東北の中期大木式や後続する土器型式に当初から無文土器がセットになっていたとすれば、筆者の説にとって整合的である。ところが、肝心の無文土器が東北地方中期から後期にかけて顕著ではない。アク抜き文化の本拠地である東北地方には無文粗製土器は顕著ではない。土器の粗製無文化も大木式土器文化圏のプロパーな部分ではなくて、それ以外の地域で顕在化する。中期大木式自体には、特定の土器の無文粗製化があったわけではない。

　九州においては東日本からの磨消縄文文化がアク抜き文化をもたらした時に、無文土器が発生することになった。九州より早く東北地方の中期大木式文化の影響を受けた中央高地では、在地の土器型式の無文粗製化は中期後半にははじまっているが、本格的な無文土器の出現は後期中葉以降である（百瀬 1981）。このタイムラグをどうかんがえるか。

　また、西日本の縄文後晩期の土器の無文粗製化は著しく、大半が無文粗製土器で占められているといっても過言ではない。百瀬も中央高地の無文土器の起源が西日本にありはしないかと想定するほどである。

　アク抜きシステムと粗製無文土器、これらが縄文時代の終焉とどのように結びついていくかといった以上の諸問題を次項で考えてみたい。

3．縄文土器と弥生土器

(1) はじめに

　前項で述べたように、東北地方南部から九州まで波及したドングリアク抜きシステムは、いったん安定したが、一度減少した中央高地の遺跡数はもとに戻ることはなかったと筆者は考える。中期や後期といった縄文土器型式をもとにした大別では、実年代としての時間幅が同じではないから、遺跡数の多寡を単純に比較できないが、たとえば長野県域で縄文時代中期のようにどの盆地でも拠点的な集落遺跡が見つかるようになるのは、弥生時代中期後半を待たねばならない（川崎 2006a、2008）。

　弥生時代中期といえば、おそらく水田稲作システムが全国的に確立している時期である。東日本は東北地方を除けば、縄文時代中期の遺跡数を後晩期の遺跡数が凌駕する地域はあまりないのであるから、長野県域ほど極端ではないにしろ、全体的に似た傾向にある。筆者の作業仮説に基づけば、おそらくドングリアク抜き文化システムだけでは、クリ文化システムの繁栄を取り戻すことはできなかった。繰り返すが、長野県域では弥生時代中期、それも後半まで待たねばならなかった。それはなぜだろうか。

　それは、やはり高度化されたといってもドングリアク抜きシステムに限界があったと考えざるを得ない。

　次に、ドングリアク抜き文化のシステムが、クリ文化のシステムにとってかわり、その後クリ文化のシステムが復活しなかったとすると、そのまま、高度化されたドングリアク抜きシステムを中心とした植物利用・狩猟・漁撈の生業が、水田稲作文化にとって代わられるまで続いたのであろうか。たしかに長野県域のように縄文時代中期のような遺跡数に戻ることもなく、後期前半まではなんとか余勢を保っているが、後期後半以降はきわめて減少していく地域はそういう理解でよいのかもしれない。

　問題は西日本の様相である。西日本は、弥生時代に先駆けて縄文時代後期以降徐々に遺跡が増加する傾向にある。これは高度化されたドングリアク抜きシステムが隆盛のきっかけとなったかもしれないが、東日本の状況を考えるとこ

のシステムだけだったとはとうてい考えられない。これについては、ドングリアク抜き文化と水田稲作文化をつなぐ中間項があったと筆者は考える。

(2) 縄文後晩期以前の文化や生業

さて、縄文時代後晩期の西日本の文化や生業について考える前に、そもそも、縄文時代中期以前の西日本の基本的生業は何であったのかを簡単にまとめておく必要があろう。話を九州からはじめる。縄文時代草創期や早期前半、とくに南九州の様相は、石鏃などの狩猟具だけでなく、伐採用の磨製石斧や掘り具としての打製石斧が発達し、石皿も存在することから、狩猟にも依存しつつも、すでに中央高地の中期レベルの植物利用が始まっていたものと思われる。貯蔵穴などの存在が知られていることからもこのことは、裏づけられる。

無論、植物への高度依存だけでなく、早期後葉の押型文土器期には、土器は西日本（東端は長野県あたりまで）に広く分布する押型文土器であり、石器は石鏃や大型の礫器や掻器が発達していて、九州以東と共通性の高い狩猟文化が発達していたこともある。押型文という土器の施文技法自体の起源はともかく、それに伴う祭祀的遺物（異形部分磨製石器）や遺構（大型配石遺構）の中心は九州である可能性もあり、縄文時代草創期や早期の九州の縄文文化の豊かさには目を見張るものがある。とくに早期の壺形土器の存在など南九州の独自性は、従来の縄文土器型式の装飾形態の特徴からは大きく外れるものもある。しかし、これはあくまで東日本の縄文文化とまったく異質なものではなく、九州の方が先取りしたものと筆者は考える。

しかし、一般に縄文時代早期末のアカホヤ火山灰の降下によって、九州の縄文文化は壊滅的打撃を受け、そこで生業や文化が劇的に変わった。アカホヤ火山灰の被害は甚大で、生業のみならず文化的なものにまで及んだのだろう。土器なども九州早期末の土器群と前期の轟B式や曽畑式とでは形態だけでもかなりのヒアタスがある。九州はすでに早期後半の段階でおそらく高度な植物利用と定住化がすすんだことにより、九州以東の地域より早く平底になっている。しかし、アカホヤ火山灰降下後の前期になると、尖底化し、むしろ九州以東が平底化したのと対照的な動きを見せる。

これは九州以東の縄文時代早期の土器に先祖返りしたのではなくて、朝鮮半

島の隆起線文土器や櫛目文土器の影響を強く受けたものであろう。轟B式も曽畑式も、胎土や成形技法は、朝鮮半島そのものではなく（水ノ江 1988）、当然のことながらおそらく九州島内で作られたものだろう。しかし、年代的に非常に近いことや形態の変遷がおおまかに一致していることから、朝鮮半島南部の土器の影響を受けていることも大過なかろう。これらを本書のテーマである縄文式に入れるかどうかは、すでに本書の第Ⅱ章第1節1でも触れたように定義の問題であるが、筆者は九州が現在日本の領土であるからといって無理をして縄文式に入れなくてもよいとは思う。日本列島の曽畑式と朝鮮半島の櫛目文土器の差と日本列島の北白川下層式や諸磯式との差、それぞれ差があるには決まっているが、よりどちらが大きいか、どちらのグループに一緒に入れて扱えばよいかの問題であり、現在の国境とは関係なく論じたいものである。

　縄文時代前期や中期の九州の生業の実態は、草創期や早期に比べて不明な点が多いが、アカホヤ火山灰降下以前に見られたような大型の磨製石斧や打製石斧がなく、礫器や掻器もないことから、植物食や狩猟に依存するというよりは、貝塚が発達し、海岸部の遺跡が多いことを考えると渡辺誠が指摘するように朝鮮半島南部と共通する漁撈文化が発達していた地域と考えられる（渡辺 1973・1985）。

　一方、九州を除く西日本はどうであろうか。草創期から早期にかけては遺跡の多寡はあっても石器の様相が、とくに異なることはない。前期や中期にも瀬戸内、近畿といったレベルでの地域的な土器型式が見られるが、これは東日本でも同様な傾向にあり、とくに西日本の特徴というわけではない。すでに述べたように九州がそれまでも独自性の強い文化や生業をはぐくんでいたが、アカホヤ降下以降、さらに特色化する。これに対し、九州を除く西日本は、貝塚も存在するが、東日本ほどではない。石鏃や石匙は存在するが、打製石斧や石皿はほとんど見当たらないことを考えると、漁撈以外には狩猟に依存する社会で、植物食への依存は低調であったかもしれない。しかし、西日本の堅果類にはシイのようにアク抜きを必要としないものが多いので、東日本におけるようなさまざまな仕組みはいらなかったのかもしれない。

　九州島ではアカホヤ火山灰降下という地球規模の自然災害の被害は激しかっただろうし、九州以東の西日本も東日本に比べれば遺跡数や規模が低調であっ

たのは、アカホヤ火山灰降下の影響であったのかもしれない。縄文時代前期から中期の遺跡数は圧倒的に東日本が多い状況であり、西日本では、当該期の東日本に普遍的に存在する20基を超えるような住居跡群が見つかる集落遺跡はあまり聞かない。

しかし、九州や近畿など西日本では、後期初頭からさらに中葉、後葉と遺跡数は増え、さらに晩期になると普遍的に各地に拠点的な遺跡も見られるようになる。筆者は、これを人間集団の移住移動による結果の可能性もあるが、その根本的な理由として、西日本にそれまでなかった生業システムが受け入れられた結果と想定する。

遺跡の立地から見るとどうなろうか。西日本縄文後晩期遺跡の特徴は、低地に進出することである。無論台地上の遺跡もあり、弥生時代前期ほど沖積地に進出しているわけではないが、縄文時代中期の中央高地の立地環境を見慣れているものにとっては驚きである。

こうした沖積地は、水さらしなどアク抜きに向いていると言えるので、たしかに最初低湿地に進出するきっかけであったかもしれない。よって、筆者は西日本にこの時期に高度化されたドングリアク抜きシステムが（おそらくそれ以前にも細々と西日本にもあったのであろうが）導入された結果と考える。

これは、東日本のほとんどの地域で、遺跡が減少し、集落規模が小さくなることと相関していると考えた方がよさそうなことから、西日本の縄文社会の要求というよりは、東日本の縄文社会の没落が引き金となったものと筆者は想定する。

では、なぜ東日本の大部分の縄文社会は没落したのか。ドングリアク抜きシステムの高度化は、東北地方で発達したにしても、中央高地や関東平野が西日本でそれを受け入れたように、わが物とすれば良かったのであるが、そうはならなかった。

中央高地の縄文社会はなぜ崩壊したのだろうか。そのヒントが長野県の北村遺跡にある。安曇野市（旧明科町）北村遺跡は縄文時代中期末から後期初頭にかけての墓群を伴う集落遺跡で、当該期の土器や石器も多量に出土したが、内陸の開地遺跡では非常に珍しく墓から人骨が多量に出土した。

人骨にはコラーゲンというたんぱく質の一種が残っていて、人骨のコラーゲ

ンを構成する炭素の同位体を調べることによって、当時の人間の食性（どういうものを食べたのか）を推定するという分析が行われた（平林ほか 1993）。その結果、北村縄文人は、北海道縄文人（北黄金貝塚）などと比較して、哺乳類（とくに海産）が少なく、植物（穀物以外の）に多く依存していることが推定された。

　北村縄文人の置かれた歴史的位置は、筆者のモデルでいえば、中央高地の縄文社会が崩壊しつつあった時代に相当する。北村遺跡のある松本盆地・犀川流域が八ヶ岳西南麓のようにもともと大集落遺跡が集中する地域ではなく、本当に減少するのは後期に入ってからであるが、中央高地全体で見れば、遺跡が減少し、小規模化しはじめる時期に相当していると言ってよい。縄文人骨には決して珍しくないとはいえ、その歯には飢餓線が見られることからも、当該地域の縄文社会の厳しい状況をうかがうことができる。

　こうした遺跡の状況と推定された北村縄文人の食性から、筆者は中央高地の縄文中期社会崩壊の原因を推測する。一つには過度の植物質依存である。その植物依存が崩壊したためであろう。まず植物依存の証拠は、すでに挙げたもの以外にも、北村縄文人に虫歯が多いことからも裏づけられる。虫歯の多くは、口腔内微生物による糖質から作られた酸によっておこるとされ、糖は植物起源であるデンプンから主に分解されてできるという（酒井 1981、平林ほか 1993）。

　こうした植物質依存傾向は、石器からも推測されている。石鏃はきわめて少なく、石皿・磨石といった植物加工具が非常に多く見つかっている。掘り具である打製石斧も少なくない。北村縄文人は、繁栄を極めた八ヶ岳西南麓縄文人とほぼ同じ装備を有していた。しかし、八ヶ岳西南麓同様、遺跡が減少していく方向にあった。

　つまり、中央高地（あるいは多くの東日本の）縄文中期社会が有していた植物利用システムがなんらかの原因で機能不全となり、これを回復することができなくなったものと筆者は考える。それは何か。

　それはクリ文化ではないかと筆者は想定する。クリはドングリ同様陽樹で、縄文人が森を伐採して集落を構成したとき、集落周辺の木には太陽が多く降り注ぐことになり、クリにとって非常に適した環境となる。わざわざ植えなくても雑木林にはクリが見られるのはこうした理由である。

　また、クリと同じく陽樹であるドングリ（クヌギ・カシワ・ナラ・シイなどブナ

科の実）も同様に、縄文集落周辺に生えたはずであるが、縄文人はとくにクリを選択したものと思われる。その理由は比較的簡単に推測できる。ドングリの多くはアク抜きが必要である。ふつうドングリの仲間にはいれないトチなども見た目はクリのようであるし、デンプンの量自体はかなりあるが、アクを抜く必要がある。

　アクは常温の水にも溶けるが、主に熱を加えたり、アルカリ処理したりすることによって加速される。このため縄文時代だけでなく、近世や近代においても、ドングリなどのアク抜きを行う技術はさまざまに発達している（渡辺 1975a）。

　クリは普通、まったくアク抜きはいらない。乾燥すると保存に適しているということもあり、ドングリを食べるような集落でも、クリが日用あるいは時にはハレの食べ物であったりもするのに対して、ドングリは救荒作物として位置づけられることもある。

　ドングリはたしかに食べられるのであるが、クリが食べられるのであれば、無理してドングリを食べることはしなかったのではないか。さて、縄文土器出現時からアク抜きはおそらく行われていたと考えられているが、それは主に土器の中で灰汁などを加えて煮ることが主体であったものと考えられる。

　熱処理といってもただ焼くだけでは、アクを除去することはできないし、とくに灰汁を入れて（つまりアルカリ処理して）お湯で煮る（加水と加熱）というのが、効率的である。九州の轟B式や曽畑式を除いて、日本列島の縄文土器が、熱効率からいえば、尖底がもっとも向いているのに、寸胴な平底化した深鉢形土器に変化したのは、ドングリなどのアク抜きには、熱やアルカリ処理をしたとしても時間がかかり、土器を安定させなければならなかったためと思われる（逆に轟B式や曽畑式を使う人びとは、ドングリのアク抜きが必要な植物利用よりなにか効率の良い生業に従事していたものと思われるが、九州島以外には応用が利かなかったため、その文化は東には行かなかったものと思われる）。

　縄文人が過度にクリに傾斜していき、それが崩壊していったことは、青森県三内丸山遺跡からもうかがえる。三内丸山遺跡では、有名な大型柱（建物）跡の木材がクリであることが知られるほか、クリの実も出土しており、DNAの鑑定では栽培していた可能性もあるという（鈴木ほか 2004）。

縄文人のクリ栽培については、古くは酒詰仲男がカキの養殖とともにその可能性を指摘している（酒詰 1961、川崎 1999）。三内丸山遺跡におけるクリの鑑定では、サンプルとなったクリが皆、DNA が近似したクリの木から採集されているとのことなので、栽培といっても縄文人が意図的に特定のクリの木を残し、そこから決まって拾っているというレベルなのかもしれない。この鑑定結果が正しいとすれば、縄文人は野山でいろいろな（つまりクリの DNA も多様化している）クリの実を拾うことより、おそらく集落に近いクリ林から集中的に拾っているのだろう（そのためサンプルの DNA も近似するのだろう）。土地を耕して、作物を植え、収穫するというようなイメージの栽培や農耕ではないにしろ、ある程度結果を期待しているわけであるから、食料の調達もこれに依存することになる。

　気になるデータがクリにはある。前述の三内丸山遺跡に関する特別研究の中で新美倫子は、現代の例であるが、クリの収穫には豊凶がつきもので、凶作の時にはまったくとれないことがあると指摘する。クリが食料資源の一つであれば、それほど問題はないが、クリにだけ集中するとこの豊凶は、やはり縄文社会にとって打撃になったはずだ。

　しかし、クリの収穫の豊凶は、縄文人の知恵で、たとえばドングリなどアク抜きが必要なものを救荒食料として保存しておくなどの対応が取れたようにも思えるし、当然そうしただろう。ドングリにはこうした豊凶は少ないようである（ドングリとは一つの樹種の実ではなく、さまざまな樹種の実であることにもよる）。

　おそらく縄文人が防げなかったクリの衰亡は、気候の寒冷化である。クリはもともと温暖湿潤な地域の木であるから、比較的温暖であった前期や中期の東日本でもとりたてて問題はなかったようであるが、縄文時代後期になると寒冷化するといわれる（安田 1992）。やはり、縄文人の生活の知恵をもってしても防げなかったのが、日本列島の気候の寒冷化に伴う植生の変化であっただろう。逆に生業レベルで縄文社会が崩壊するような要因は、他に思いつかない。技術的に後退して動物の狩猟・漁撈が駄目になったり、逆に技術の革新で対象獣を取りすぎてしまったりしたことをうかがわせるような、道具（石器）や仕組み（遺構）が見つかっているわけでもない。

　この点、過度の依存と寒冷化によって東日本のクリ文化（クリに代表されるア

ク抜き不要植物に依存する文化）が崩壊して、もともと各地に素地はあったドングリアク抜き文化の中でも高度化されたものが東日本からさらに西日本に伝わったと考えると、以上のような状況を理解しやすい。
　これは、北村遺跡とほぼ同じ時期かやや後出する時期の集落遺跡である中野市栗林遺跡をみるとよくわかる（岡村ほか 1994）。栗林遺跡も北村遺跡同様に千曲川流域の遺跡であるが、北村遺跡より下流の長野盆地のやや北側に位置している。近世に付近に船着場があったことでも知られるだけあって、千曲川に近接した低湿地にある。
　栗林遺跡では、木の実を蓄えたと考えられる多数の貯蔵穴とアク抜きのために使われたと想定される水さらし場状遺構が出土している。栗林遺跡の貯蔵穴からはクリと同じくアク抜きが不要なクルミも多く出土し、水さらし場状遺構はクリ材で構築されている。これだけを見ると、水さらし場を用いるようなアク抜き文化を受け入れる必要もなかったものと思われるがどうだろうか。
　八ヶ岳西南麓とは違い、もともと長野県の北半にあたる千曲川流域では、縄文時代前期や中期にも長野市松原遺跡や千曲市屋代遺跡群のように川沿いに拠点的な集落が発達しているので、低地に遺跡が立地することすなわちアク抜き文化の受容の証拠とは言えないが、貯蔵穴と水さらし場がセットになっているものは、栗林遺跡（縄文時代後期前葉）以前の時期のものは知られていない。
　北村遺跡と栗林遺跡の石器の器種については、おおきな変動があるわけではない。仮に石器の器種や組成だけからみれば大変化ではない。そもそも両者の差は、遺跡の立地の差と考えることも可能かもしれない。
　しかし筆者は以下の理由から、栗林人は、高度化したアク抜き文化を受け入れたと考える。それは、縄文時代中期にだけとくにクリ利用が顕著であることによる。縄文時代中期の屋代遺跡群（長野盆地）、茅野市長峯・聖石遺跡（八ヶ岳西麓）は、クリ材の利用が顕著である（寺内ほか 2001、柳澤ほか 2005）。屋代遺跡群では住居内の埋甕からオニグルミが一定量出土している。辻誠一郎は、なんらかの儀礼の可能性も指摘するが、いずれにせよ食料としてクリやオニグルミを多用していたことをうかがわせる（辻 2000）。一方、縄文時代前期の御代田町下弥堂遺跡（浅間山南麓）ではクリ材の利用は少なくコナラ節が主体であることや、青森県三内丸山遺跡でDNA鑑定により栽培の可能性が指摘され

ている資料も中期に属していることから、中期以前にもクリの利用はあったのだが、中期にクリやクルミ利用が特化した可能性を考えたい（高橋 2000）。

　問題の栗林遺跡であるが、最初に述べたようにクリ材も多用されているし、貯蔵穴からもクルミが多く出土していることから、中期型のクリ文化の延長でとらえてよさそうであるが、栗林遺跡の花粉分析によるとクリは少ない（岡村ほか 1994）。クリは風媒花粉であるので、遺跡に近接していなくとも花粉が検出されることが多く、実態より過大に評価されるとも言われる。栗林遺跡のクリ花粉の状況は、植生としてのクリを過小評価してはいないだろう。材木としてのクリの利用は多くても、遺跡周辺でクリ（おそらく食用の）が減少していたことを示していよう。この点については筆者も論じたことがあるが、材木用のクリは、クリの実が取れなくなってからも育てる必要があること、また幹をまっすぐにするには密植している必要があり、集落周辺の開けた場所（開けていると枝が張って、幹も曲がってしまいやすい）より、山や森の中の方が向いている（川崎 1999）。

　つまり、中期のクリ文化（クリに代表されるクルミなどのアク抜きが必要でない植物性食料に依存した文化）の要素は、おそらくまったく消滅したわけではなく、後期以降もクリやクルミを利用することはやめなかったが、遺跡周辺ではクリ栽培あるいはクリの管理はしたくても大規模にはできなくなるような状況であったと考えたい。縄文時代後期の植生について栗林遺跡以外にまとまった花粉などの資料はないが、前述の屋代遺跡群の晩期の層の花粉分析によれば、モミ属、ツガ属が一定量検出されていて、ヒプシサーマル期（後氷期の中でもっとも温暖であった時期）に相当すると考えられる縄文時代前期（「縄文海進」はこの温暖化の影響とされる）に比べれば、寒冷化していたことが想定される（前田 1980、田中・辻本 2000）。

　また、クルミはクリよりは寒冷化に強い（今も長野県はクリばかりでなくクルミの産地である）が、現在よく知られているクルミは西洋品種のものであり、縄文時代のクルミは、オニグルミなどの殻が厚くて堅いものが主体で、アクを抜かなくてもよいが、殻を壊しにくく、さらに食べるところが意外に少ないものであった。関孝一は可食部が少なく、脂質分が多いことから食用ではなく、それ以外の用途をも視野に入れている（市川 1987、関 1998）。関の長野県内遺跡

のクルミ出土遺跡の集成によれば、縄文時代中期が7例であるのにたいし、後晩期は3例（栗林遺跡をいれて4例）となり、そもそも後晩期は中期に比べて遺跡が少ないということを勘案しても、クリの代替食料にはならなかったと考えられる。クリ以上にクルミは枝が張って、さらに根が浅いので倒れやすいなどの点もクルミが縄文人の主要食料にはならなかったことの原因であるかもしれない。

気候以外の要因も考えられる。たとえばモノカルチャーになると病害虫などの影響で壊滅しやすい（高度化されたアク抜きシステムはドングリなどの多種多様な堅果類を利用するので、その方がそのリスクは少ない）。

いずれにせよ、気候の変動に起因し、さらにモノカルチャー的な生業の脆弱さゆえに、縄文時代中期のクリ文化はそのままの形では維持できなかった。それゆえに、高度化されたアク抜きシステム（この場合は水さらし場状遺構。クリやクルミによる食料の依存を続けていられるのならば、こうした施設はいらないはずである）を受容したものと筆者は考える。

栗林遺跡に北村遺跡にはなかったより高度化されたアク抜きシステムが存在したことは、生業や文化を考える上で大きなメルクマールになる。中央高地では、おおまかに縄文時代後期前葉に高度化されたアク抜きシステムが導入されたという歴史的事象を示していると考える。

北村遺跡には抜歯人骨がまったく存在しないこと、栗林遺跡からは抜歯の有無がわかるような人骨は出土していないが、北村遺跡と栗林遺跡のほぼ中間に位置する同じ千曲川水系（犀川水系）になる中条村宮遺跡からは抜歯された人骨が出土している（堀之内式か。千曲川水系古代文化研究所編 1993）。縄文時代の抜歯の文化も、東北地方が古く、これが西へ伝播したことが推測されている（渡辺 1985）ことから、北村遺跡と宮遺跡や栗林遺跡では、若干の時間差があり、前者はアク抜きシステム導入直前、後者はその直後のものと想定する。

西日本の縄文時代前期や中期の生業については、東日本ほど、筆者が想定するようなクリに特化するようなことはなかったのだろう。それは、クリは本来温暖湿潤地域の植物であるから西日本でも栽培に向いている作物（今でも丹波栗は有名である）であるが、九州ほどではなくてもアカホヤ火山灰の降下で、森林自体がダメージを受けていたのか、あるいはいったん壊滅的に減った人口

が回復するのに、石器時代の環境では、数千年単位で時間がかかったのかもしれない。

　火山灰の影響が人間の生活に及ぼす影響は、数千年どころか数万年に及ぶこともある。縄文時代どころか旧石器時代の姶良丹沢火山灰（AT）やアカホヤ火山灰が降下して土壌化した地域は基本的に水田に向いていない。福岡平野や筑後平野は、火山灰が偏西風の影響で東に流れたため被害は比較的軽度であったため九州の中では水田が行えているのである。

　それにしても東日本では、北東北地方以外では、遺跡が増えるということはないのに、西日本はどこでも遺跡は増加する傾向にあり、そのまま弥生時代に発展していくように見える。これは一体どういうことなのか。

　これには二つの理由が考えられる。一つは先ほどから言っているように西日本の内在的原因というより、クリ文化に特化して依存していた東日本縄文社会の崩壊（東北や関東地方は、中央高地ほど植物依存度が高くなかったため、ダメージはより少なかった）による、圧力（人間集団の移住移動を含む）があり、今一つが高度化されたアク抜き文化のシステムでも東日本は基本的に回復することはなかったためであろう。

(3)　西日本の縄文後晩期文化と生業

　九州は、やや漁撈に比重が大きかったかもしれないが、西日本はある意味クリに特化しないバランスの良い縄文文化を育んでいたのかもしれない。アカホヤ火山灰後のともに縄文時代前期の、九州の長崎県伊木力遺跡（森・松藤ほか 1990）や近畿地方の鳥浜遺跡（鳥浜貝塚研究グループ編 1979）がいずれも植物を多様に利用しつつも狩猟や漁撈も行っていたことがわかっている。逆説的に言えば、東日本に比較してアカホヤ火山灰降下の影響が強かったため、あらゆるものを利用するという西日本の方向性は、いたしかたなかったのかもしれない。

　渡辺が推測するように、時期を前後して抜歯や打製石斧などを伴う植物利用の文化（筆者はこれを高度化されたアク抜き文化と考える）が、西日本の近畿地方はもとより、九州まで席巻したのだろう。アク抜き文化のシステムは、その根底が同じである西日本縄文社会にとっても、それほど違和感なく受け入れられたことは、想像に難くない。

九州については、阿高式土器の文化の起源が曽畑式土器の文化にあるかどうかは、まだ結論は得られていないと筆者は考えるが、どちらかというと阿高式は縄文式にいれてよいと思われる。曽畑式と阿高式の共通点は胎土の混和材に滑石を用いるという点ぐらいであって、土器の製作技法や形態に限って言えば、あまり共通点はない（回転縄文を用いない点も共通するが、縄文がない縄文式土器は珍しくない）。矢野健一が指摘するように並木式・阿高式は中期末あるいは後期初頭の土器型式であり、中期前半には春日式（船元式と関連が強い九州の在地土器型式）あるいは瀬戸内の船元式自体が九州に分布していると考えられることから（矢野 1995）、これまた土器型式の系統からの推測となるが、曽畑式以来のものではない可能性が高い。並木式や阿高式の形態的特徴（口縁部文様帯をもつ平底深鉢形土器）は、朝鮮半島同時期の櫛目文土器に比べると、はるかに東日本の縄文土器に近い。仮面の文化（阿高式は貝面、中津式は土面という素材の違いはあるが）が九州と西日本で共通することを見ても、阿高式の文化が九州以東の縄文文化と決定的に異質であったとは思えない。

　しかし、東日本では、後期以後も高度化されたアク抜き文化は、縄文中期の栄光を取り戻したかというと、東北地方を除けば、回復することはなかった。アク抜きという生業の枠内では、クリの生産力に匹敵するところまではいかなかったのだろう。その後もしばらくは寒冷化が続いたとすれば、クリ文化に戻るわけにもいかなかったに違いない。

　一方、いったんおそらくは東北地方起源の高度化されたアク抜き文化が九州まで及んだが、九州では、その生業の優位性だけでなく、それらに付随する抜歯や第2の道具（土偶、石棒、石剣、独鈷石など）が後晩期に九州に受容されたところを見ると、生業に付随した精神文化に魅了されたかのようである。これが、田中モデルの真相ではないかと思われる。ただし、筆者はいわゆる在地系土器の粗製化は、大木式や加曽利E式といった磨消縄文文化の土器が入ってきた地域で比較的共通する現象であって、これが精神文化の受容に対応しているか否かについては、さらに検証する必要があると考える。

　では、西日本縄文文化の勃興の原因となった生業とはなんであろうか。まず前提として、①最初のきっかけは、東北地方由来の高度化されたドングリアク抜きシステム、②ただし、高度化されたドングリアク抜きシステムでは、東日

本縄文のクリ文化の繁栄は取り戻されることはなかった、という点を確認しておきたい。

①の点については、そもそも西日本の縄文前中期の文化システムは、自分たちの地域社会を維持していくことにおそらく主眼が置かれ、周辺地域に比べて卓越したものではなかった。しかし、近畿地方の縄文社会（北白川下層式）では関東や中部の縄文社会（諸磯式）と交流が認められ、決して東日本と異質な社会でもなかった（小杉 1984・1985）。よって縄文時代中期後半に東日本のクリ文化が崩壊していくなかで、多かれ少なかれ影響を受けた西日本縄文社会にとって、ドングリアク抜きシステムやそれに伴う文化は決して拒絶すべき性質のものではなかった。考古学的な証明は難しいが、とくに九州の縄文社会にとって東日本の縄文文化の産物は、理解を超えたものではなく、理解の範囲内ではあるが、高度なものあるいは非常に珍しいものとして映ったのではないか。

②については、これは西日本を見るまでもなく、何度か繰り返しているように東日本、とくに中央高地と関東平野の縄文文化の後晩期様相が本質的には、中期に及ばなかったことに現れていよう。ただ、関東平野は中央高地に比べて、クリ文化の依存度はやや少なく、貝塚文化もあったため、中央高地ほど劇的な崩壊はまぬかれた。

では、西日本縄文文化はなぜ発展できたか。これは東日本縄文文化にはなかった新たな生業やシステムが獲得されたためではないだろうか。

土器型式の構造から見てみると、この時期の西日本縄文文化の特徴は著しい無文粗製化である。これは後晩期全体を通じて見られる現象である。土器型式からこのことを語るためには、まず西日本の後晩期の無文粗製化について考えてみたい。

さて、西日本の土器の顕著な無文粗製化の背景にも、筆者は西日本独自の低湿地に適した生業が発達したためではないかと考えている。そのきっかけは東日本起源の高度化されたドングリアク抜き文化であったのだろう。ただし、ドングリアク抜き文化の中心であるアク抜きが必要であるドングリはブナ林帯といった日本列島では比較的寒冷な地域に多い（市川 1987）。ドングリアク抜きシステムによって補われた縄文文化の恩恵は、西日本より東日本でもっと広く見られてよさそうなものである。

第3節 組成と構造

　ところが、実際は渡辺誠が桑飼下遺跡の調査などで見通したように、打製石斧や貯蔵穴の増加は、植物食利用の反映である（渡辺 1975a・b）。これらが相関関係にあるという今村啓爾らの研究（今村 1989）もあり、合理的な説明である。こうした生業システムは、もともと西日本にもまったくなかったわけではなかろうが、これらが急激に増加する中期末から後期初頭の全体的な傾向を考えると、土器づくりのシステムが単なる文様形態の意匠のはやりすたりではなく、土器型式の構造、つまり生業と密接にかかわる部分で変化していること、すなわち植物食利用のシステム（ドングリアク抜き文化のシステム）と土器型式構造の変化（有文・無文、精粗の作り分け、つまり無文精製土器の出現）は、密接に関係していると筆者は考える。

　その後、関東地方でいう堀之内式や加曽利B式期までは、磨消縄文土器は北海道南部から九州北部まで非常に関連性の強い土器型式群として各地に成立している。土器型式の装飾形態が類似しているからといって生業などの他の文化要素が常に相関しているかどうかは、微妙な問題であるが、この場合は、町田勝則が指摘するように有茎石鏃や定角式磨製石斧、分銅形打製石斧の出現と広がりといったさまざまな石器が単独ではなく、前後して汎列島的に広がっていく縄文時代後期の様相（町田 1986・1991）を見れば、これらが別々に広まっていったというよりは相関したシステム、つまり生業全体のシステムも広まったことが反映している可能性が高いと筆者は考える。そしてその生業のシステムは植物利用以外に漁撈や狩猟のシステムも含まれていたかもしれないが、漁撈や狩猟は地域的な環境に制約がある上に、劇的に捕獲量が増えるものではなかった。よって、植物食利用（ドングリアク抜き）がもっともインパクトを与えただろう。

　ただ、加曽利E式から加曽利B式までの理解は土器型式のおおまかな流れとは整合的である。中期大木式や加曽利E式のあとの関東地方の土器型式名で言えば、称名寺式、堀之内式そして加曽利B式までは、西日本の土器型式中津式、北白川上層式などと比較的対比が容易である。もちろん地域差はあるが、共通する器種も多い。

　問題は加曽利B式以降の縄文時代後期後葉に、西日本には凹線文土器（近畿では、元住吉山式から宮滝式）という土器型式群が成立すると、東日本、たとえ

ば関東地方の安行式とはかなり様相が異なってくることがある。これは単に土器づくりのシステムだけ、とくに文様形態の意匠が変化しただけかもしれない。

しかし、東日本の土器型式の変遷はともかく、西日本の土器型式の無文粗製化は著しい。近畿地方の土器型式で言えば、元住吉山式、宮滝式などをみると沈線あるいは凹線で口縁部や胴部を主に装飾するようになり、縄文施文部分は、著しく減るかあるいはほとんどなくなってしまう。

無文化はすすんでも、それでもまだ深鉢形土器の器面調整にはミガキが施されているものも多く、それほど粗製化していないが、晩期になると初頭はともかく、滋賀里Ⅱ式以降の粗製化はいっそう進んでいる。さらに晩期後半の突帯文土器の時期になると文様がほとんどなくなるだけでなく、深鉢形土器はほとんど粗製といってもよいほど、器面調整は粗雑になり、精製の土器は浅鉢形土器に限定されてしまう。

西日本では中津式をもって後期の嚆矢となすが、中期までの地域性の強い土器型式は、徐々に比較的斉一性が高い土器型式へと変わっていく。中津式の時期は、九州では中津式自体はまだ限定的であるが、その後、福田Ｋ２式や北白川上層式期を経て、先ほど指摘した太い沈線あるいは凹線で土器を装飾するようになる後期後葉以降は突帯文土器、そして非常に乱暴に言えば、最初の弥生土器と考えられたいわゆる「遠賀川式」まで、九州、中四国、近畿、そして東海や北陸まではかなり密接に相関している。

もちろん弥生土器（遠賀川式土器）の広がりの背景には水田稲作文化があり、おなじ論法で言えば、突帯文土器の段階も水田稲作文化の広がりのさきがけあるいは広がりが早まっただけなのかもしれない。

プラント・オパールや籾痕などの植物学的な証拠は、縄文時代の晩期さらにはそれ以前にも遡っているので、あるいは植物としてのイネは縄文時代晩期以前にも遡るのかもしれない。しかし、雑草としては育つことがない、イネを生育させるための施設（つまり水田や水路など）が見つかる段階までは、やはり本格的な水田稲作社会とは一線を画すべきだろう。

西日本は後期前半にアク抜き文化の生業やシステムを受け入れたが、それを独自に発展させたかあるいは違う生業やシステムを発展させた可能性が高いと考える。それは、西日本に先駆けてこのシステムが導入された中央高地や関東

地方は、その後も劇的に遺跡数が回復するということにはならなかったことが示唆している。つまりこのアク抜き文化の生業やシステムが普遍的かつ卓越していたものであったとすれば、そもそもの発祥地である東日本全体がその後ますます発展していったはずである。しかし、そうはならなかった。後代の民俗例ではあるが、飛騨や信濃を中心とした中央高地ではアク抜き文化の類例が豊富であるにもかかわらず、本格的に水田稲作が普及してきたと考えられる弥生時代中期後半まで遺跡数が回復することはなかった。つまり、西日本の縄文時代後晩期の隆盛は、そのきっかけこそ東日本の縄文アク抜き文化の影響であったかもしれないが、その後、独自の文化や生業を獲得した結果であると私は考える。その生業システムとは何か。

　藤尾慎一郎がこのことについて縄文から弥生という流れの中で、実に総合的にうまく説明している（藤尾 1993）。藤森栄一の縄文農耕論（こちらは中期の陸耕を想定している）に引き続いて、九州の縄文晩期農耕論は、弥生時代の開始の問題ともかかわって議論がかわされた。よって学史的にも重要であるので、藤尾以前の研究成果にも触れておきたい。

　かつて、賀川光夫らは九州の後期末から晩期初頭の黒色磨研土器は、中国新石器時代の龍山文化の黒陶の影響を受けたもので、それは龍山文化のアワなどの雑穀文化を受け入れた証拠であるとした（賀川 1966・1967・1980）。縄文農耕論の延長としての賀川らの立論には佐原真の反論がある（佐原 1968）。中国新石器時代の理解や石器の理解への反論は佐原論文を参照されたいが、土器の系譜自体については佐原や渡辺誠も指摘するように、表面にミガキ（磨研）をかけて黒色処理する手法は、後期の加曽利B式などの磨消縄文土器に見られる手法である。九州のいわゆる黒色磨研土器もそうした縄文土器の中の系譜をひくものであり、龍山文化の黒陶から来たとする積極的な証拠には欠ける。

　土器の製作技法的観点や系譜から言えばそうかもしれないが、西日本では凹線文土器の段階で、生業に大きな変動があったとする視点自体はやはり筆者には興味深い。賀川らの立論は非常におおまかであり、資料の用いかたには問題があるかもしれない。しかし、筆者は賀川らが土器と生業を関連させて考察を進めていることに興味を覚える。それぞれは独立した文化要素ではあるが、関連してはいないかという視点をもっている。この点について、筆者は共感を覚

える。

　いずれにせよ、いくつかの疑問が残る。東日本の縄文文化の諸要素がいったん九州までは到達し、いくつかの文化要素は受け入れられていた。そして、いったん東日本的な装飾過多な縄文土器が成立したが、その後急激に無文化あるいは粗製化したのはなぜなのか。生業とは無関係に無文化や粗製化が進んだと言えばそれまでであるが、このことを佐原もうまく説明してはくれていない。日本列島（とくに西日本）に内在的な原因が何かあったのか、それとも列島外からの影響なのか。

　よって、筆者は作業仮説的な推論で西日本縄文後晩期文化を説明したい。前述したように一般に縄文時代前期がもっとも温暖で、徐々に寒冷化し、縄文時代後期は前期に比べれば寒冷であったと推定されている（安田 1992）。だとするとクリ文化（クリに代表されるとくにアク抜きをしなくてよい植物に頼る文化）が寒冷化の中で衰退し、寒冷化を克服するために漁撈や狩猟といった分野もとうぜん見直されたはずであるが、これらの生業システムは地域的にどこでも発展させられるという普遍性がなく、生産性が著しく増加することは望めなかった。よって、汎列島的にドングリアク抜き文化に傾斜した。しかし、これもクリ文化を卓越するほどではなかった。

　そこで、西日本ではあらたな文化システムが構築された。これが賀川のいうように陸稲や雑穀を含むような畑作文化であれば、筆者は西日本縄文文化の興隆をうまく説明できると考える。陸稲はともかく雑穀（ミレット）は寒冷化に強いし、生産性ものちの水田稲作に比べれば落ちるが、高度化されたアク抜き文化よりは上回っただろう。これについて藤尾は、石器や土器の組成、植物遺存体などを総合的に分析し、後期後半に雑穀・穀物が九州に伝播したとする。遺跡から出土した諸データに基づいた藤尾の説明にこれ以上筆者が付け加えることもないような気もするが、問題提起のため少し仮定を含むが話をすすめることとする。

　賀川は、黒色磨研土器（縄文時代後晩期）をこうした縄文農耕（畑作）の反映と考えたが、黒色磨研土器は、それが盛行するのは後期後半から晩期初頭にかけての比較的限定された時期であるし、東日本にも見られる要素である。むしろ、西日本の縄文後晩期を象徴する土器の装飾形態の特徴と言えば、無文化と

粗製化である（家根祥多は晩期の粗製化を強調するが、大きな流れからみれば後期からすでに粗製化は始まっていたのではないかと筆者は考える。家根 1992）。主体的な土器を無文化あるいは粗製化させる原因は、アク抜き文化の一つの結果であったが、本質的なものではなかった。その証拠に、東日本では中央高地などで無文・粗製化は進むが、西日本ほど徹底的ではない。やはり家根が指摘するように、本質的には後期末から晩期になって亢進したものだろう。

　さらに浅鉢の導入などもあるかもしれない（山崎 1983）。後述するが、松本直子は無文化した深鉢と浅鉢をリンクさせている（松本 1996a）。しかし、羽生淳子も指摘するように、浅鉢自体は西日本の動向とは直接関係なく存在している（Habu 2004）。つまり、結果として後期後半以降の無文化著しい深鉢と浅鉢がセットとなったと考えた方がよいと考える。

　山崎純男は浅鉢の出現を、打製石斧の増加と関連づけ、渡辺のモデルにそうような論を展開する。山崎は浅鉢の増加を後期前半（北久根山式）以降とするが、筆者は浅鉢の導入を、もっと早い段階、後期初頭に始まっていたと考える（本書第II章第3節1）。浅鉢を何に使ったのかはよくわからないが、いずれにせよ高度化されたアク抜き文化の導入に伴った要素と考える。あるいはデンプンをこねるために使ったのだろうか。浅鉢は、土偶や石棒などと同じく、高度化されたアク抜き文化からさらに新しい生業や文化になっても、決して不要にはならなかったので、残っていったのだろう。

　いずれにせよ、石器や遺跡の解釈の問題に行く前に、賀川の縄文農耕（畑作）文化の比較対照先が的確ではなかったと思われるがどうだろうか。東日本に新たな生業の起源が求められないとなると、まずは自発的なものかあるいは朝鮮半島と比較するのがごく自然だろう。

(4)　朝鮮半島、中国東北部の新石器文化と土器

　旧石器時代以来、日本列島が朝鮮半島を通じて大陸文化の影響を受けなかった時代はないと言ってよい。それは主に地理的な条件からくる。今も朝鮮半島南部から対馬は見ることができるし、対馬から壱岐、そして九州へ渡ることは、縄文人が八丈島へ渡ったことを考えると非常に容易であろう（八丈島は伊豆大島の海岸からは直接見えない）。賀川らがなぜ朝鮮半島南部の文化と比較しなかっ

たのか不思議であるが、当時の状況を考えると、その理由はわかる気もする。たとえば弥生時代の水田稲作は土器や石器の基礎的な比較からだけでも、朝鮮半島南部の影響は無視できない。しかし、福岡県菜畑遺跡や板付遺跡の初期の水田跡に対応するような水田跡が（まず存在するには違いないだろうが）朝鮮半島南部ではなかなか見つからない。いわんや畑作に関する遺構や遺物が、当時はよくわからなかったということもあったのだろう。

　これは、考古学調査の体制の問題（韓国は学術調査中心で、日本は行政発掘中心である）とか発掘調査の原因となる開発行為がどのような地域で行われたかといったことで、当時の日本と韓国に差があったためかもしれない。しかし、今日、韓国でも日本同様の大規模な面的調査が行われている。しかし、それでも水田跡が発見されたという報をあまり聞かないのは、水田稲作が朝鮮半島南部から九州へ伝わったにしても、日本の弥生時代に並行する初期水田が、朝鮮半島南部では非常に限定された地域で営まれたのではないか。水田はさておき、朝鮮半島南部の土器については、賀川らが立論した時代に比べ格段に情報量は増えている。主に土器型式と生業や文化の関係を見ようというのが本書の趣旨なので、ここは日本列島と中国大陸という比較だけでなく、朝鮮半島や東アジアの諸地域についても触れてみていきたい。

　仮に西日本縄文時代後晩期の新たな文化システムが内在的な発展でなく、藤尾の言うように列島外の影響であると考えると、列島周辺の状況はどうなのであろうか。非常に簡単ではあるが、土器型式と生業や文化の関係を念頭において概観しておく。

　朝鮮半島の新石器時代、櫛目文土器はおよそ日本列島の時期区分でいえば、縄文時代中期までで終わり、その後は著しく無文化し、無文土器へ移行していく。縄文時代中期から後期の変動と同様な現象が朝鮮半島にも見られる。櫛目文土器の編年は、例えば朝鮮半島南部慶尚南道の永佳里（スゲリ）貝塚の例を見てみると（釜山大学校 1981）、当初深鉢形土器の全体に文様が施されていたのに対し（水佳里Ⅰ期）、徐々に胴部上半部に施文部が少なくなっていく（水佳里Ⅱ期）。最終的には型式学的な系譜関係は不明であるが、沈線がただ回るだけの土器や二重口縁の土器（水佳里Ⅲ期）を経て、青銅器時代の土器とされる（朝鮮半島）無文土器につながる（早乙女 2000）。筆者は朝鮮半島や中国大陸の新石器時代の土

器について概説的なこと以上のことは知らないが、さらに朝鮮半島北部や中国東北部の土器も早期新石器時代は口縁部から底部近くまで施文されるが、徐々に口縁部上半だけに施文されるようになり、晩期新石器時代には施文部分は土器の上半にほぼ限定される。青銅器時代の土器はいずれも文様装飾に乏しいという傾向にある。ただ、朝鮮半島北部から中国東北地区にかけての新石器時代の土器は、いずれも多くの縄文時代前期以降の土器と同じく平底であるのに対し、朝鮮半島南部の新石器時代の土器（櫛目文土器）は尖底である。

　さて、朝鮮半島（中国東北部に接する地域を除くと）における新石器時代の土器の形態の変遷は、縄文土器と異なり絶えず尖底の深鉢形を維持している。これは、朝鮮半島と日本列島がまったく無関係ではないが、少なくとも列島の縄文土器が担っていた生業システムと朝鮮半島の櫛目文土器が担っていた生業システムとが少し異なっていたことを反映していると筆者は考える（曽畑式土器を縄文式と認めるのならば、曽畑式は例外的な例であるし、少なくとも、曽畑式が日本の縄文土器の主流となることはなかった）。朝鮮半島でも日本列島の草創期や早期のような狩猟文化が維持されつつも、貝塚などがあることから漁撈文化も発達していったが、日本列島のようなアク抜きが必要とされるような植物食の加工という方向にはとくに特化していかなかったことが土器の形にも反映していると考えたい。九州の伊木力遺跡に見られるように、狩猟と植物利用そしておそらく漁撈もバランスよく利用していたのに近い状態であっただろう。ちなみに伊木力遺跡の主たる時代は前期曽畑式であった。

　日本列島と朝鮮半島の土器の起源がどのような関係にあるのか（同一起源であるのか、別途独自であるのかなど）、不明の点が多いが、土器の形態装飾のみから判断すれば、おそらく縄文時代草創期や早期の土器利用法と朝鮮半島の櫛目文土器に先行する隆起文土器や櫛目文土器の土器利用法は共通する部分が多かったものと思われる。しかし、日本列島では縄文時代前期に、深鉢形土器で口縁部文様体帯の強化と器形の平底化が進んでいった。一方、朝鮮半島では、櫛目文土器はそのまま尖底であった。

　日本列島の状況から考えると朝鮮半島の尖底櫛目文土器文化は、縄文文化の大きな要素であったアク抜き文化的な装飾形態とはかなり異なっている。尖底が維持されたということは、少なくとも日本列島のような熱効率を犠牲にして

まで安定性を求め、つまり住居跡の中央にずっと土器を据えておくような文化スタイルでなかった。これは、日本列島がドングリなどをはじめとするアク抜きが必要な堅果類の利用ということに特化して定住化を進めたのに対し、朝鮮半島はおそらく漁撈や狩猟文化システムにより定住化が進んだのであるが、縄文社会のように森の中を切り開いて大型の集落遺跡を発達させるような方向ではなかったことを示していよう。

一方、朝鮮半島より北の中国東北部、ロシア極東地方では、平底の深鉢形土器が発達するが、とくに中国東北部では、新石器時代にはすでに雑穀を中心とした栽培植物を基盤とした文化が発達していた。ただ、縄文土器のような口縁部に文様帯をもつことはない（口縁部直下に突帯や隆線の区画が施されることはある。たとえば興隆窪文化の土器など。しかし、各時代や地域を通じて、日本列島のように口縁部文様帯は継続して存在しない）。

筆者は口縁部に文様帯をもつことを縄文土器の生業や文化の本質にかかわる一大特徴と考える。中国東北部の新石器時代の煮沸用土器は、日本の考古学風にいえば、平底深鉢形土器中心でありこの点では日本の縄文土器と共通しつつも、ほとんど口縁部に文様帯をもたない。この土器の形とくに生活にもっとも密着している煮炊き用の鍋は、おそらく、栽培植物を受け入れつつも、華北ほどには雑穀中心の文化ではなかったことを反映していると筆者は考える。華北の新石器時代の土器、例えば仰韶文化あるいは龍山文化の煮沸用土器は、丸底あるいは尖底である。穀物（雑穀を含む）の煮炊き中心になれば、アク抜きが必要な堅果類などを調理する場合の長時間の加水加熱処理は必要でないばかりでなく、アク抜きの必要のない堅果類（たとえばクリなど）を煮るような時間も要らない。筆者がクリ文化全盛期と考えるような縄文時代中期の東日本の深鉢形土器が平底という形態を放棄しなかったのは、アク抜き文化を放棄できなかったことも大きな一因であるが、アク抜き不要のクリなどであっても、後世のイネの煮炊きに比べれば長い時間の加熱が必要であったことが考えられる。

つまり、高温ではあるが、煮炊きは短時間でよいので、土器の形態は、当然安定性より熱効率が優先され、平底ではなく丸底あるいは尖底であるのだろう。逆に熱効率とは無縁の土器、仰韶や龍山といった中国華北（黄河流域）の新石器時代の土器でも非煮沸用の土器（貯蔵用の壺や供献用？の鉢）はいずれも平底

である（中国社会科学院考古研究所編 1982、王 2003）。

　中国東北部は、青銅器時代はもとより鉄器時代になっても、雑穀類の栽培は存在している。さらに、寒冷な地帯であるためか、雑穀以外のさまざまな食物に依存せざるをえなかったことが知られている。いわゆる靺鞨罐（中国東北地方にいた靺鞨が使用したとされる土器）と呼ばれる土器が無文化は著しいが、やはり平底であるのは、栽培食物とくに雑穀類を導入しつつも、依然として野にある様々な植物資源（堅果類など）を食用とせざるを得なかったためであろう。高温ではあれば短時間の煮炊きですむような、雑穀をはじめとする食料だけに依存することはできなかった。動物も家畜以外に野生動物を狩猟の対象とする社会であった。いずれにせよ、中国東北部は華北と同じような農業形態をもてなかった地域であり、平底深鉢形土器を比較的多く煮沸用の鍋として長く使い続けたのは、その地域の特色である。

(5) 東北アジアの土器無文化現象

　華北に比べると完全に雑穀中心の文化に移行したのではなかったが、中国東北部は朝鮮半島や日本列島に比べて、雑穀をはじめとした栽培植物を受け入れるのが早かった。

　しかし、興隆窪文化、趙宝溝文化、新楽下層文化といった新石器時代早期と小珠山中層文化、小河沿文化といった新石器時代晩期の文化では、同じ平底深鉢形土器を中心としているのであるが、前者が装飾性に富むのに対し、後者はより文様が簡素になっている。

　朝鮮半島も櫛目文土器は沈線文で全体が装飾されているのに、新石器時代晩期に位置づけられる二重口縁の土器は、胴部に文様はない。

　とくに縄文土器の無文化と同様に、櫛目文土器の無文化が発生したことは興味深い。両者の無文化が、系統的な関連あるいは文化的に関連が密接でなくても、仮に自然環境の問題を遠因として、それに対応するための文化的な試みの結果だとすると理解しやすい。

　土器の無文化を呼び起こしたものは何か。まだ決定的な解答はないが、東北アジアでは土器の無文化が中国東北部で先行し、やや遅れて朝鮮半島や日本列島で起こったことを考えると、中国東北部で起こった現象が、朝鮮半島や日本

列島でも起こったのではないだろうか。松本直子は西日本の縄文後晩期の土器の無文化は、朝鮮半島の無文土器の影響であると指摘し、この背景として「農耕」などの生業の変化なども示唆する（松本 1996b）。

松本が示唆する「農耕」は山崎や藤尾が想定するように、雑穀文化の流入と筆者は考える。さらに、雑穀文化が流入したと作業仮説的に設定してみた時、日本列島の縄文土器の様相と比較的よく対応する。

縄文時代の土器型式群のまとまりを概観してみる。日本列島の状況は、東日本と西日本が後期の初頭にはいったん、ほぼ列島全体がリンクされるような土器型式群を構成しながらも、その後、後期後葉に大きく西と東に分かれた。早期の後半に東日本の沈線文と西日本の押型文に大きく分かれたが、前期や中期はいくつかのブロックに分かれはしたものの、列島を二分するような土器型式の分布にはならなかった。そもそも日本列島の中央にフォッサマグナが横断し、東西（地質では東北日本と西南日本とする）に分かれやすい地形的特徴を有しているが、それが文化的必然かというとそうでもない。

しかし、後期後葉に発生した東西日本の分化は、その後晩期にも引き継がれていった。こうした状況は土器づくりのシステムだけでなく、他の文化要素や生業をも含めた大きな文化の枠組みが東西に分かれて行ったことを示すと考えたい。では東西の差を歴然とさせていったものは何か。

もし仮にドングリアク抜き文化がそのまま列島の東西で維持されていったのならば、土器型式群も東西にわかれることもなく、さらに遺跡数が西日本だけ増加していくこともなかったのではないかと思われる。

そこで、筆者もその原因を大陸や朝鮮半島で波及しつつあった新しい文化の浸透の結果によるものではないかと考える。その新しい文化とは、それは華北のアワ文化でも、江南の稲作文化でもなく、中国東北部から朝鮮半島を南下してきた文化、雑穀文化ではないかと考える。それも大陸や朝鮮半島にくらべると限定的なものではなかったか。

雑穀文化が浸透すると土器の無文化がすすむのか。縄文土器について言えば、高度化されたアク抜き文化がきっかけとなり、雑穀文化の導入が促進されたのではないか。これは口縁部をはじめとする文様帯の喪失とも関係がある。無文土器は文様がないというだけでなく、口縁部に隆帯や沈線などの区画すらなく

なってしまう。口縁部のこうした区画は、土器の固定や煮沸対象物が土器器面に垂れてくることを防ぐのに有用であるが、こうした必要がなくなったことが考えられる。文様がなくなっていくのも、煮沸用以外の土器には文様が付けられたままであることを考えると、土器に文様を付けるような習俗自体がなくなったわけではなく、煮沸用の土器を家の中心の火処に長時間置いておく必要がなくなったためと理解したい。完全にリンクしているかどうかはわからないが、大きくとらえれば、無文化と尖底化は調理の時間の短縮に起因している。日本列島における縄文土器の粗製化は、高度化されたアク抜き文化導入における副次的な現象であり、アク抜き文化が促進するとともに専業化されることによって推進されたものである。もちろん無文化が進んだ煮沸用の土器を必要以上に磨きこむ必要もなくなったことから無文化と粗製化は表裏一体の関係にある。しかし、無文化イコール尖底化ではないのは、土器を尖底化して、さらに時間を短縮する必要はなかった（できなかった）と思われる。それはおそらく、仮に雑穀文化を導入しても高度化されたアク抜き文化をはじめ縄文的な生業や食料を払拭するまでにはいたらなかったものと推測する。

　縄文時代の日本列島は、前後の旧石器時代や弥生時代ほど大陸文化とリンクしていたかはわからないが、没交渉というわけではなかった。たとえば縄文時代前期の玦状耳飾をはじめとする玉質装身具類の起源は中国東北部にあり、沿海州から直接あるいは朝鮮半島などを経由して日本列島に到達した可能性が高い（川崎 2006b）。

　他にも北海道と大陸文化の関係や琉球諸島を経由したものなどもあったのであろうが、縄文文化にもっとも影響を与えた大陸文化は現中国東北部やロシア沿海地方などの東北アジアの新石器文化であろう。その影響は何度もあったはずである。その一つがおそらく寒冷化などの環境的変化によって朝鮮半島や日本列島の既存の文化システムに不具合が生じたなかで、縄文時代中期から後期に生じた変動とかかわりがある。それは、日本列島それも西日本では、寒冷化により対応可能な東日本に発達していたドングリアク抜き文化で乗り切ろうとしたが、劇的な回復は望めず、朝鮮半島から雑穀文化（畑作文化？）を西日本縄文社会は取り入れたというモデルを考え、検討する。

(6) 縄文後晩期土器とその文化

西日本縄文後晩期の文化は、土器型式だけ見れば北陸には波及したが、中央高地にはほとんど入ってこなかったようだ（もちろん土器の部分的な装飾形態的な要素などの影響はあったかもしれない）（百瀬 1999a・b）。これは同じく、日本列島が東西に二分された押型文と沈線文の場合とは異なる。東端が中央高地の長野県域、西端が九州にまで広がる押型文土器の文化は、西南日本の山間部を縦断する中央構造線をルートとする「西南日本中央文化伝播帯」[15] によって結ばれると筆者はかつて推測した（川崎 2007a）。これは早期の押型文土器文化（たとえば異型部分磨製石器）だけでなく、前期の玦状耳飾などの玉質装身具類もこのルートと深く関係している。縄文時代後期初頭の高度化されたアク抜き文化が西へ向かった前後の文化要素の動きも、たとえば大木式に見られるような大型渦巻文や渡辺誠が植物食利用の象徴とみなす打製石斧も中央高地を経由して西日本へ波及しているので、筆者が提唱した西南日本中央文化伝播帯も西への重要なルートであったと思われる。

しかし、西日本の縄文時代後期の凹線文土器はほとんど長野県域には、入ってきていない。それはなぜか、西日本の縄文後晩期の文化は、西南日本中央文

---

[15] 童恩正の用いた「文化伝播帯」概念（童 1987）を援用し、西南日本の山岳地帯（中央構造線に沿った地帯）に、共通の文化要素（押型文土器、異形部分磨製石器、大型方形石列など）が分布していて、これは主に水運ではなくて、中央構造線をルートとして相互に文化を共有するシステムがあったとして筆者が設定したもの（川崎 2007）。なお、童は自然環境（気候、地形など）や歴史的環境が似ている中国の辺境とされてきた中国東北、モンゴル、チベットといった中国の古代文明が発達した平野部を取り巻く世界には、旧石器時代から連綿として似た文化要素が存在する。これは中国文明からただ同心円状に伝わったものが残存しているのでなく、この地域に即した文化要素が独自性をもって生まれ、この地域に相互に伝播しあい、共有されているとする。童はこうした非常に大きな地域を辺地文化伝播帯と呼んでいる。一種の「文化圏」（大林 1990）であるが、おそらく細長いので「文化帯」と呼称したのだろう。童の理論と似たものに上山春平が提唱した照葉樹林文化論がある（上山 1969、上山ほか 1976、佐々木 1986）ので、これと対比して説明すると、照葉樹林文化論は、照葉樹林に見られる文化の広がりを照葉樹林文化圏としているが、これには中国雲南省を中心とした「東亜半月弧」という一種の原郷があり、ここからその文化が広がったという学説であるが、童のモデルには、東亜半月弧のような原郷があるわけではない。

化伝播帯を担ってきた伝統的縄文文化（この場合は高度化されたアク抜き文化）とは一線を画すものだったからではないだろうか。それは、西日本では高度化されたアク抜き文化に圧倒的に依存するほどのアク抜きが必要な堅果類は少ない（渡辺 1975a）。高度化されたアク抜き文化によって導入された道具を維持しつつ、あるいはある程度高度化されたアク抜き文化も保持したままで、新たな文化（雑穀文化か）に傾斜していったと考えてはどうだろうか。しかし、中央高地では、アク抜きが必要な堅果類はドングリだけでなくトチなども豊富であり、高度化されたアク抜き文化に固執することになったのではないか。あるいは、雑穀文化を導入したのだが、ある程度機能している社会を新しいシステムに全面的に切り替えるのがむずかしかったのかもしれない。

　さて、それは縄文時代晩期にも克服されることはなかった。西日本のほぼ全域に分布する縄文時代晩期後半の突帯文土器も東海地方には入ってきているが、中央高地に本格的に入ってくることはなかった。

　縄文土器の器種組成からみると西日本縄文後期後葉の土器は、黒色磨研された有文深鉢形土器を中心に、同じような器面調整が施された有文浅鉢形土器に、注口土器などがセットになる。土器のセットからは、縄文後期中葉の東日本由来のセットと基本的な違いはない。しかし、晩期になると煮沸用の深鉢形土器の無文・粗製化が進む。無文化と粗製化はこの段階では非常に密接に関係していたらしく、とくに晩期後半の突帯文土器の段階になると煮沸用の深鉢形土器は、文様はあっても１条ないし２条の簡素な突帯だけにすぎず、器面も磨かれていない。かろうじて浅鉢形土器だけが器面を研磨されている。これは晩期の突帯文土器の社会は、水田稲作は本格化しないまでも、雑穀を中心に陸稲なども導入していたことと関連があるとすると理解しやすい（藤尾 1993）。しかし、中国大陸ほど穀物（雑穀）中心には移行しなかったのだろう。これは弥生時代も同じである。当時の人も意識の上では、おそらく水田稲作文化が中心となっていた（価値の中心であった）のかもしれないが、実際の食料は意外と縄文時代以来のものが少なくなかった（寺沢・寺沢 1981）。

　この時期の東日本はどうであったのであろうか。ドングリアク抜き文化が細々と維持されていった地域（中央高地）では、ますます土器の無文化（無文土器の増加）が見られ、東北地方では深鉢形土器をはじめとする有文精製土器の

鉢形土器、浅鉢形土器、注口土器、香炉形土器セットが成立している。いわゆる亀ヶ岡式文化を支えているものは何か、サケ・マス論に代表されるような漁撈文化なのであろうか。あるいは縄文時代後期以前のクリ文化が復活したのであろうか。それはよくわからない。しかし、中央高地の有文深鉢形土器をはじめ土器型式全体でみると、前述したように西日本の土器型式の影響はきわめて限定的であり、西日本の無文化とは逆の有文精製土器の復活や有文深鉢形土器に口縁部文様帯が維持されているところをみると伝統的な縄文文化のシステムに基づいていることは想像にかたくない。

　縄文時代晩期の東北地方や北海道を支えたものは何か。これは西日本以上の作業仮説にすぎないが、伝統的な高度化されたアク抜きシステム以外の生業が発展したと筆者は考えたい。西日本からの雑穀文化が中央高地や関東地方を飛び越して東北地方や北海道に伝播したとは考えにくい。東北地方の自生的な生業システムか列島外の影響となろう。とくにすでに縷説しているように狩猟や漁撈の発展によって維持されたということもまったく考えられなくはないが、とりあえず植物性食料となるとこちらも雑穀文化の影響はなかったのだろうか。

　それは、この両者が接触していった時の状況からもうかがえる。晩期は、後期同様比較的西日本あるいは東日本で斉一性の高い土器型式が成立している。つまり、それぞれの地域で文物だけでなく、情報の面でも共有度が高かったことがうかがえる。

　突帯文土器の段階ですでにイネ自体の存在が知られていたことは、土器についたモミの圧痕などから推測されているところであるが、イネがまだ突帯文土器の文化を支えていた主な食料であったとも思えない。その大きな理由が、水田をはじめとする大規模な灌漑システムがこの段階にまったく見られないということにある。おそらく雑穀システムがあったところに新しい品種としてイネが入ってきていたのが、徐々に普及したといったところであろうか。

　水稲稲作は、水田や水路といった当時としては非常に大規模なインフラが必要であり、こうした土木工事は縄文時代にないわけではなかったが、こうしたインフラを人間によって維持管理するというシステムは縄文時代には見られない。

　西日本の縄文晩期社会では、長い年月をかけて、イネの栽培というだけでな

く、水稲稲作に付随する水田や水路といったインフラを造成し、管理する社会に変容した段階で初めて日本列島で本格的に水稲稲作を始めることができたのである。

とすると縄文晩期の西日本はやはり依然としてイネを含む雑穀（畑作）文化であったのだろう。しかし、東日本は西日本型の雑穀文化を積極的に受け入れた形跡がない。これは先ほど指摘したように縄文時代後期の中央高地のようにあくまで高度化されたアク抜き文化に固執したのか。恵まれた狩猟・漁撈資源に頼っていられたのか（いわゆるサケ・マス論）。それとも列島外から西日本経由ではない雑穀文化が伝播したのか（たとえばアワ・ヒエだけでなくソバとか）。

植物としての地域的特性から生育に関する適性のようなものがあって普及しないということは当然考えられる。しかし、栽培植物の場合、それを受け入れる社会や文化に栽培植物を育てられる文化的環境がないと受け入れられない。

そもそも西日本の縄文後晩期の雑穀文化を中央高地より東の地域が受け入れられなかった原因の一つがそれではないだろうか。雑穀自体は寒冷地に適した作物であり、中央高地や関東地方でも、稲作がはじまった弥生時代以降も長く畑作物として広く栽培された作物であったから、西日本の縄文後晩期の雑穀文化が受容されなかったのは、その作物の気候などの自然環境的な問題だけが理由であったとは考えにくい。受け入れる側の社会や文化の状況によって受け入れられなかったのかもしれない。だとするとやはり東日本は高度化されたアク抜き文化を中心に比較的豊かな狩猟・漁撈資源にあくまで固執できたから受け入れなかったと理解する方がよいのかもしれない。

(7) 縄文土器の終焉と弥生土器

縄文土器の終末と弥生土器の起源については、非常に多くの研究がある。縄文時代（縄文文化）と弥生時代（弥生文化）を水田稲作の有無で区分するのが、筆者も考古学的にはもっともよい区分であると考えるから、縄文土器と弥生土器の差も、前者は水田稲作社会前の時代の土器、後者は水田稲作社会以後の土器というように定義すべきであると考える。たしかに、素焼の酸化炎焼成の土器という点で両者は共通しており、教科書にあるように縄文土器は装飾が多く黒っぽく、弥生土器はシンプルで赤味がかっているというような、土器自体の

属性から二者を区別するのは意外と難しい。

　縄文がついた弥生土器もある一方で、弥生土器の形式の一つを構成する壺形や高杯形の器形の土器も、縄文土器にないわけではない。縄文時代中期の土器のように装飾性に富んでいない西日本晩期の突帯文土器の有文深鉢形土器には、装飾といっても口縁部あるいはせいぜい肩部に突帯文が貼付されるだけである。

　しかし、より本質的には、突帯文土器の文様を文様帯レベルから見るとどのように位置づけられるのか。口縁部上端近くの刻目があるような突帯をもってここを口縁部文様帯とみなすべきかもしれない。しかし、ほとんどかろうじて残っているというようなレベルである。中期の縄文土器のように口縁部を上端とし、隆帯や沈線を下端とする中に文様が充塡されるようなことはない。

　ところが、中央高地に分布する氷Ⅰ式のような浮線網状文土器では、突帯文土器ほどではないが、煮沸用の深鉢は非常に装飾性が乏しい。しかし、それでもこちらは口縁部文様帯がなくなるということはない。一方氷Ⅱ式（資料が少なく実態が分かりにくいとも言うが）は、口縁部文様帯がなくなっている。もしこの筆者の土器型式理解が正しいとして、仮に「縄文式」土器（日本列島式）とでもいうべき土器型式群が成り立つとすれば、そのメルクマールは口縁部文様帯である。よって、氷Ⅰ式までは縄文式土器であり、氷Ⅱ式からは弥生式土器に入れてもよいだろう（ただし、弥生式土器の定義は、縄文式の定義とは異なるので、正確にいえば「非縄文式」土器とでも言うべきか）。

　しかし、これはあくまで土器型式とくに煮沸用土器の形態的な特徴からの区分である。文化の基本的定義が生業にあるとすれば、現在、縄文時代晩期とされる突帯文土器や浮線網状文土器は、将来、イネの共伴が証明されれば、弥生土器の一種に分類されることがありうるのだろうか。

　この問題は、考古学者が時期区分の問題をどのように考えるかにもかかっているが、筆者は以下の点から、突帯文土器や浮線網状文土器は、仮に今後籾痕土器がいかに増えようと、土器の中にイネのプラント・オパールが検出される例が増えようとも、水田稲作の遺構（水田跡）やそれを支える遺構（水路跡、堰跡など）が検出されなければ、さきほどの筆者の定義による縄文式土器の問題と合わせて考えてみて、やはり「縄文時代の土器」の中に位置づけておくべきであると考える。

詳しく言えば、イネとの共伴といってもイネやそのプラント・オパール、花粉などが同じ地層から出たとか、イネの籾の圧痕が土器に見られるからといったことで、その段階から弥生土器とすべきではないと考える。イネの有無も大事なメルクマールであるが、そのイネが水田といった灌漑施設によって栽培されているかどうかが非常に大事である。つまり、水田やそれに伴う水路といった遺構や少なくとも水田耕作のための道具などが共伴する段階から弥生文化の始まりとすべきであり、その段階の土器から弥生土器とすべきである。突帯文土器や浮線網状文土器の段階にすでにイネ自体が存在していても、未だ水田跡が発見されなければ、この段階をそれ以前の縄文時代の文化や社会とまったく同質の延長とみなすかどうかは別にしても、この段階を弥生時代や文化とみなすべきではないと考える。文化は一つの文化要素で考えるのではなく、複合的な、つまり多くの文化要素から総合的に考えるべきである。

　考古学においては、土器だけでなく文化要素はそれぞれ個別に、その展開と変遷を分析すべきであり、何か一つの歴史的法則のようなもので先験的に断じてはならないとは考えるが、文化要素の集合体として「文化」があるのだから、土器型式学のための土器型式学だけに終始していては、考古学の学問の目標である過去の文化に関する研究は深まらない。

　当たり前のことであるが、土器やその型式もその文化や社会を構成する歯車の一つであり、その大きな流れとは無縁ではなく、さまざまに結びつきあっているはずだ。よって、ここでは、土器の様相を下敷きにして、縄文時代の歴史的変遷を物語るための一つのモデルを提示した。次項では、土器型式というものが具体的には何を示しているのか、あるいはどういう歴史的実態と相関しているかを考え、本書のまとめとしたい。

第Ⅲ章
ま と め
― 縄文土器型式は何を示すか ―

1．石器から見た縄文土器型式と文化

　文化の研究は、一つの文化要素だけでなく、複数の文化要素から考えるべきだということはすでに述べてきたところであるが、一方で、多くの文化要素の詳細を考えていくのは、たやすい作業ではない。本書では、土器とくに土器型式というものを一つの土台として、文化要素の複合体としての縄文文化に接近をしてきた。

　ここで、文化を複眼的に見る必要性に少しでも応えるために、土器とは異なる性格の文化要素としての石器から縄文土器型式と文化を見てみる。

　土器やその型式は、縄文文化の研究において、地質学における示準化石（地層の年代を特定する資料）的な役割が大きく、石器は、示相化石（地層の堆積環境を示す資料）的な役割が大きい。石器にももちろん年代を特定するような要素は大きく、例えば旧石器時代においては、年代の基準としても用いられるし、縄文時代の石器にもそうした要素がある。

　しかし、石器と土器を比較した場合、土器（焼物）の実用的な用途というものが主に煮沸、貯蔵中心であり、その副次的な要素として威信財であったり、土器型式の分析を通じて人間集団や当時の社会の様相が推測されたりするのに対して、石器についていえば、その用途は土器に比べればはるかに多様である。石器は、年代的な変化はもとより、生業のさまざまな特性をより細かく反映していると考えられる。つまり、土器型式とは違った意味で地域やその環境の特性をより細かく反映している。必ずしも石器型式の分布と土器型式の分布は一致しない。

　だから逆にある意味すべての石器が土器型式との比較の上で、文化を考える上で対比資料としての意義をもつ。つまり、石鏃や打製石斧といった器種の存在自体は各地の生業との密接な関わりが想定されるが、石器の中でも小林達雄がいうところの「第二の道具」（生業に直接関わらない、精神文化を反映していると考えられる器物）が、土器型式が示すような人間集団の文化の検討に大きな意味をもっていると私は考える。

　ここでは、筆者が近年関心をもっている二つの石器、異形部分磨製石器と玦

状耳飾を土器型式の研究を検証する石器として取り上げたい。それは、筆者がたまたまこうした資料に巡り合う機会に恵まれたということもあるが、同じ第二の道具でも土器型式との関連の仕方が微妙に異なることも興味深いと感じたからである。異形部分磨製石器、別名トロトロ石器は土器型式と分布が比較的一致する石器である。一方で玦状耳飾は、土器型式の分布域を超えて広域に存在する石器である（川崎 2007a）。

　つまり、異形部分磨製石器は、広く西日本全体に分布しているが、押型文土器の分布域以外には広がってはいかない。土器づくりの文化（システム）や信仰（方形石列、配石遺構）を共有する地域だけが受容する。このことは、土器の形態・装飾やその生産システムが、煮炊きなどの一義的な用途機能を超えた意味をもっていることを示している傍証にならないか。異形部分磨製石器のように、具体的な生業につながるような用途が想定されない（おそらく信仰などと関連がある）石器の分布が、やはり信仰などにかかわると考えられる遺構の分布とともに土器型式の領域と関連していることは、土器型式がその領域の人間集団の信仰などの文化を反映している傍証になろう。

　では、土器型式を超える石器については、どのように考えられるのか。例えば石鏃のように日本列島のみならず東アジアさらには世界的な分布を示すものは、これは生業の発展段階（新石器時代の一様相、例えば狩猟文化）を反映していると考えればよいだろう。先端が尖った小型の打製の石器によって、動物を獲得しようとする文化は、個別地域的なものというよりは、系統的な関係があるかどうかは別にして、人類共有の文化である。しかし、のちに金属製の同様なものが出現すると各地で石鏃が使われなくなることに着目すれば、人類の技術の発展段階のある段階（弓矢の発明以後、金属利用以前）を示しているとも理解できる。

　玦状耳飾のような装身具は、どのように考えられるか。装身という行為自体は、狩猟同様ある意味人類に普遍的に存在する文化であるが、狩猟に関して、何を狩猟の対象とするか、どのように狩猟するかなどというように、装身具についていえば、どの部位をどのように飾るか、身体変更をするかといった価値観は、きわめて地域の個別特殊なものを反映している。ただ、玦状耳飾に見られるようにそれが個別の土器型式の分布域より広いということは、土器型式の

広がり（土器生産のシステムや流通、装飾形態を受け入れる価値観など）よりは、その価値観が普遍性をもっていることを示している。しかし、玦状耳飾に代表される玉文化が無限に広がっていくわけではない。近年の研究によれば、玦状耳飾や玉文化の起源は、東北アジア（おそらく現在の中国東北部）である。しかし、一方で日本列島独自の発達の仕方（形態、素材、製作技法やセットなど）をしたことも分かってきている。

　これは、考古学者の問題意識、あるいは問題の設定の仕方にもよるのであるが、耳朶に穴をあけて引っ掛けて装身するためにＣ字形にした玉質の石製品という点に着目すれば、鄧聰が指摘するように東アジア（北はシベリアから南は東南アジアまで）に共有される文化要素であるし、一方で、製作技法、素材の選択、形態、セットなどに着目すると日本列島という地域やその文化を反映しているものにもなっている。

　およそ日本列島（まだ琉球諸島には玦状耳飾は知られていないようなので、北海道から九州までであるが）の玦状耳飾は、非回転（回転工具を使わない）成形であり、大陸のような真円に近いものはきわめて少ない。大陸では玦は出現時からロクロのような回転工具を用いて玉材から母材（円盤状のもの）を刳り抜くというような方法を用いている（鄧聰 2000・2006）。

　大陸と日本列島の関係を示すものは、装身具のセットからも言える。当初（縄文時代早期末）は玦状耳飾・管玉・匙形垂飾という中国東北地区の新石器時代早期の興隆窪文化（玦・管珠・匕形器）と非常に近いものであった。その後玦状耳飾とそのセットが日本列島独自の発展を遂げ、全国的に普及した段階（縄文時代前期末から中期初）では、玉質の石材で作られるという点や非回転成形という点は変わりないが、三角形の玦状耳飾、「の」字状垂飾といったそのモチーフの起源はあるいはそれぞれ大陸の玉文化にある可能性は否定できないが、少なくともそのセットと流通の範囲は、奇しくも縄文土器型式の範囲を超えない（川崎 1998・2002b・2007b）。

　個別的な問題として朝鮮半島南部の玦状耳飾が日本列島から伝来したものかどうかが、きわめて重要であるが、筆者は基本的に朝鮮半島の新石器時代文化もある程度玉文化を有しており、筆者は朝鮮半島で製作された玉製品の可能性が高いとみている（川崎 2006b）。仮に日本列島からの将来品であったとしても、

これ以外にも確実に朝鮮半島独自の玉製品が知られている。玉文化だけみても、新石器時代において、中国大陸やシベリアなどの東アジア的世界と朝鮮半島や日本列島は関連しつつも、独自性が発揮されるという方向性が示されているものと筆者は理解する。

縄文文化は東アジアの中で孤立してはいないし、むしろ東アジア的世界の一翼を担っていたとも言える。しかし、一方で日本列島独自の展開を見せていることも事実である。そして幸か不幸か現代の日本国の領土とおおよそオーバーラップしているのであるが、それはあくまで結果として一致しているのである。また細かく見ていけば、文化の領域（文化要素やそのセットが示す分布や示唆する空間・範囲）は、決して固定的なものではなく、非常にダイナミックに離合集散を繰り返している。これはなにもすべて人為的なものに由来するのではなく、自然現象（気候の変動や災害など）に起因するものも大きかったのであろう。ただ、現在のように交通や情報伝達の方法が発達していなかった文化や社会の中でも、少数の集団とその周辺だけで一つの社会がなりたっていたわけではなく、中央高地、関東平野や九州島さらには日本列島というレベルでのネットワークが存在していた。そして日本列島のネットワークは大陸や朝鮮半島と場合によってはサハリンとも、日本海や東シナ海を通じてつながっていた可能性が高い。少なくとも研究をする上で、日本列島周辺と比較することは重要である。

縄文時代に日本列島の範囲を示す文化要素の存在は、縄文文化の範疇を示すものとして、「縄文式」土器の概念（日本列島各地の縄文土器型式が列島外とは一線を画して、相互に結び付き合って一つのまとまりを示していて、これらの土器型式群の総称として縄文式土器、縄文土器がある）として設定しうることを、土器型式以外の要素から証明することにつながると私は考える。

土器型式の研究は土器だけに完結することなく、石器をはじめとする他の文化要素との対比研究によって、より内容が深化するのである。

2．縄文土器型式は人間集団を示すか

すでに前項でも述べたが、土器型式の研究は考古学においては、まず時間軸つまり編年の基準となることが期待されている。とくに文献資料がない時代に

はこれが歴史叙述の年代の基礎となっている。次に地域的な枠組みの基準も土器型式がまずその基礎となる。土器以外にも石器や木製品などの遺物、住居跡や墓穴といった遺構なども考古学における重要な文化要素であるが、日本列島の縄文時代において、どの地域、どの時期にも普遍的に資料として望める文化要素という点から見ると、その多寡や内容の差はあっても、土器（焼物）ほどに安定してみられる資料はない。また、石器は、前述したように、時間軸や地域文化の指標ともなりうるが、土器に比べると素材が加工しにくく、造形は難しい。比較の問題であるが、土器の方が、形態や特徴が多岐にわたっている。これは土器やその型式研究が、時間的変遷や地域的な特色を見るためには有利であることを示している。すでに縷説したように地質学でいう示準化石（地層の年代を示す資料）として優れている。さらに年代特定だけではなく、空間（地域）を示す形態・装飾などの属性をも有しているので、地域の交流をも分析する基準ともなる。以上のことは土器や土器型式の歴史研究上の資料的特性というものであって、本質的に歴史や文化を研究する上で圧倒的に優れていると論証されているわけではない。

　石器は一方で土器以上に過去の人間集団の生業などを反映しているので、土器やその型式研究にないものを物語ってくれる。集団としての人間の行動様式としての文化の研究には多くの文化要素の研究が必要である。

　つまり、繰り返しになるが、縄文時代において、その基礎として土器型式研究があったのは、高い遺存性、普遍性、量的豊富さ、可塑・可変性が大きいといった歴史を研究する上での資料として優れた特徴を有していることに他ならない。本書で筆者は、土器（つまりある特定の文化要素）だけ研究すれば、過去の人間の文化をすべて知りうるというようなことを主張するつもりはない。

　しかし、歴史や過去の文化の研究の手段は、それこそ過去の人間が残した文化要素はすべて利用すべきである。従来年代的基準あるいは文化的な地域性を設定する方法として優れている土器型式も、文化の一要素であるから、単なる編年や地域性研究の手段としてではなく、文化や人間の行動様式に関わる研究対象とすることも当然考えられるべきである。この点、日本考古学において縄文土器型式学研究はそれなりの蓄積があるにもかかわらず、相対年代の緻密化や地域色の峻別など、どちらかというと土器型式の技術的な研究が多く（中に

は機能用途論なども存在するが）、あまりにも実証主義的すぎて間口が狭いのではないか。これらの成果を当時の文化や人間の行動様式研究そのものに活かせないか。土器型式は時間と空間の指標となるような特性をもっているゆえに、文化や社会の動態を考える上で多くの示唆を与えるものと筆者は信じる。

　しかし、短絡的に結びつけることは、危うい。たとえば、土器型式の分布が、「○○族」といった人間集団と関連する分布や空間（交易・流通・婚姻・文化など）を可視化したものなのか。実際の縄文土器型式の様相は複雑である。ある土器型式は現在の県域を越えるようなレベルであったり、小盆地単位であったり、その分布範囲はさまざまである。また複数の型式がある一定程度の割合で遺跡から出土することも多い。たしかに土器型式が示しているものは、なんらかの人間の文化の一様相である可能性は高いと筆者も考えるが、それらの解釈を行うために、十分な検討を行う必要がある。

　縄文土器型式は何を示しているのか。土器自体は当たり前だが自分の意思で自分勝手に移動しない。もちろん、人間が移動させるのである。つまり、人間の移動の結果、一義的には焼物の生産・流通圏や使用される範囲を示している。ここまでに異論はないだろう。しかし、それから何が見えるか。各地域の縄文土器型式が、縄文時代の各時期を超えて、基本的に隣接地域と密接な関係を絶えず維持しているということは、縄文時代の地域文化が、日本列島内で密接に関連しあっていたことを反映している。このことについては、後述するが、広い意味では、たとえば「縄文人」のように、日本列島を対象とするような集団の概念を定めることには有効であると筆者は考える。また、小林達雄が規定する土器様式群やさらに山内がいう個別の土器型式も人間集団の動態を示すという考え方には有効である。

　問題は土器型式の空間的分布が人間集団の「政治的」あるいは「行政的」領域とどのような関係になっているかである。もちろん縄文時代の人間にとって、のちの律令国家以降のような「政治的」あるいは「行政的」な規制が存在していたとはとうてい想定しにくいのであるが、人間が個や家族レベルではなく、集団として存在する限り、狩猟の縄張りとか交易品の流通などで、集団がある一定の範囲に定住したり、占有したり、支配を及ぼす空間が発生することは想像に難くない。

しかし、土器型式研究もあくまで一つの考えるモデルであり、考古学的方法論に限定するにしても、他の遺跡や遺物などの文化要素を加えた総合的研究が欠かせない（川崎 2006a）。この点も後述するが縄文土器型式は歴史を考える一つのモデルであるので、たとえば加曽利E式が主に分布する地域には土偶があまり見られないといったことや敷石住居跡がどういう土器型式の中には多いのかそうでないのかといったことは、積極的に提示してよいのではないかと思われる。これは、石器の問題と同じで、土器型式の分布範囲と他の文化要素の分布がいつも完全に一致することはないが、それでも相関関係がうかがえる要素はある。そうすれば、ある程度過去の人間集団の復元に有効であるし、それぞれの文化要素は、相互に相関関係がないようであれば、文化要素の型式の設定やモデルの構築に何か考えなくてはいけない部分が存在するのかもしれないし、あるいは設定した文化要素は集団との関係ではなくて、時間的な差や変遷などの他の歴史研究のモデルとして有効なのかもしれないのである。

だから「井戸尻文化」[16]などという概念も本当は内容を議論検討して、育んでいくべきであったのだと思う。具体的には、地域文化を設定する学術的手続きを明らかにして、設定すべきであると思われる。筆者は土器型式をベースにして、これが他の文化要素でも裏づけられるかをまず対比・検証していけばよいと考える。時間軸より主に分布域の差異が問題になると思われるが、これは考古学に限らず「文化圏」のような文化要素の集合体からなる文化の範囲は、

（16）戸沢充則によって提唱され、縄文時代の海岸部の貝塚文化に対して、八ヶ岳山麓を中心に、西は伊那盆地・諏訪湖盆、東は富士山北麓から多摩丘陵にかけての「中部山岳地帯」に縄文時代中期に栄えた文化の名称（戸沢 1990・2003）。鳥居龍蔵の薄手式、厚手式の石器時代土器の分布の解釈を彷彿とさせる。問題は考古学的にどのような基準でこうした縄文文化の中の地域文化を設定していくかという方法論がはっきりしない。そもそも井戸尻という遺跡名があり、一方で貝塚という遺跡の種別が付けられている（特徴的な遺構や遺物で呼称しようというのは、日本列島全体の時代や文化の区分に用いられており、遺跡名の方が望ましいと筆者は考える。列島全体の時代区分を遺跡名で呼ぶべきとする、たとえば旧石器時代を岩宿時代とするような向きもあり議論を複雑にしてはいる）。岡本孝之が提唱する大森文化や三万田文化など（岡本 1990）と似たような概念もあるが、いずれにせよ『縄文時代研究事典』（戸沢編 1994）などといった縄文時代研究の上で基本になる事典や辞書に用語として採用されていないなど、学術用語としては定着していない。

こうした文化要素の組み合わせを設定し、検証することの繰り返しで、絶対的なものではない（大林 1990）。

　日本列島を網羅するような土器型式の編年表を最初に提示したのは、山内清男であり、その編年表は縄文時代（当初は早期から晩期の5期）を大別し、さらに各期の中に各型式が充填されていた。地域も渡島（現在の北海道）から九州の各地方が固定的な枠として示されている（第29図、山内 1927）。併記されている英文の編年表を参照すると各期400年と想定されていて、また各期10型式程度に細分されるという見通しを示している（山内 1964）ことから、あるいは究極的には型式もほぼ一定の時間幅、400年を10で割れば40年になるので、人間の一世代（30年）に相当するようなものを考えていたのかもしれない。仮に型式の幅まで一定であるような編年表が完成されていたならば、レンガ積みにたとえれば芋目地（障子の格子の様とも言える）のようになっていただろう。

　しかし、一型式が一定の時間幅である、例えば人間の一世代30年に相当するというようなことは、当時それを証明する方法がなく、漠然とこうした芋地目風の編年表になっていたものと思われる。

　こうした固定的な編年表に対して、まず土器型式の地域が固定的ではなく、空間的な変化があり、それをとらえようとする試み（芹沢 1975、江坂 1982）がなされた。縄文土器「様式」編年表にも取り入れられている（第30図、小林 1994）[17]。

　小林達雄による縄文土器「様式」編年表（小林達雄は「型式」は「様式」の中の型式学的な最小単位であり、それらを統合する土器群として「様式」を設定する。小林 1994）は、地域だけでなく、各「様式」の時間幅にも伸び縮みを認めている（第31図、小林 1994）。ちょうどレンガ積みにたとえれば縦目地が一直線にならないフランドル風になっていて、山内の芋目地風の編年表と比べるとだいぶ土器型式の実態に対応するようにという工夫が見られる。

　こうした精緻な編年研究は、日本考古学が誇るべき一大成果である。しかし、これが文化（あるいは文化を構成する一要素である土器型式）を表現する方法として、究極、絶対的なモデルであるかどうかは別である。

---

(17)　山内自身も地域が細分されたり、広域に分布する型式が存在することは十分認めてはいた（山内 1927）。

縄紋土器型式の大別と細別

	渡島	陸奥	陸前	関東	信濃	東海	畿内	吉備	九州
早期	住吉	(+)	槻木 1 〃 2	三戸・田戸下 子母口・田戸上 茅山	曾根?× (+)	ひじ山 柏畑		黒島×	戦場ケ谷×
前期	石川野× (+)	円筒土器 下層式 (4型式以上)	室浜 大木 1 〃 2a, b 〃 3–5 〃 6	花積下 蓮田式{関 山 　　　 黒浜 諸磯 a, b 十三坊台	(+) (+) (+) (+) 踊場	鉾ノ木×	国府北白川 1 大歳山	磯ノ森 里木 1	轟?
中期	(+) (+)	円筒上 a 〃　 b (+) (+)	大木 7a 〃 7b 〃 8a, b 〃 9, 10	五領台 阿玉台・勝坂 加曾利 E 〃 (新)	(+) (+) (+) (+)			里木 2	曾畑 阿高 出水 }?
後期	青柳町×	(+) (+) (+) (+)	(+) (+) (+) (+)	堀之内 加曾利 B 〃 安行 1, 2	(+) (+) (+) (+)	西尾×	北白川 2×	津雲上層	御手洗 西平
晩期	(+)	亀ヶ岡式 {(+) (+) (+) (+)	大洞 B 〃 B–C 〃 C1, 2 〃 A, A′	安行 2–3 〃 3	(+) (+) (+) 佐×	吉胡× 〃 × 保美×	宮滝 日下×竹ノ内× 宮滝	津雲下層	御領

註記　1. この表は仮製のものであって，後日訂正増補する筈です。
　　　2. (+)印は相当する式があるが型式の名が付いて居ないもの。
　　　3. (×)印は型式名でなく，他地方の特定の型式と関聯する土器を出した遺跡名。

New Classifications and Dates Suggested in 1967 by the Author Compared with Main Divisions by Different Authors etc.

Dates suggested	Numbered Periods now Adopted	Japanese Designations of Periods	Literary Meaning thereof	B. S. Kraus 1947	G. J. Groot 1951	R. K. Beardsley 1955	J. E. Kidder 1959	Some Radio-Carbon Dates (B.P.)
c. 2500 B.C. *	Jomon I	草創期 So-so-ki	Initial Period			2500	c. 4500 B.C.	12165±600 9450±400
c. 2100 B.C. **	Jomon II	早期 So-ki	Early Period	Early	Proto-Jomon	Initial Jomon	Earliest Jomon	8400±350 7680±200
c. 1700 B.C.	Jomon III	前期 Zen-ki	"Fore" Period	Early Middle Jomon	Early-Jomon	c. 3700 B.C. 1000 Early Jomon	Early Jomon	5100±400
c. 1300 B.C.	Jomon IV	中期 Chu-ki	Middle Period	Middle Jomon	Middle-Jomon	c. 3000 B.C. 750 Middle Jomon	Middle Jomon	3825±175 4850±270
c. 900 B.C.	Jomon V	後期 Ko-ki	"Rear" Period	Late Middle Jomon	Late Jomon	c. 2000 B.C. 500 Late Jomon	Late Jomon	3230±160 2870±250
c. 500 B.C.	Jomon VI	晩期 Ban-ki	Late Period	Late Jomon	Final-Jomon	c. 1000 B.C. Final Jomon	Latest Jomon	2800±600
c. 100 B.C.	Yayoi					250	c. 250 B.C.	
c. A.D. 300								

* I have found about 10 arrowshaft smoothers in Japan of which 2 specimens belong to the earliest ceramic type. While in the world prehistory arrowshaft smoothers occurred in the Periods beginning in 2500 B.C. but never before that age. Thus the date 2500 B.C. was assumed for the beginning of Jomon I.

** Marine Transgression. This age coincides so well with Littorina IV that it seems the dates given here are corroborated.

第29図　山内清男による縄紋土器型式編年表（山内 1927）

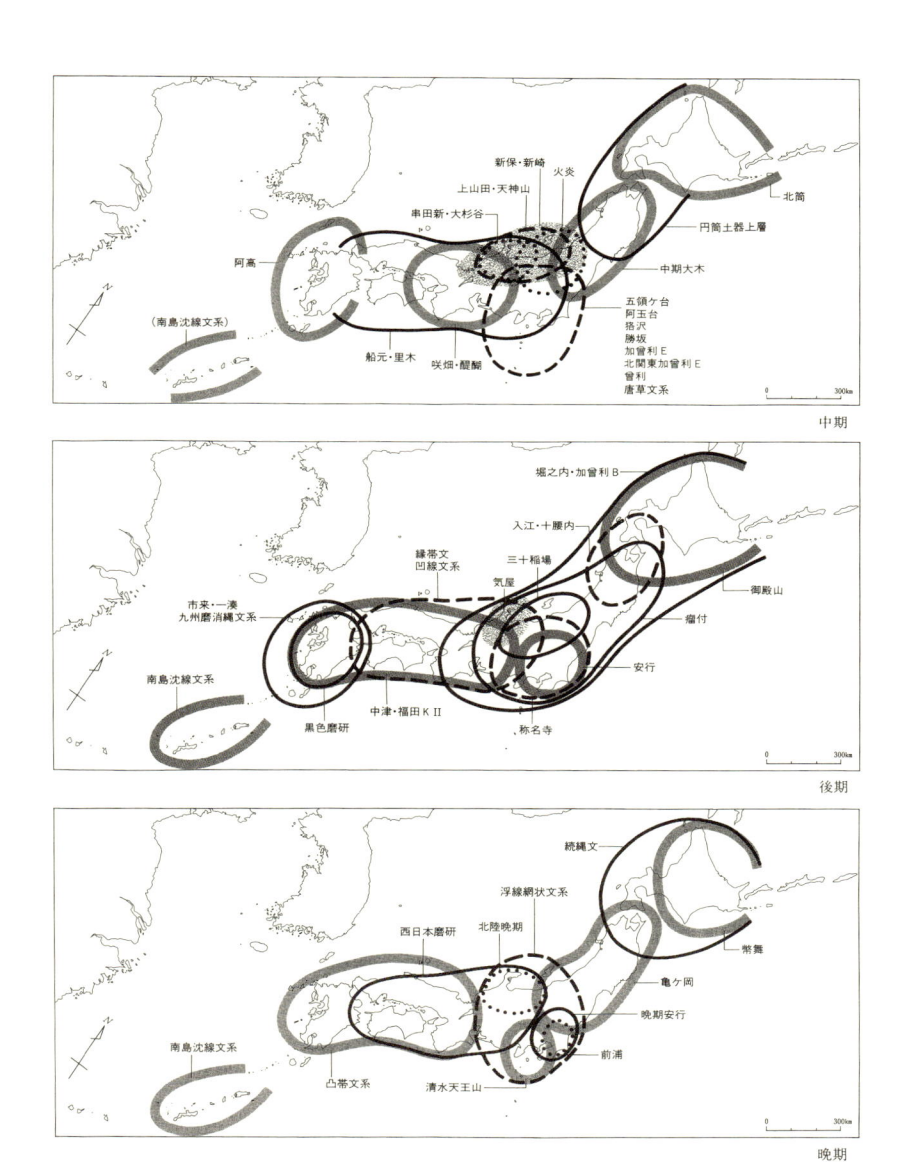

2. 縄文土器型式は人間集団を示すか　193

第30図　縄文土器「様式」分布域の変遷（小林 1994）

194　第Ⅲ章　まとめ―縄文土器型式は何を示すか―

時期	沖縄	九州	中国・四国	近畿	東海	北陸	中部	関東	東北	北海道
草創期 (10000–8000 B.C.)	〈無土器文化〉				隆線文系 / 爪形文系・円孔文系 / 多縄文系					〈無土器文化〉
早期 (8000–5000)	〈無土器文化?〉 / 南島沈線文系	早期九州貝殻文系 / 塞ノ神・平栫			押型文系			撚糸文系	押型文系 / 貝殻沈線文系	早期北海道平底
前期 (5000–3000)		轟 / 曽畑	東海条痕文系 / 瀬戸内条痕文	北白川下層	船元・里木 / 咲畑・醒ヶ井 / 福田KⅡ	五領ヶ原 / 新保・新崎 / 上山田天王山 / 串田新・大杉谷 / 気屋	諸磯 / 十三菩提 / 大杉 / 称名寺	浮島・興津 / 阿玉台 / 北関東加曽利E	大木 前期	縄文尖底系 / 円筒下層
中期 (3000–2000)		阿高					勝坂 / 加曽利E		大木 中期	円筒上層
後期 (2000–1000)		縁帯文系 / 中津	西日本磨研			新保 / 気屋 / 三十稲場	堀之内 / 加曽利B	安行		入江・十勝内
晩期 (1000–0)	南島沈線文系	黒色磨研 / 市来―一条 / 九州磨消縄文系	凸帯文系 / 突帯文系 / 弥生			北陸晩期 / 浮線網状系	清水天王山 / 浮線網状系	安行 前浦	亀ヶ岡 / 稲付	御殿山 / (上ノ国) 幣舞
続縄文										続縄文

第31図　縄文土器「様式」編年表（小林1994）

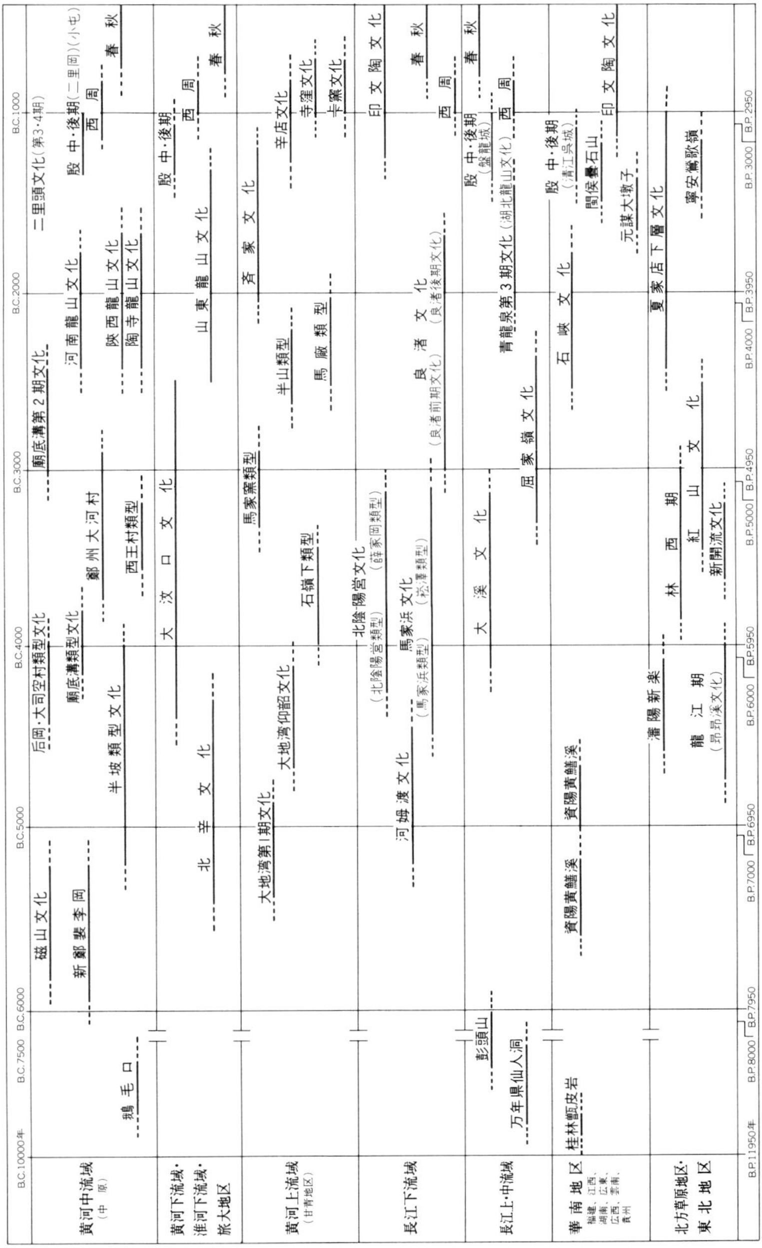

2. 縄文土器型式は人間集団を示すか 195

第32図 中国新石器時代文化年代表 (飯島 1991)

例えば、中国新石器時代の文化の年代表（第32図、飯島 1991）は、まず各文化の消長の年代幅は一定ではなく、同一地域において年代の空白が存在することもある。空間的な把握も黄河中流域であるとか長江下流域といった大枠は定まっているが、その下位のレベルは相当流動性を認めている。

　これは、中国大陸という日本列島よりはるかに広大な地域を対象としていることと、文化の年代や編年研究の精度が異なるということにも起因している。ただ、こうした中国新石器時代の文化年代表も文化というものをイメージする上で非常に参考にすべきであると考える。

　それは、どちらが正しいかという問題ではない。本質的に文化や土器型式というものは、概念であって、物質に明確な形があるわけではない。それを二次元的に表現することは非常に難しいのであるが、ただ、実際の文化や土器型式を研究する上で、従来の編年のモデルに影響されすぎて、それらが、日本列島において、固定的で空白なく地域を覆っているものであるという先入観は取り去り、より柔軟なモデルを構築すべきではないだろうか。

3．「縄文式」土器は成り立つか

　いずれにせよ、日本列島内の各地域の社会や文化の姿は複雑である。土器型式だけで、集団への細かいアプローチは難しいが、しかし、逆に、日本列島を覆うネットワークはかなりはっきり見えてきている。

　小林達雄の一連の仕事によって、多くの細分化された土器型式が縄文土器様式のもとにまとめられた（小林編 1988-1989）。しかし、縄文土器様式の上位概念としての縄文式は本当に成り立つのか。この問題を絶えず考えなくてはならない。すでに本書の中でも述べてきたようにそれを示したのは山内清男であった。山内は「縄文式」という体系を示した（山内の構想ではそれは土器にとどまらず、石器にまで及ぶはずだったようだ。しかしそれが、土器のように示されることはなかった。山内 1979）。しかし、山内にとって（それはかつての筆者にとっても）日本イコール日本列島であり、それを日本神話に求めることはなくても、原始社会に固有な「原日本」とでも呼ぶべき存在がもともと確固として存在するという信念があったのかもしれない。それゆえに「縄文式」の枠組みが他の証拠か

らも証明されることを熱心には論じていかなかったようにも見える。

　山内は「縄文式」の枠組みより縄文土器の年代や縄文土器型式が歴史研究における方法論として有効かどうかなどについて論争をしていかねばならず、また縄文式という枠組みに反対する研究者もいなかったので、縄文式という概念を強化する必要を感じなかっただけなのかもしれない。

　しかし、すでに述べてきたように、縄文土器型式研究において、個別の人間集団と土器型式との関連を追うことも大事であるが、小林達雄のいう縄文土器様式さらにはその上位概念としての「縄文式」土器が本当に存在するのか、存在するとすれば何を示しているのかを常に考える必要があると筆者は考える。縄文式もやはり歴史を考えるモデルであるからだ。

　だから、いったん縄文式土器を日本列島内の各地域の土器型式に解体してみて、それを積み上げてみる。そうしてみると、今後も細かい検討は必要だろうが、中国東北地方や朝鮮半島などの東アジアの新石器時代土器と近似しつつも、日本列島を中心に分布する土器型式群の存在がおぼろげながら浮かびあがってきた。それは、口縁部文様帯をもち続けるバケツ形の深鉢形土器を中心として構成され、器形は当初尖底であったが平底へ変化し、二度と戻ることがなかった土器群であった。筆者はこれを縄文（式）土器であるとしたい。

　器面調整に回転縄文を多用することも特徴的であり、縄文式の名称の起源ともなったが、これを決定的な要素とは筆者は考えない。粗製化や無文化もすすんだが、土師器や須恵器のようなまったく装飾らしい装飾がなくなった土器になることは、縄文土器の場合はなかった。その基盤が変わるのはやはり弥生時代を待たねばならなかった。

　その原因は、一義的には日本列島という植物性食料に恵まれつつも、アク抜きが必要な植物（堅果類、俗称ドングリ）を主食料とせざるをえなかったため、これらを調理するのにもっとも便利な土器として発達したためであった。これも万全なシステムではなかったが、比較的日本列島に向いていたのだろう。

　実際は、より細かく歴史的変遷をみると、ドングリアク抜き文化だけでなく、アク抜きが不要な堅果類に比重を多くもつクリ文化や漁撈や狩猟に発展した多角的な生業を有した地域社会もあった。必ずしも一様ではない。

　たとえば、アカホヤ火山灰降下以前（縄文時代草創・早期）には南九州を中心

に、照葉樹林帯の恵まれた環境を利用し、高度な多角的な縄文文化社会の成立に成功しながらも、縄文時代早期末のアカホヤ火山灰降下以降壊滅的なダメージを受け、いったん、縄文時代前期に、九州の縄文社会はおそらく朝鮮半島南部の土器づくりやさらにはその生業のシステムを受け入れたのだろう。しかし、独自の文化を発展する兆しのあった九州も、新たな西日本あるいは汎日本列島的なダイナミズムの中で、決定的に異質な社会にはならなかった。西日本の縄文社会の中に組み込まれていき、逆に今度は縄文後晩期には西日本縄文社会の興隆をおそらく主導することになっていった。

　縄文後期以後の流れは、クリ文化に比重を置きすぎたため、それが崩壊したのちに高度化されたアク抜き文化で乗り切ろうとした地域（中央高地）、多角的な生業で立ち向かった地域（関東・東北地方）、新たな生業・雑穀文化を導入した地域（西日本）に分かれて行ったと見ることもできる。しかし、そのベースである熱効率を犠牲にしても安定性を優先して長時間煮炊きする文化（堅果類を食用とする）は弥生時代にまで生き延び、決してなくなることがなかった。

　縄文時代において、おそらく生業や環境の問題だけでない（人間集団の文化や政治的な動きもあったかもしれないが）多様なダイナミズムが日本列島の縄文社会を結びつけていた。よって、彼らの価値観は、単なる生業の道具の共通性といったレベルだけでなく、直接生産とはかかわらない装身や祭祀といった文化要素までも共有する結果となったと筆者は考える。

4．日本列島の歴史における縄文土器型式研究

　縄文時代とその文化は、焼物の型式学的研究によって構築された時代・文化概念として、日本列島の歴史の中で稀有な存在である。旧石器時代は焼物がなく、石器によって日本列島の文化が語られる。弥生時代以降にも土器（焼物）研究はあるし、弥生文化の範囲を土器（様式）によっても語ることができる。しかし、弥生文化は、より根源的には水田を伴う稲作社会の文化として研究され、それを弥生土器がよく表象しているとみた方がよいというのが筆者の立場である。古墳時代は主に権力者の墓制によって、飛鳥時代や奈良時代以降は権力の所在していた場所によって時代を表象するという叙述方法が一般に行われ

ているが、これはあくまで歴史を考えたり、叙述したりする上での便宜的なものであり、より根本的には生業の形態や様相が重要である。これは筆者の歴史学研究上の理論から来ているのではなく、考古学においては人間集団の生活の部分が、もっともアプローチしやすいという筆者の経験的事実に基づいている。遺跡で広く安定して資料としてとらえられるものを研究対象とせざるを得ないからである。もちろん特殊個別的なものも考古学の対象であるが、これを基軸とすることは学術的にはリスクが大きいと筆者は感じる。しかし、なんらかの文化要素によって時代を設定するというのが考古学の方法であるから、決して今の時代区分や文化の設定に反対しているわけではない。ただ、これらはあくまで歴史を考える一つの手段であることを確認したいだけである。

　これはなにも日本の歴史叙述だけでなく、世界史的な発展段階説に基づいた時代設定、たとえば石器時代（のちに旧石器時代と新石器時代）、青銅器時代、鉄器時代という概念もあくまで歴史を説明するために、利器の材質に着目したモデルであった。しかしこのモデルが万能なわけではない。地域によっては、このモデルそのままではうまくいかないこともある。たとえば日本列島を例に挙げれば、利器に青銅器だけが使われている時代がほとんどなく、青銅器時代は設定しにくいとか、旧石器時代にすでに新石器の特徴とされる磨製の石器が存在することなどの例を指摘することができよう。だから、ヨーロッパで確立された世界史的な時代区分をそのまま使わないで日本の歴史学では、旧石器時代のあとは、縄文時代、弥生時代、古墳時代といった区分を用いていると筆者は考える。

　つまり、縄文時代という設定自体が言うまでもなくきわめて日本列島の特殊性を強調した時代区分なのである。もちろん、エドワード・モースが日本に近代的な考古学を導入した当初は、今私たちが縄文時代と呼んでいる内容を「石器時代」と表現していた（モース 1983）。ただ、モースが東京都大森貝塚を発掘した経過やその後も貝塚から先史時代の土器や文物が多く出土することから、仮に日本列島の石器時代文化の特殊性に着目して（土器や弓矢の利用が始まっているのに、打製石器がきわめて多く、明確な農耕や犬以外の家畜が見られないなど）、独自の時代区分にして、たとえば「貝塚時代」とするような方向もあったはずである。東アジアの中で、日本列島の石器時代には、中国や朝鮮半島に比べて

貝塚が多いのであるが、そうはならなかった。日本列島内陸部で石器時代の土器が見つかり、鳥居龍蔵は山国に厚手式が多く、海岸部は薄手式（大森貝塚のような）が多く、これを部族の差であると推測した（鳥居 1924）が、厚手式は同じく海岸部の茨城県陸平貝塚や阿玉台貝塚から出土していることをもって、地域差あるいは部族差ではなく、時間差であることを日本考古学は最初から認識できた（八木・下村 1894）。これは、土器の形態や装飾の差を、安易に集団や部族に結びつけるのではなく、地域性や時間差の問題として考える方向性が示されたので、ある意味日本の考古学の近代化のスタートとしては良かったかもしれない。

　ただ、日本列島の中で、さまざまなエスニック・グループがいくつもいたかもしれないというような鳥居の発想も実は重要であったが、影をひそめていく。近代日本の成立期において、先験的に石器時代から日本列島という枠組みがあるのだということはほとんど無自覚的であるぐらい強固であったのかもしれない。

　しかし、土器を形態と装飾から型式として設定し、これを地域性と時間差の基準として、日本列島全体の歴史叙述の基準ともすべく編年網を構築した山内清男は、いわゆる型式の設定と編年作業を行っていくなかで、当然、日本列島の石器時代文化の範囲を考えざるをえなかったはずだ。その中でおぼろげながら、口縁部をはじめとする文様帯は、日本列島の先史時代の土器の中で、たえず縦横無尽に現れて、この土器型式群が相互に関連するものであることを保証しているようであった。よって、彼は縄文式土器と定義し、その後、土器型式において縄文式というまとまりが設定されたがゆえに、縄文時代、縄文文化という呼称も定着することになった。

　いずれにしても、縄文時代や文化研究は、今まで縄文土器型式といった焼物（やその背景にある生産システムも含めて）がもっともその時代や文化を体現していると考えられ、その研究成果に大きく依存しているのである。しかし、あくまで歴史というその形が単純に誰でも眼で見えるようなものではなく、土器（型式）研究は、その概念を研究するための手段であるということを忘れてはならない。

　縄文式は絶えず検証して行く必要がある。縄文式は歴史的事実ではない。だ

から、曽畑式が縄文土器であるとかないとかという問題は、現代の考古学者が、この一見朝鮮半島の櫛目文土器と文様装飾が似ている土器をどのように考えたらよいかというモデルの中で、縄文土器という枠組みでよいのか、あるいは櫛目文土器という枠組みの中で考えたらよいかを、それぞれの土器型式の上位概念である土器型式群としての特徴をよくとらえたうえで、アプローチすべき問題である。

また、遺跡で発掘される遺構や出土する遺物自体は、捏造でもしないかぎり、歴史的な存在である。しかし、そこから派生した解釈や概念は、歴史や過去の文化を理解するための方法なのである。物質としての縄文土器はたしかに実在するが、縄文土器という概念は、やはり歴史を理解するための手段であることを頭の片隅においておく必要がある。山内のモデルは当時としては、いや今もたいへん優れたものであるが、これを絶えず考古学あるいは他の学問的方法から検証することは、縄文時代研究者としての筆者の責務である。

5. まとめ

縄文土器の型式学的研究は、他の時代の焼物研究と同じく編年研究が進んできているが、方法論として多少特徴があり、装飾・形態の中でも文様帯研究が基軸となっている。

それは、山内清男が、日本列島をほぼ網羅する文化的関係（山内清男のいう「縄文式」）が文様帯（とくに口縁部）の系統性によって、縄文土器型式群の系統性と相互の関連性が保証されているからである。

現実にも文様帯を基軸とした縄文土器型式研究において成果が上がっているが、それは縄文土器の機能、用途、製作技法などとも文様帯が密接に関連していて、縄文土器の本質的な部分であることから、土器の型式学でも重要であるし、かつ文化研究の上でも大事な要素であることがわかってきた。

文様帯と他の文化要素の関係から、筆者は縄文土器とは口縁部に隆帯や沈線で区画される文様帯がある深鉢形土器を主体とする土器群であり、当初尖底であったが、平底化したと定義したい。これは、おそらく土器の登場時はアク抜きが必要な植物のみに依存することはなかったが、縄文土器が分布する日本列

島では、加熱加水処理を施さねば除去できないアクがある植物をおもな食料とせざるを得なかったためで、土器による煮炊きはこの為に特化していったものと考えられる。

　縄文土器型式研究の基軸である文様帯研究を他の文化要素と関連させただけでさまざまな研究上の視野が広がったことを考えると、型式学のための型式学研究のような状況を、縄文文化研究のためにも、脱していくべきである。研究上の作業仮説によって縄文文化研究に資するためにも新たなモデルを提示した。

　本書では、他の時代では行われている器種や組成の問題や精製土器と粗製土器（粗製化）、有文土器と無文土器（無文化）などについても土器型式研究と対比しながら、考えてみた。

　後期初頭から中葉にかけての有文深鉢形土器の粗製化、無文化、浅鉢の受容は、かつて渡辺誠が提示した東北地方南部の高度化したアク抜き文化が西へ伝わった際に、発生したものと考える。

　しかし、高度化したアク抜き文化の西への伝播は、日本列島の各地の縄文文化を再結合させる意義を果たしたが、クリ文化（クリに象徴されるアク抜きが不要の堅果類に強く依存するシステム）が環境の変化（おそらく寒冷化）によって、壊滅した中央高地のような地域を復活させるまでには至らなかった。

　一方、高度化したアク抜き文化が到達した九州は、それまでも朝鮮半島の櫛目文文化に見られたような狩猟や漁撈にバランスよく依存する社会であったところに新たな食料資源の活用法が付け加わったが、高度化されたアク抜き文化の対象となるような植物性食料はもともと多くなかった。

　ちょうどその頃に東北アジアでは中国東北部が狩猟採集社会から畑作の雑穀を中心とした農耕社会に移りつつあり、朝鮮半島やさらには九州にもその影響が及んだ。こうした地域では、有文土器が無文・粗製化する現象が見られる。筆者は堅果類の煮炊きより雑穀の煮炊きに便利なように土器が変化したためと考える。

　朝鮮半島さらに九州まで南下した雑穀文化は、後晩期に西日本全体に波及した。しかし、西日本の土器は無文・粗製化が進んだが、縄文的な特徴である口縁部文様帯やその痕跡がまったく消滅しなかったのは、依然として日本列島では本格的な農耕社会に変わることはなく、堅果類の利用なども続き、東日本と

の文化的交流も途絶したわけではなかったためである。

　水田による稲作文化が九州からさらに西日本全体に波及して、縄文以来の堅果類に依存する状況が払拭され、稲や雑穀生産中心の社会となったために、穀類を煮炊きや貯蔵するのに適した土器として弥生土器が成立した。

6．研究課題

　言うまでもなく文化の研究は、文化を構成するさまざまな文化要素の研究から成り立っている。ただ、縄文文化においては縄文土器型式研究がかなり進展を見せているのに、その成果を他の文化要素と関連させて、かつ歴史的叙述の中で論じられることが少なかった。そこで、本書では、主に土器型式研究からの視点ではあるが、そこから縄文文化全般の問題を論じるように心がけた。多くの作業仮説を含むものであり、これは当然今後他の文化要素と総合的に研究していかなければならない。

　また他の文化要素研究との総合的な考察が、縄文土器型式研究の一つの目標であるはずの縄文時代の人間集団について解明することになる。今後、縄文土器型式研究をベースにした縄文時代の地域文化の設定とその内容の解明、また総体として「縄文式」と言えるような文化的な統合が存在するかをあらためて検証することも重要な課題である。

引用参考文献

〈和文〉

会田進ほか 2000『樋沢遺跡』岡谷市教育委員会・塩尻市教育委員会
新井和之 1984「文様帯系統論関山式土器―その成立と終末―」『季刊考古学』17
安楽勉・藤田和裕 1985『名切遺跡』長崎県教育委員会
飯島武次 1991『中国新石器文化研究』山川出版社
石田一良 1990『文化史学理論と方法』ぺりかん社
石塚和則 1986「結語　土器」『将監塚―縄文時代―』埼玉県埋蔵文化財調査事業団
泉拓良・松井章 1989『福田貝塚資料　山内清男考古資料2』奈良国立文化財研究所
市川健夫 1987『ブナ帯と日本人』講談社
井上光貞・笠原一男・児玉幸多ほか 1988『新詳説日本史』山川出版社
今村啓爾 1977「称名寺式土器の研究」（上・下）『考古学雑誌』63-1・2
今村啓爾 1983「文様の割りつけと文様帯」『縄文文化の研究』5　雄山閣
今村啓爾 1989「群集貯蔵穴と打製石斧」『考古学と民族誌　渡辺仁教授古稀記念論文集』六興出版
上田・小県誌編纂委員会 1995『上田・小県誌第6巻歴史編上（一）考古』上田・小県誌刊行会
上野佳也・西田泰民ほか 1983『軽井沢町茂沢南石堂遺跡』軽井沢町教育委員会
上山春平 1969『照葉樹林文化　日本文化の深層』中央公論社
上山春平・佐々木高明・中尾佐助 1976『照葉樹林文化　続東アジア文化の源流』中央公論社
宇賀神誠司ほか 2000『岩下遺跡・三田原遺跡群ほか』長野県埋蔵文化財センター
宇賀神恵・百瀬忠幸 1990『四日市遺跡』真田町教育委員会
エガース, H. J.（田中琢・佐原真訳）1981『考古学研究入門』岩波書店
江坂輝彌 1982『縄文土器文化研究序説』六興出版
王小慶 2003『仰韶文化の研究』雄山閣
大塚達朗 1992「旧石器時代から縄文時代―その変革―」『日本考古学協会1992年度大会研究発表要旨』
大塚達朗 2000『縄紋土器研究の新展開』同成社
大貫静夫 1998『東北アジアの考古学』同成社
大林太良 1990『東と西海と山　日本の文化領域』小学館
大村裕 1994「『縄紋』と『縄文』―山内清男はなぜ『縄紋』にこだわったのか？―」『考古学研究』41-2
岡村秀雄ほか 1994『栗林遺跡・七瀬遺跡』長野県埋蔵文化財センター
岡本孝之 1983「用途・機能論」『縄文文化の研究』5　雄山閣
岡本孝之 1990「縄文土器の範囲」『古代文化』42-5
乙益重隆 1965「九州西北部」（鎌木義昌編）『日本の考古学』Ⅱ　河出書房新社
乙益重隆・前川威洋 1969「九州」（八幡一郎ほか編）『新版考古学講座』3（先史文化）雄山閣

賀川光夫　1965「九州東南部」(鎌木義昌編)『日本の考古学』Ⅱ　河出書房新社
賀川光夫　1966「縄文晩期農耕の一問題」『考古学研究』13-4
賀川光夫　1967「縄文晩期農耕文化に関する一問題」『考古学雑誌』52-4
賀川光夫　1980「縄文農耕論一・二の問題」鏡山猛先生古稀記念論集刊行会編『古文化論攷』
河西克造ほか　2002『馬捨場遺跡』長野県埋蔵文化財センター
神奈川考古同人会　1980「シンポジウム縄文中期後半の諸問題」『神奈川考古』10
神奈川考古同人会ほか　1980『シンポジウム縄文時代中期後半の諸問題―とくに加曽利E式と曽利式土器との関係について―土器資料集成図集』
可児通宏　1971「縄文時代後期初頭の諸問題」『平尾遺跡調査報告』1
金子浩昌・米山一政・森嶋稔　1965「長野県埴科郡戸倉町巾田遺跡調査報告　その2」『長野県考古学会誌』2
金子裕之　1979「茨城県広畑貝塚出土の後・晩期縄文式土器」『考古学雑誌』65-1
神村透　1995「立野式土器　その40有余年」『長野県考古学会誌』77・78
神村透　1999a『林頭遺跡』小谷村教育委員会
神村透　1999b「私の姓は唐草文、名は無し」『長野県考古学会誌』90
河口貞徳　1957「南九州後期の縄文式土器―市来式土器―」『考古学雑誌』42-2
河口貞徳　1985「鹿児島県出水貝塚」(潮見浩編)『探訪縄文の遺跡』(西日本編)有斐閣
川崎保　1990「阿高式土器の編年と伊木力遺跡第9群土器の評価」『伊木力遺跡』多良見町教育委員会・同志社大学考古学研究室
川崎保　1991「九州縄文時代中期から後期の土器編年―阿高式系土器研究の方向性―」『信濃』43-4
川崎保　1992「箆削文を有する土器についての一考察」『考古学と生活文化』同志社大学考古学シリーズⅤ
川崎保　1995「縄文土器の機能・用途と口縁部文様帯の装飾・形態」『信濃』47-9
川崎保　1998「玦状耳飾と管玉の出現―縄文時代早期末・前期初頭の石製装身具―」『考古学雑誌』83-3
川崎保　1999「食用のクリと木材用のクリに関するメモ」『古代学研究』148
川崎保　2002a「山の神遺跡ほか」『長野県埋蔵文化財センター年報』18
川崎保　2002b「東アジアの中で見た玦状耳飾の起源と展開」『長野県の考古学』Ⅱ長野県埋蔵文化財センター
川崎保　2003「神村論文を読んで押型文土器編年を考える―細久保式の成立と展開から―」『利根川』24・25
川崎保　2006a「縄文「ムラ」をみる視点」『縄文「ムラ」の考古学』雄山閣
川崎保　2006b「中国東北・沿海州から見た縄文玉製品」『東アジアにおける新石器文化と日本』Ⅲ　国学院大学
川崎保　2007a「異形部分磨製石器の分布の意味―仮称『西南日本中央文化伝播帯』の提唱―」『列島の考古学Ⅱ　渡辺誠先生古稀記念論文集』
川崎保　2007b「石製装身具セット」『縄文時代の考古学』6　同成社
川崎保　2008「赤い土器のクニの誕生―弥生のムラとクニの考古学―」『「赤い土器のクニ」の考古学』雄山閣

川崎保ほか　1999『中原遺跡群ほか』長野県埋蔵文化財センター
川崎保ほか　2001『駒込遺跡』長野県埋蔵文化財センター
川崎保ほか　2003『山の神遺跡』長野県埋蔵文化財センター
木下正史　2002「かまど」『日本考古学事典』三省堂
木村幾多郎ほか　1980『新延貝塚』鞍手町埋蔵文化財調査会・九州大学考古学研究室
旧石器文化談話会　2000『旧石器考古学辞典』学生社
桐原健　1977「中期縄文土器の性格とその構成」『信濃』29-4
桐原健　1983「縄文土器機能論」『論争・学説日本の考古学』3　雄山閣
久保田敦子・中沢徳士　1991『林乃郷・八千原』上田市教育委員会
隈昭志　1984『沖の原遺跡』五和町教育委員会
隈昭志・西田道世・西町圭子　1976『黒橋』熊本県教育委員会
黒坂禎二　1984「第Ⅱ群土器について」『深作東部遺跡群』大宮市遺跡調査会
黒岩隆　1989「縄文土器の大きさ（2）」『長野県埋蔵文化財センター紀要』2
国立歴史民俗博物館　1997『中世食文化の基礎的研究　国立歴史民俗博物館研究報告第71集』
小杉康　1984「物質的事象としての搬出・搬入・模倣製作」『駿台史学』60
小杉康　1985「木の葉文浅鉢形土器の行方―土器の交換形態の一様相―」『季刊考古学』12
小杉康　1995「土器型式と土器様式」『駿台史学』94号
小林公明　1978「煤とお焦げ」『曽利』
小山岳夫・綿田弘実　1997『滝沢遺跡』御代田町教育委員会
小林達雄　1966「縄文早期前半に関する問題」『多摩ニュータウン遺跡調査報告Ⅱ』多摩ニュータウン遺跡調査会
小林達雄　1981「縄文土器の用途と形」『縄文土器大成』2　講談社
小林達雄　1994『縄文土器の研究』小学館
小林達雄編　1988『縄文土器大観』3（中期Ⅱ）小学館
小林達雄編　1988-1989『縄文土器大観』小学館
小林達雄編　2008『総覧　縄文土器』アム・プロモーション
小林久雄　1933「九州の縄文土器」『人類学先史学講座』11
小林久雄　1935「肥後縄文土器編年の概要」『考古学評論』1-2
小林久雄　1939「九州の縄文土器」『人類学先史学講座』11　雄山閣
小林正史　1992「煮沸実験に基づく先史時代の調理方法の研究」『北陸古代土器研究』2
小林真寿　1995『寄山遺跡』佐久市教育委員会
小林行雄　1935「弥生式土器の構造」『考古学評論』2
小林行雄　1954『日本考古学概説』創元社
小山修三　1984『縄文時代コンピューター―考古学による復元―』中央公論新社
近藤義郎　1962「縄文時代における土器製塩の研究」『岡山大学法文学部学術紀要』
犀峡高校地歴クラブ　1991『土と石　お供平〜下中牧』麻麦舎
早乙女雅博　2000『朝鮮半島の考古学』同成社
酒井琢朗　1981「日本人のう歯」『人類学講座5』雄山閣
佐賀県立博物館　1977『九州の原始文様―縄文土器にその原点を探る―』

酒詰仲男 1961『日本縄文石器時代食料総説』
酒詰仲男・篠遠喜彦・平井尚志編 1951『考古学辞典』改造社
坂本嘉弘 1979『石原貝塚・西和田貝塚』宇佐市教育委員会・大分県教育委員会
桜井秀雄ほか 2000『郷土遺跡』長野県埋蔵文化財センター
佐々木高明 1986『縄文文化と日本人 日本基層文化の形成と継承』小学館
笹沢浩・小林孚 1966「上水内郡信濃町塞ノ神遺跡出土の押型文土器」『信濃』18-4
佐藤攻・関孝一 1970「桜井戸遺跡の調査」『信越線滋野・大屋間複線化工事事業地内埋蔵文化財緊急発掘調査報告書』長野県教育委員会
佐藤攻・土屋長久 1970「縄文式土器」『茅野和田遺跡緊急発掘調査報告書』茅野市教育委員会
佐原真 1956「土器面における横位文様の施文方法」『石器時代』3
佐原真 1968「日本農耕起源論批判―『日本農耕文化の起源』をめぐって―」『考古学ジャーナル』23
佐原真 1973「土器の話（10）」『考古学研究』19-3
佐原真 1987『日本人の誕生 大系日本の歴史①』小学館
信濃史料刊行会 1956『信濃史料』第1巻
島田恵子・篠原浩江ほか 1990『大庭遺跡』立科町教育委員会
縄文時代文化研究会 2001『縄文時代集落研究の現段階』
白井光太郎 1926「モールス先生と其の講演」『人類学雑誌』41-2
新東晃一・中島哲郎・井ノ上秀文 1981『中尾田遺跡』鹿児島県教育委員会
新村出ほか編 1991『広辞苑』（第4版）岩波書店
末木健 1981「曽利式土器」『縄文文化の研究』4 雄山閣
末木健 1988「曽利式土器」『縄文土器大観』3（中期Ⅱ）小学館
鈴木徳雄 1991「称名寺式の変化と文様の系統」『土曜考古』16
鈴木三男ほか 2004「縄文時代におけるクリ資源利用と資源再生に関する総合研究」『特別史跡三内丸山遺跡年報』7
鈴木保彦・山本暉久 1988「加曽利E式土器様式」『縄文土器大観』小学館
関孝一 1998「縄文クルミ考―栗林遺跡におけるクルミ貯蔵の背景―」『研究紀要』4,長野県立歴史館
芹沢長介 1975『縄文 陶磁大系1』平凡社
芹沢長介 1976「考古学はどのように発達したか」『考古学ゼミナール』山川出版社
高橋敦 2000「各時代の木製品や住居構築材等の用材」『更埴条里遺跡・屋代遺跡群 総論編』長野県埋蔵文化財センター
田中清文 1984「伊那谷縄文中期後半土器編年への展開」『中部高地の考古学』Ⅲ 長野県考古学会
田中義文・辻本崇夫 2000「更埴条里遺跡・屋代遺跡群・窪河原遺跡の古環境変遷と土地利用」『更埴条里遺跡・屋代遺跡群 総論編』長野県埋蔵文化財センター
田中良之 1979「中期・阿高式系土器の研究」『古文化談叢』6
田中良之 1982「磨消縄文系土器伝播のプロセス―中九州を中心として―」『森貞次郎博士古稀記念古文化論集』上巻
田中良之・松永幸男 1979「広域土器分布圏の諸相―縄文時代後期西日本における類似

　　　　　様式の並立─」『古文化談叢』第14集
谷井彪ほか　1982「縄文中期土器群の再編」『研究紀要』埼玉県埋蔵文化財調査事業団
千曲川水系古代文化研究所編　1993『宮遺跡』中条村教育委員会
チャイルド，V. G.（近藤義郎訳）1994『考古学の方法』河出書房新社
中部高地縄文土器集成グループ　1979『中部高地縄文土器集成』第1集
辻誠一郎　2000「大型植物遺体群からみた更埴条里遺跡・屋代遺跡群の植生」『更埴条里
　　　　　遺跡・屋代遺跡群　総論編』長野県埋蔵文化財センター
堤隆ほか　1997『川原田遺跡　縄文編』御代田町教育委員会
堤隆・本橋恵美子　2000『宮平遺跡』御代田町教育委員会
坪井清足　1962「縄文文化論」『講座日本歴史』1　岩波書店
坪井清足　1977「私と九州の縄文土器」『九州の原始文様─縄文土器にその原点を探る
　　　　　─』佐賀県立博物館
鶴田典昭ほか　1999『村東山手遺跡』長野県埋蔵文化財センター
勅使河原彰　1994「縄文土器」『縄文時代研究辞典』東京堂
寺内隆夫ほか　2001『更埴条里遺跡・屋代遺跡群　縄文時代編』長野県埋蔵文化財セン
　　　　　ター
寺沢薫・寺沢知子　1981「弥生時代植物質食料の基礎的研究」『考古学論攷』5、橿原考
　　　　　古学研究所
寺師見国　1933「肥後水俣南福寺貝塚─南福寺式土器」『考古学』10-7
童恩正（川崎保・竹原伸仁訳）1994「中国東北から西南に至る辺地半月形文化伝播帯試
　　　　　論」『博古研究』7
鄧聰（川崎保訳）2006「東アジアの玦飾に関する諸問題」『古代学研究』173号
東部町教育委員会　1975『広域農道建設工事にともなう埋蔵文化財緊急発掘調査報告書』
東部町誌編纂委員会　1990『東部町誌歴史編（上）』東部町誌刊行会
徳永哲秀　2000「尖底土器を作る」『長野県埋蔵文化財センター紀要』8
戸沢充則　1990『縄文時代史研究序説』名著出版
戸沢充則　2003『考古地域史論─地域の遺跡・遺物から歴史を描く』新泉社
戸沢充則編　1994『縄文時代研究事典』東京堂出版
戸沢充則・会田進ほか　1987『樋沢押型文遺跡調査研究報告書』岡谷市教育委員会
戸田哲也　1986「縄文土器の型式学的研究と編年（前編）」『神奈川考古』22
冨井眞　2000「西日本縄文後期初頭土器の再編へ」『考古学研究』47-1
冨井眞　2001「西日本縄文土器としての並木式土器の評価」『古文化談叢』47
富田紘一　1981「九州地方」『縄文土器大成』3（中期）講談社
鳥居龍蔵　1924『諏訪史』1
鳥浜貝塚研究グループ編　1979『鳥浜貝塚』Ⅰ　福井県教育委員会
中島庄一　1981「土器の文様の変化─称名寺様式を中心として─」『神奈川考古』12
中島庄一　2001「称名寺様式の土器文様─土器文様記号論へのアプローチ」『東京考古』
　　　　　18
長門町教育委員会　1976『片羽遺跡』
長野県考古学会縄文時代（早期）部会編　1995『長野県考古学会誌（シンポジウム特集
　　　　　号表裏縄文から立野式へ）』77・78

長野県考古学会縄文時代（早期）部会編 1997『シンポジウム「押型文と沈線文」資料集』
長野県史刊行会編 1988『長野県史考古資料編　遺構・遺物』
永松実・渡辺康行 1984『長崎市立深堀小学校校舎増築に伴う埋蔵文化財緊急発掘調査報告書』長崎市教育委員会
中村友博 1993「曽畑式土器の装飾変遷について」『論苑考古学』天山舎
中村由克 2000『市道遺跡発掘調査報告書』信濃町教育委員会
贄田明 1998「前期中葉土器群について」『松原遺跡　縄文時代編』長野県埋蔵文化財センター
贄田明ほか 1998「討論」『前期中葉の諸様相―記録集―』縄文セミナーの会
西健一郎 1970「阿高式系の土器」（永井昌文ほか編）『荒尾比貝塚』大牟田市教育委員会
西田道世 1978『阿高貝塚』熊本県文化財保護協会
西脇対名夫 1990「伊木力遺跡出土の縄文時代後期土器の検討」『伊木力遺跡』多良見町教育委員会・同志社大学考古学研究室
西脇対名夫 1994「山内清男の「紋様帯系統論」をめぐって」『北海道考古学会研究会発表要旨』
西脇対名夫 1995「文様帯系統論ノート」『北海道考古学』31
西脇対名夫 2008「文様帯系統論」『総覧　縄文土器』アム・プロモーション
日本考古学協会 1984『シンポジウム縄文時代集落の変遷』
能登健 1986「文様帯論―時間から空間へ―」『季刊考古学』17
野村一寿 1988「中期後葉土器」『長野県史考古資料編　遺構・遺物』長野県史刊行会
馬場保之・下平博行 1998『美女遺跡』飯田市教育委員会
濱田耕作・島田貞彦 1921「薩摩国出水郡出水町尾崎貝塚調査報告」『京都帝国大学文学部考古学研究報告』第6冊
林健太郎 1953『史学概論』有斐閣
林幸彦・島田恵子 1983『中村』佐久市教育委員会
秀島貞康・松下孝幸・山本愛三 1984『有喜貝塚』諫早市教育委員会
平出遺跡調査会編 1955『平出』朝日新聞社
平岡勝昭 1991「削りのある縄文土器―高坏土器の系譜を中心として―」『三島格会長古稀記念肥後考古第8号　交流の考古学』肥後考古学会
平賀三郎 1997『シャーロック・ホームズ学への招待』（丸善ライブラリー）丸善
平林彰ほか 1993『北村遺跡』長野県埋蔵文化財センター
福島邦男 1989『平石遺跡』望月町教育委員会
福島邦男 1991『平石遺跡―第2次緊急発掘調査報告書―』望月町教育委員会
福島邦男 1994「縄文時代」『望月町誌第三巻原始・古代・中世』望月町
福島邦男・森嶋稔 1978『下吹上』長野県考古学会
福田一志 1986『殿崎遺跡』長崎県教育委員会
福永光隆・池田道也・吉田収 1981『若園』菊水町教育委員会
藤尾慎一郎 1993「生業からみた縄文から弥生」『国立歴史民俗博物館研究報告』48
藤森栄一 1966「釣手土器論―縄文農耕肯定論の一資料として―」『文化財』41（1970

『縄文農耕』学生社再録)
藤森栄一 1969「いつまで編年をやるか」『考古学ジャーナル』35
藤森栄一編 1965『井戸尻』中央公論美術出版
藤森栄一・武藤雄六 1963「中期縄文土器の貯蔵形態について」『考古学手帖』20
藤森英二 2005『大奈良遺跡』佐久市教育委員会
穂積裕昌 1992「縄文時代後期の壺形土器―中津・福田K2式土器に伴う双耳壺を中心に―」『考古学と生活文化』同志社大学考古学シリーズⅤ
前川威洋 1969「九州における縄文中期研究の現状」『古代文化』21-3・4
前川威洋・木村幾多郎 1974『天神山貝塚』志摩町教育委員会
前田保夫 1980『縄文の海と森』蒼樹書房
町田勝則 1986「福井県における縄文後・晩期石器研究の現状と課題」『福井県考古学会誌』9号
町田勝則 1991「縄文晩期有茎式鏃に関する一試論」『土曜考古』11
松沢亜生 1958「長野県諏訪郡新道の中期縄文土器」『考古学手帖』1
松永満夫 1990『下中牧遺跡』信州新町教育委員会
松永幸男 1989「土器様式変化の一類型―縄文時代後期の東南九州地方を事例として―」『横山浩一先生退官記念論文集』Ⅰ
松本直子 1996a「狩猟・漁撈と採集の生活」『小郡市史』1,小郡市史編集委員会編
松本直子 1996b「認知考古学的視点からみた土器様式の空間的変異―縄文時代後晩期黒色磨研土器様式を素材として―」『考古学研究』42-4
松本彦七郎 1919「宮戸島里浜貝塚及気仙沼獺沼介塚の土器」『現代之科学』7-5・6
三上徹也 1995「土器利用炉の分類とその意義―縄文時代における吊る文化と据える文化の想定―」『長野県立歴史館研究紀要』1
三上徹也 1996「花上寺遺跡における縄文時代中期後半の土器様相」『花上寺遺跡』岡谷市教育委員会
水沢教子 1996「大木8b式の変容(上)」『長野県の考古学』長野県埋蔵文化財センター
水沢教子 1998「縄文文化の爛熟―中期」『御代田町誌』御代田町誌刊行会
水沢教子 2005『地下4mの縄文伝説―屋代遺跡群 愛と出会いの4千年―』長野県立歴史館
水ノ江和同 1987「西北九州における曽畑式土器の諸様相」『考古学と地域文化』同志社大学考古学シリーズⅢ
水ノ江和同 1988「曽畑式土器の出現―東アジアにおける先史時代の交流」『古代学研究』117
水ノ江和同 1990「西北九州の曽畑式土器」『伊木力遺跡』多良見町教育委員会・同志社大学考古学研究室
南佐久郡誌編纂委員会 1998『南佐久郡誌考古編』南佐久郡誌刊行会
三宅徹也 1976「出土遺物」「土器における使用痕について」『小田野沢下田代納屋B遺跡発掘調査報告書』青森県立郷土館
宮坂英弌 1957『尖石』茅野町教育委員会
宮崎玲子 1988『世界の台所博物館』柏書房

宮下健司 1970「土器の出現と縄文文化の起源（試論）―自然環境の復元と土器の機能を中心として―」『信濃』32-4
武藤雄六 1970「有孔鍔付土器の再検討」『信濃』22-7
武藤雄六ほか 1978『曽利』富士見町教育委員会
モース, E.S.（石川欣一訳）1971『日本その日その日』3　平凡社
モース, E.S.（近藤義郎・佐原真訳）1983『大森貝塚』岩波書店
百瀬新治 1981「縄文後晩期の無文土器―長野市大清水遺跡出土土器の基礎分析を中心として―」『信濃』33-4
百瀬新治 2006「飾られない縄文土器」『縄文「ムラ」の考古学』雄山閣
百瀬忠幸ほか 1991『吹付遺跡ほか』長野県埋蔵文化財センター
百瀬長秀 1999a「中ノ沢式土器の再検討」『長野県考古学会誌』89
百瀬長秀 1999b「離山遺跡羽状沈線文の編年観」『長野県考古学会誌』90
森浩一 1991「考古学―その歴史と目ざすもの」『考古学その見方と解釈』上　筑摩書房
森浩一 1998『考古学へのまなざし』大巧社
森浩一・松藤和人ほか 1990『伊木力遺跡』多良見町教育委員会・同志社大学考古学研究室
森醇一郎 1975『坂の下遺跡の研究』佐賀県立博物館調査研究書第2集
森本六爾 1934「煮沸形態と貯蔵形態」『考古学評論』1
モンテリウス, O.A.（濱田耕作訳）1984『考古学研究法』雄山閣
八木奘三郎・下村三四吉 1894「下総国香取郡阿玉台貝塚探究報告」『東京人類学雑誌』9
弥栄久志ほか 1997『上野原遺跡』鹿児島県立埋蔵文化財センター
安田喜憲 1992『環境考古学事始』日本放送出版協会
柳澤亮ほか 2005『聖石遺跡・長峯遺跡』長野県埋蔵文化財センター
柳田國男 1968「蝸牛考」『定本柳田國男集』18　筑摩書房
家根祥多 1984「縄文土器から弥生土器へ」『縄文から弥生へ』帝塚山考古学研究所
家根祥多 1992「定住化と採集活動」『新版古代の日本（近畿Ⅰ）』5　角川書店
矢野健一 1995「並木式・阿高式の編年観変更の意義」『日本考古学協会第61回総会研究発表要旨』
山形眞理子 1996「曽利式土器の研究（上）―内的展開と外的交渉の歴史―」『東京大学文学部考古学研究室紀要』14
山形眞理子 1997「曽利式土器の研究（下）―内的展開と外的交渉の歴史―」『東京大学文学部考古学研究室紀要』15
山崎五十麿 1920「薩摩国出水貝塚に就て」『考古学雑誌』11-1
山崎五十麿 1921「再び薩摩国出水貝塚に就て」『考古学雑誌』11-5
山崎純男 1983「西日本後・晩期の農耕」『縄文文化の研究』2　雄山閣
山田猛 1988「押型文土器群の型式学的再検討―三重県下の前半期を中心として―」『三重県史研究』4
山田猛ほか 1987『大鼻（二〜三次）・山城（三次）遺跡（概要）』三重県教育委員会
山田猛ほか 1994『大鼻遺跡』三重県埋蔵文化財センター
山田昌久 1990a「『縄紋文化』の構図（上）東アジア始原文化の動向と『縄紋文化』の

位相」『古代文化』42-9
山田昌久 1990b「『縄紋文化』の構図(下)東アジア始原文化の動向と『縄紋文化』の位相」『古代文化』42-12
山内清男 1927「縄紋土器型式の細別と大別」『先史考古学』1-1
山内清男 1930「所謂亀ヶ岡式土器の分布と縄紋式土器の終末」『考古学』1-3
山内清男 1964『日本原始美術 縄文式土器』1 講談社
山内清男 1979『日本先史土器の縄紋』先史考古学会
八幡一郎 1928『南佐久郡の考古学的調査』
八幡一郎 1931「肥後発見の一土器」『人類学雑誌』46-10
八幡一郎 1934『北佐久郡の考古学的調査』
八幡一郎 1962「文様帯」『日本考古学事典』(日本考古学協会編)東京堂出版
八幡一郎 1979「縄文式土器」『世界考古学事典』平凡社
魯迅(竹内好訳)1977「魏晋の気風および文章と薬および酒の関係―1927年7月広州夏季学術講演会での講演―」『魯迅文集第四巻』筑摩書房
綿田弘実 1988「北信濃における縄文中期後葉土器群の概観」『長野県埋蔵文化財センター紀要』2
綿田弘実 1989「縄文中期後葉の問題 長野県」『縄文セミナー縄文中期の諸問題』群馬考古学研究所
綿田弘実 1997「縄文土器について」『滝沢遺跡』御代田町教育委員会
綿田弘実 2003「長野県」『中期後半の再検討』縄文セミナーの会
綿田弘実 2008「郷土式・圧痕隆帯文・大木系土器」『総覧 縄文土器』アム・プロモーション
綿田弘実ほか 1994『鳥林遺跡ほか』長野県埋蔵文化財センター
渡辺誠 1966「縄文文化における抜歯風習の研究」『古代学』12-4
渡辺誠 1973『縄文時代の漁業』雄山閣
渡辺誠 1975a『縄文時代の植物食』雄山閣
渡辺誠 1975b『桑飼下遺跡発掘調査報告書』舞鶴市教育委員会
渡辺誠 1984『増補縄文時代の植物食』雄山閣
渡辺誠 1985「西北九州の縄文時代漁撈文化」『列島の文化史』2 日本エディタースクール
渡辺誠 1992「縄文土器の形と心」『双葉町歴史民俗資料館研究紀要』1
渡辺誠 2008『目からうろこの縄文文化 日本文化の基層を探る』ブックショップマイタウン
和根崎剛・川上麻子 1996『四日市遺跡Ⅱ』真田町教育委員会

〈中文〉
中国社会科学院考古研究所編 1982『新中国的考古発現和研究』文物出版社
童恩正 1987「我国辺地半月形文化伝播帯試論」『文物與考古論集』文物出版社
鄧聰 2000「東亜玦飾四題」『文物』2000年2期

〈ハングル〉
釜山大学校 1981『金海水佳里貝塚』I
〈英文〉
Habu, Junko 2004 *Ancient Jomon of Japan*, Cambridge University Press
Imamura, Keiji 1996 *Prehistoric Japan: New Perspective on Insular East Asia*, Univ of Hawaii Press
Kobayashi, Tatsuo and Kaner, Simon 2005 *Jomon Reflections: Forager Life and Culture in the Prehistoric Japanese Archipelago*, Oxbow Books Ltd

あとがき

　筆者は2006年から2008年にかけて、『縄文「ムラ」の考古学』、『「赤い土器のクニ」の考古学』、『「シナノ」の王墓の考古学』、『信濃国の考古学』という、現在の律令の信濃国あるいは長野県域をおよそのフィールドとして、考古学からみた文化的な領域と政治や行政的な領域との関係について考古学を中心として、他の研究分野の成果をもとりいれながら、人間集団と地域の形成を物語るというシリーズの編集にたずさわることができた。

　今や考古学が過去の歴史や文化を叙述するということは、決して珍しいことではないだけではなく、考古学の成果が土器の型式学や様式論に立脚していることもよく知られていて、これらの本もこうした土器型式学による編年研究の成果に負っているところは少なくない。好むと好まざるとにかかわらず、歴史や文化を語ることは、土器の型式学的研究の成果抜きでは難しくなりつつあることを示しているようだ。

　しかし、それほど、歴史、文化研究と密接に結びついているはずの土器型式研究は、単に編年の尺度として活用されるだけのことが多い。しかし、そもそも土器型式とは集団としての人間の行動様式である文化を構成する一つの要素として重要であることは日本考古学の黎明期から認識されていたが、あまりにこのことは自明と思われてきたのだろうか、他の文化要素（遺跡、遺物、生業、習俗など）とどのようにリンクしているかは、あまり論じられてこなかったきらいがあると筆者は感じている。

　筆者は考古学研究を志して以来、主に縄文土器型式を素材として考古学における文化の問題に取り組んできたが、先のシリーズを一部は自ら執筆し、さらに諸先生のご研究をまとめさせていただいた中で、土器型式と文化の関係について一度深く掘り下げたいという思いが強くなっていった。

　ここに、先のシリーズ刊行にあたって大変お世話になった雄山閣編集部の羽佐田真一氏のおすすめもあり、先の課題について取り組み、筆者なりの答えが本書である。

　実際に自分が取り組んでみれば、実証主義的な緻密な証拠が十分でなく、先

学諸賢の叱正を受けそうな部分も少なくないとは思われるが、土器型式を文化の中で論じるようになってほしいという願いも込めて問題提起として見ていただければ幸いである。

　考古学研究を志した当初は学問の諸先学の学恩の尊さもわからず、ただ批判に終始していた部分も少なからずあった。しかし、今になってみれば、先行研究の成果なくしては自己の研究の発展もないことも改めて痛感される。

　すでに述べたように本書は筆者が温めてきた諸考察を中心に、この機会に発展させた部分からなる。原典となったものについてもあるいは参考にされたい方もおられると思うので、列挙しておく。ただ、いずれも大幅に加筆修正してある。

　第Ⅰ章　書き下し
　第Ⅱ章第1節1.「縄文土器の機能・用途と口縁部文様帯の装飾・形態」『信濃』47-9　1995年
　　　　　　2.「縄文土器型式編年研究における文様帯と粘土帯」『長野県埋蔵文化財センター紀要』7号　1999年
　　　第2節1.「山の神遺跡の押型文土器」『山の神遺跡』長野県埋蔵文化財センター　2003年、「神村論文を読んで押型文土器編年を考える—細久保式の成立と展開から—」『利根川』24・25号　2003年
　　　第2節2.「鱗状短沈線文土器の型式学的分析」『駒込遺跡』長野県埋蔵文化財センター　2001年
　　　第2節3.「阿高式土器の編年と伊木力遺跡第9群土器の評価」『伊木力遺跡』多良見町教育委員会・同志社大学考古学研究室　1990年
　　　　　　「九州縄文時代中期から後期の土器編年—阿高式系土器研究の方向性—」『信濃』43-4　1991年
　　　第3節1.「篦削文を有する土器についての一考察」『考古学と生活文化』同志社大学考古学シリーズⅤ　1992年
　　　第3節2.書き下し
　　　第3節3.書き下し

第Ⅲ章　書き下し

　最後に、最初の学術的発掘調査以来、今日までご指導いただいている森浩一先生と松藤和人先生には特に感謝申し上げます。

　2009年 4 月17日

川崎　保

著者紹介

川崎　保（かわさき　たもつ）
1965年　東京都三鷹市生まれ
1993年　同志社大学大学院文学研究科博士課程前期修了
現　在　長野県埋蔵文化財センター　調査研究員
主要著書・論文
「玦状耳飾と管玉の出現―縄文時代早期末・前期初頭の石製装身具―」『考古学雑誌』83-3　1998年
「縄文土器の形態と用途・機能の関係を探る」『古代探求　森浩一70の疑問』中央公論社　1998年
「『吾妻鏡』異国船寺泊浦漂着記事の考古学的考察」『信濃』54-9　2002年
「遺跡から見た古代・中世の千曲川の水運」『信濃』57-12　2005年
「発掘された『浦島伝説』―謎に満ちた"芳蘭"の文字―」『伝説に歴史を読む　第13回春日井シンポジウム』大巧社　2006年
「埴輪に見られる東北アジア文化の影響―辮髪・鷹・送血涙を中心に―」『古代学研究』180号　2008年
「巨大古墳をなぜミササギと呼ぶか」『古代学研究』181号　2009年（梶田学氏と共著）

2009年6月20日　初版発行　　　　　　　　《検印省略》

文化としての縄文土器型式

著　者	川崎　保
発行者	宮田哲男
発行所	株式会社　雄山閣
	〒102-0071　東京都千代田区富士見2-6-9
	ＴＥＬ　03-3262-3231㈹／ＦＡＸ　03-3262-6938
	ＵＲＬ　http://www.yuzankaku.co.jp
	e-mail　info@yuzankaku.co.jp
	振　替　00130-5-1685
印　刷	亜細亜印刷株式会社
製　本	協栄製本株式会社

Ⓒ Tamotsu Kawasaki　　　　　　　　　Printed in Japan 2009
ISBN978-4-639-02095-0 C3021